1 Alb

C. BERND SUCHER

Paris

C. BERND
SUCHER

Paris

21 Tage
mit Anton

PRESTEL

MÜNCHEN · LONDON · NEW YORK

Auf dem Umschlag: Ieoh Ming Peis gläserne Pyramide vor dem Louvre
(Photo: Hartmuth Friedrichsmeier, Hamburg)
Frontispiz: Die Rive gauche zur Zeit der Weltausstellung von 1867
(Detail der Abbildung von Seite 252 / 253)

Die Farbkarten der Vorsätze erstellte Anneli Nau, München

Die Deutsche Bibliothek – CIP Einheitsaufnahme
Sucher, C. Bernd:
Paris: 21 Tage mit Anton / C. Bernd Sucher. –
München ; London ; New York : Prestel, 1999
(Prestel Landschaftsbücher)
ISBN 3-7913-2105-6

© Prestel Verlag, München · London · New York 1999
© für die abgebildeten Werke bei den Künstlern,
ihren Erben oder Rechtsnachfolgern,
mit Ausnahme von: Jean Cocteau, Jean Pennes bei VG Bild-Kunst, Bonn 1999;
Le Corbusier bei FLC /VG Bild-Kunst, Bonn 1999;
Pablo Picasso bei Succession Picasso /VG Bild-Kunst, Bonn 1999

Prestel Verlag GmbH & Co. KG · Mandlstraße 26 · 80802 München
Telefon 089 / 38 17 09-0 · Telefax 089 / 38 17 09-35

Lektorat: Gabriele Ebbecke

Gestaltung: Albert Teschemacher, München
Lithographie: ReproLine, München
Satz: Reinhard Amann, Aichstetten
Gesetzt aus der Dante von Monotype
Druck und Bindung: Westermann Druck Zwickau GmbH

ISBN 3-7913-2105-6

DER EINUNDZWANZIGSTE TAG

Abschied 361

Anhang

Meine Pariser Glücksformel – eine Widmung

SAINTE-CHAPELLE

PLACE DES VOSGES

LOUVRE

COUPOLE

PLACE DES VICTOIRES

PALAIS-ROYAL

BIBLIOTHÈQUE NATIONALE

KIRSCHGARTENSTRASSE

Noch ein Paris-Buch, noch ein Führer durch die Stadt! Was kann darinnen stehen, was nicht auch in anderen Publikationen schon erwähnt, bemerkt, entdeckt worden ist? Die Frage ist berechtigt und zugleich müßig.

Es ist wahr: Wer alle Werke zu Geschichte und Gegenwart der französischen Metropole kennt, selbst die in französischer und englischer Sprache, selbst so entlegene Bücher wie Conrad Rudolphs in Princeton erschienene Untersuchung zu Abt Sugers ästhetischem Programm beim Bau der Kathedrale von Saint-Denis, der wird faktisch wenig Neues entdecken. Niemand kann Notre-Dame und die Sainte-Chapelle, die Place Vendôme oder den Eiffelturm neu entdecken. Und dennoch ist dieses Paris-Buch anders als alle zuvor.

Denn der Leser wird nicht von einem Autor gegängelt, sondern er schließt sich hoffentlich wohlgemut einem Paris-Besucher an, einem Mann namens Anton, der, literarisch gebildet und neugierig, sich führen läßt von einer jungen Französin. Ariane zeigt ihm ihre Stadt – und er entdeckt die seine: das Paris der Literaten, das Paris Heines und der Brüder Goncourt, das Paris von Marcel Proust und Gérard de Nerval, das Paris Voltaires und Rousseaus und das Paris des Baron Haussmann. Aber weil weder Ariane noch Anton Paris für ein Museum halten, suchen sie Cafés, Bistrots und Restaurants, Parks und Theater, Boutiquen und Blumengeschäfte.

Und da jede Stadt – selbst die häßlichste – richtig schön wird, wenn man Menschen begegnet; und da jeder ein Tropf ist, der sich in Paris nicht verliebt – in die Ehefrau, den Freund, die Freundin oder in eine Pariserin –, verliebt sich Anton, mächtig. Er hat Glück, Charlotte ist eine Cicerona von ganz besonderem Charme und ungewöhnlicher Kompetenz: Sie kann unterhaltsam formulieren, und sie sammelt Weine.

Paris – 21 Tage mit Anton soll ein Lesebuch sein, in dem die spannende Geschichte einer Stadt erzählt wird und die amüsante Episode eines Mannes, der in der Stadt seiner Sehnsucht ein Leben findet, das ihn überrascht, mitreißt – und nicht wieder entläßt in die Fiktion. Und weil es ein Lesebuch ist, gibt es in diesem Paris-Führer nahezu keine Klammern und Abkürzungen – was mich bei der Lektüre anderer Reisebücher stets geärgert hat. Es gibt keine Muß-Veranstaltungen oder Drei-Sterne-Denkmäler.

Mein Paris – ist ein Paris für Flaneure, für Menschen, die sich verlieben möchten und sich dafür Muße lassen. Mal sind es Orte, in die sie sich vergucken, mal Bilder, mal Parks, mal Worte nur. Und, mit viel Glück, Menschen.

Ich danke allen, die mir geholfen haben. Den Freunden in Paris und denen in München. Vor allen anderen Ursel Paal, Inge Kühl, Wolfgang E. Rehmann und Tankred Dorst, die während des Entstehens kritisierten, lobten und im Manuskript nach Fehlern suchten. Dank allen, die mit mir durch Paris schlenderten. Besonders danke ich Gabriele Ebbecke, mit der ich noch nie in Paris war und die dennoch Vertrauen in den frankophilen Theaterkritiker setzte und dieses Konzept akzeptierte, das ziemlich ungewöhnlich ist in der Reihe der Prestel-Landschaftsbücher. Daß sie Anton oft, manchmal sogar unsanft, aus den Restaurants und Cafés, aus den Armen von Charlotte jagte und ihn wieder auf die Spuren der Könige und Kaiser, der Revolutionäre und Stadterneuerer setzte und in die Museen scheuchte, da er viel lieber einkaufen gegangen wäre, soll nicht verheimlicht werden.

Unnötig zu schreiben, weil wir alle uns längst daran gewöhnt haben, daß im Zweifel Johann Wolfgang von Goethe recht behält: Paris war, ist und wird sein, ihm, Anton und mir: die Hauptstadt der Welt.

München / Paris im Januar 1999

AUFBRUCH
IN DIE STADT DER TRÄUME

Anton kannte Paris nur aus der Literatur. Er war – die Freunde bemerkten es nicht ohne Ironie – entsetzlich frankophil. Seine Freude an allem Französischen machte unziemlich unkritisch nicht halt bei Zola, Balzac, Verlaine oder Koltès. Nein, alles aus Frankreich galt ihm a priori als gut, geistreich – genial.

Anton kannte die Provence und das Elsaß, die Bretagne und die Pyrenäen. Paris hatte er stets ängstlich gemieden. Er fürchtete, die Stadt – seine Stadt – möchte nicht halten, was er sich von ihr erwartete; daß es ihm gehen könnte wie den Kleinbürgern des Komödienautors EUGÈNE LABICHE, die mit den Ersparnissen, aufbewahrt in ihrem Sparschwein, in die Hauptstadt reisen und dort nur Unglück haben. Doch was auch immer passieren würde, auf jeden Fall bekäme er das Paris von GASTON-HENRI AUFRÈRE zu sehen, der 1976 schwärmte von der Großstadt mit der Kathedrale, den Akkordeons und dem Neonlicht: »Ville-cathédrale, ville-accordéon, ville-capitale et ville-néon!«

Gewiß könnte er GUILLAUME APOLLINAIRES Verse singen: »Ah! la charmante chose / Quitter un pays morose / Pour Paris / Paris joli.« Vielleicht, welch selige Vorstellung, würde er sich schon nach wenigen Tagen dem italienischen Schriftsteller ITALO CALVINO anschließen, der seine jahrelange Paris-Abstinenz nach den ersten in der Stadt verbrachten Wochen bedauerte: »Bevor Paris eine Stadt der realen Welt wurde, war es für mich wie für Millionen anderer Menschen in jedem Land eine durch Bücher erdachte Stadt, eine Stadt, der man sich durch Lesen nähert.«

Da er länger bleiben wollte, suchte sich Anton in einem Prospekt eine Wohnung im Stadtteil Marais aus. Und er kaufte sich eine Fahrkarte und schrieb am Abend vor der Abreise all seinen Freunden den gleichen Abschiedsbrief: »Reise nach Paris. Ach! Wie angenehm, ein griesgrämiges Land zu verlassen für Paris.

Stadtansicht um 1750. Ein Kupferstich von Friedrich Bernhard Werner

Das hübsche Paris, das die Liebe in nur einem Tag erschaffen konnte. Ach! Wie angenehm, ein griesgrämiges Land zu verlassen. Für Paris!‹ Guillaume Apollinaire, zitiert von Anton.«

Es ging ihm wie einem Liebenden, der seine Angebetete nur von Bildern kennt, von Sätzen, per e-mail versandt, und von einigen Telephonaten: Wenn er sich dann endlich aufmacht, dieses fremde, aber nicht unbekannte Wesen in die Arme zu schließen, bekommt er Angst. Furcht vor der Liebe. Furcht vor der Enttäuschung. Anton wollte schon in Straßburg aussteigen, aber er fuhr weiter – und fand sich sehr mutig.

In Reims wurde er feige – er stieg aus. Nahm ein Zimmer, von dem aus er einen schönen Blick auf die Kathedrale hatte.

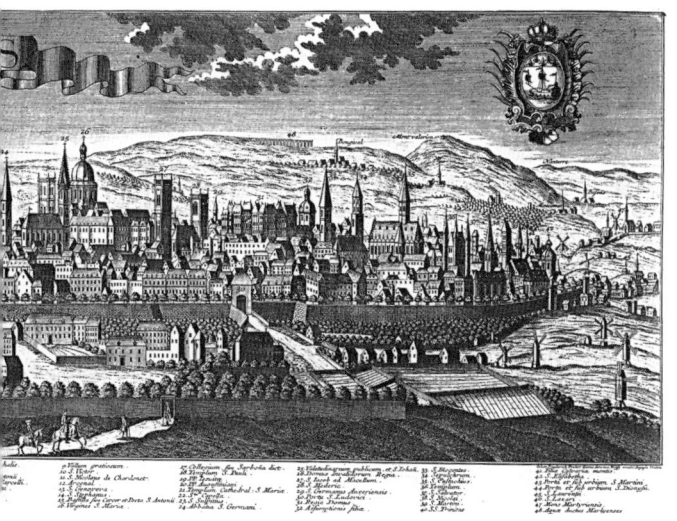

Nach dem Besuch der Kirche ging er zum Essen. Auf dem Weg freute er sich, in Reims haltgemacht und so die sechs neuen Fenster von Marc Chagall gesehen zu haben, die so wundervoll mit der außerordentlichen Architektur harmonierten. Er trank viel Champagner. Das war seine Rettung. Hätte er sich, was vernünftig gewesen wäre, zurückgehalten, er wäre am nächsten Tag statt nach Paris wieder nach Hause gefahren.

Denn vor dem Einschlafen las er JEAN-JACQUES ROUSSEAU: »Wie doch das Ankommen in Paris meine Vorstellung von dieser Stadt Lügen strafte. Ich hatte mir eine gleichermaßen schöne und große Stadt vorgestellt, von stattlichem Aussehen, wo es nur prachtvolle Straßen, Stadthäuser von Marmor und

Gold gab. Und ich sah nur dreckige und stinkende Sträßchen, häßliche, düstere Häuser, eine Atmosphäre von Dreck und Armut. Ich behaupte, daß ich die ganze Zeit, die ich dann in dieser Stadt gelebt habe, ausschließlich darauf verwandte, in ihr nach Mitteln zu suchen, die mich in die Lage versetzten, fern von ihr zu leben.«

Anton lächelte über den miesepetrigen J.-J. und schlief ein. Das Buch fiel zu Boden. Und er las auch am nächsten Morgen nicht darin weiter. Ein guter Gott hielt ihn davon ab. Rousseaus nächster Satz hätte Anton niedergeknüppelt: »Es ist den Menschen überhaupt nicht und der Natur nur schwerlich möglich, meine Einbildungskraft an Reichtum zu übertreffen.«

Endlich angekommen

Die GARE DE L'EST, in der die Züge aus Deutschland enden, ist zwar nicht so schön wie die Gare de Lyon, aber Anton freute sich trotzdem. Ihm fiel EMMANUEL BOVE ein, der Bahnhöfe liebte, weil sie, so schwärmte er, die »Ahnung einer Welt« geben; »die Atmospäre dort ist subtiler als anderswo«. Anton stimmte dem Dichter zu und schränkte zugleich ein, daß dies nur für Pariser Bahnhöfe gelte. Hier, so murmelte er vor sich hin, hier pulsiert Leben, in deutschen Bahnhöfen ödet der Untergang. Er blieb vor den billigen Kiosken stehen, fand, daß die dort angebotenen Snacks ausgesprochen lecker aussahen und der Kaffee duftete wie zuletzt in Istanbul. Und die Menschen schienen ihm höflicher zu sein als zu Hause. Die Mädchen lächelten, und die Bahnhofsuhr ging zwei Minuten nach! Wie angenehm. Kein Griesgram, keine Langeweile. Paris! La vie en rose!

Er nahm ein Taxi. Da: die PLACE DE LA RÉPUBLIQUE! Und die erste Begegnung mit dem Baron Haussmann, dem radikalen Stadterneuerer des 19. Jahrhunderts, der diesen Platz 1854 anlegen ließ und dafür den von Daguerre 1822 errichteten Dioramabau aus Glas und Eisen sowie das Laboratorium des Erfinders niederriß. Da: die Avenuen und Boulevards rundum – Magenta,

St-Martin, Temple, Voltaire, République. Mittendrin das 1883 errichtete Denkmal der Republik! Nicht schön, aber mächtig.

Endlich: die imposante Oper an der PLACE DE LA BASTILLE – pünktlich zum 200. Jahrestag des Sturms auf die Bastille 1989 eingeweiht. Die JULISÄULE mit dem goldenen Genius der Freiheit strahlt im Sonnenschein. Sie wurde 1833 zur Erinnerung an die Opfer der Revolution von 1830 in der Mitte dieses geschichtsträchtigen Platzes aufgestellt. Noch um zwei Ecken – und er hatte sein Ziel erreicht.

RUE DE LA CERISAIE – die Kirschgartenstraße. Ein ›hôtel‹, wie er es sich vorgestellt hatte und wie man es in Paris noch so oft findet: ein dreistöckiges Stadtpalais mit einem Vorbau und einem Innenhof. Die Räume seiner Wohnung öffneten sich nach Süden zu einem Garten; dahinter sah er die Rösser der Garde Républicaine. Anton riß voller Begeisterung die bis zum Boden reichenden Fenster auf, pfiff Édith Piafs *Sous le ciel de Paris* vor sich hin. Nein, er packte nicht aus. Er machte sich gleich wieder auf den Weg. Ohne Stadtplan, denn er wußte, wie er dort hingelangte, wohin es ihn zog: Er überquerte den Boulevard Henri-IV, ging ein Stück die Rue de Saint-Antoine entlang, bog rechts in die Rue de Birague ein, kam durch das Tor des Pavillon du Roi. Und schon stand er an seinem Ziel, der PLACE DES VOSGES.

Nein, noch kein Museum ansehen, nicht ins Haus von Victor Hugo. Anton setzte sich mitten auf den quadratischen Platz und ließ den Blick schweifen.

Achtunddreißig Pavillons aus Naturstein mit Backsteinverblendungen, rot-weiß, nach heutiger Zählung mit den Hausnummern 1 bis 28 versehen. Immer der gleiche Haustypus von vier Achsen: zwei Geschosse mit schmalen Rechteckfenstern über einem Arkadengeschoß aus Hausteinen. Die sogenannten französischen Fenster – Fenstertüren mit Balkongittern, im zweiten Geschoß etwas weniger hoch als in der Beletage – tauchen hier zum ersten Mal auf. Steile Schieferdächer, Kamine. Der Pavillon du Roi im Süden und der Pavillon de la Reine im Norden heben sich durch ihre Höhe ab, hier und durch die Arkaden eines in der Nordwestecke gelegenen Pavillons, der 1822 abgerissen wurde, war einst der Zugang zum ansonsten von Gebäuden völlig umschlossenen Geviert der Anlage möglich.

Ja, das würde von nun an sein Platz sein. Es ist der Welt schönster. Er verstand nach dem ersten Rundblick, daß diese Renaissance-Anlage, als sie 1612, nach nur sieben Jahren Bauzeit, fertiggestellt war, sofort zum Treffpunkt des Adels wurde. Hier, auf der ›Place Royale‹ Heinrichs IV., die erst 1800 nach dem Département Vosges umbenannt wurde, fühlten sich die Reichen und Eleganten wohl; hier promenierten, parlierten sie. Heinrich IV. hatte die Fertigstellung nicht mehr erlebt. Ganz in seinem Sinne fand aber 1612 auf dem damals völlig freien Areal ein erstes großes Fest statt: mit der Verlobung seines minderjährigen Sohns Ludwig XIII. mit Anna von Österreich feierte man die Einweihung des Platzes.

Anton glotzte, der Mund stand offen. »Ville-place«, flüsterte er, »das hat Aufrère vergessen.«

Etwas störte ihn dennoch: LUDWIG XIII., hoch zu Roß. Anton mißfiel das Reiterbild. Wie unelegant, einem Pferd Stand zu verleihen, indem man ihm ein fünftes Bein in den Leib rammt wie einen Baumstamm. Später erfuhr er, daß dies nicht die ursprüngliche Statue ist. Die erste, sehr elegante Bronzeskulptur des Königs hatte Kardinal Richelieu 1639 errichten lassen – der Reiter war von Pierre Biard dem Jüngeren, das Pferd von Daniele da Volterra geschaffen worden; sie wurde während der Revolution, 1793, zerstört. 1816 erhielt Charles Dupaty den Auftrag für ein neues Monument. Bis 1821 hatte er das Modell hierfür vollendet, die Marmorausführung konnte er aber nicht mehr selbst überwachen, sie wurde nach Dupatys Tod im Jahr 1825 Jean-Pierre Cortot übertragen.

Am Abend kaufte sich Anton die *Libération*, eine Tageszeitung, die er wegen der täglichen Kulturtips und der Schauspielrezensionen schätzte. Zwei Tage später erschien darin eine Anzeige: »Deutscher Arzt, für vier Wochen in Paris, sucht Fremdenführerin mit literarischen Kenntnissen. Keine sexuellen Interessen.« Vier Tage danach – Anton hatte inzwischen im ›Procope‹, dem ältesten noch erhaltenen Künstlerlokal in der Rue de l'Ancienne Comédie Nummer 13 und im ›Coupole‹, einer prachtvollen und riesigen Brasserie der zwanziger Jahre am Boulevard de Montparnasse, Austern geschlürft und Mousse au chocolat probiert; er war in der Rue de Rivoli 206 an Turgenjews Wohnung vorbeigeschlendert, hatte auf Hausnummer 226 in der Confiserie Angélina die dicke, fette Schokolade sowie eine Proustsche ›Madeleine‹ probiert und sich für Corneilles *Rodogune* – eine Tragödie des Dichters aus dem Jahr 1644, die man außerhalb von Frankreich nie zu sehen bekam – eine Karte in der Comédie-Française gekauft; er hatte Henry James nachgeahmt, den amerikanischen Schriftsteller, der nichts so sehr liebte, wie den Blick auf Paris durch Fenster, weshalb auch Anton sich nicht *vor* die Cafés setzte, sondern *hinter* deren Scheiben – vier Tage später also stellten sich drei junge Mädchen vor.

Anton wählte Ariane, weil sie Germanistik studierte, Mitglied der Goethe-Gesellschaft war, ausgezeichnet deutsch sprach, gleich ihm Grillparzer nicht ausstehen konnte und ihm erklärte, wie nett sie es fände, daß ein Mediziner namens Anton ausgerechnet in der Kirschgartenstraße wohne: »Sie wissen schon – Tschechow?« Anton war begeistert. Die beiden einigten sich: Er stellte die Aufgaben – Ariane versuchte sie zu lösen.

Ihren kleinen Kontrakt begossen sie in der Kneipe ums Eck, wie es sie nur in Paris gibt. Kein Café, kein Bistrot, kein Restaurant, keine Bar, sondern alles in allem. Am Tresen, nicht etwa im Sitzen, bestellten sie zwei Gläser Riesling, »plein à ras bord«, randvoll. Anton hatte sich an diese schnellen Drinks sehr schnell gewöhnt. Ganz gleich, ob Kaffee, Tee oder Wein, meist im Stehen und beinahe zum halben Preis gegenüber dem, was man im Sitzen bezahlt. Als er Ariane davon erzählte, wie rasch er begriffen habe, daß Pariser sich nicht setzen, nicht Kaffeestunde halten, schon gar nicht Kuchen essen, sondern mehrmals am Tag ihren Durst im Café stillen, womit auch immer; daß sie am Tresen stets miteinander plaudern, man also auch als Fremder unschwer ins Gespräch komme, bewunderte sie ihn zum ersten Mal.

Das Rätsel Paris beginnt

»Ariane, ich würde gerne den ältesten Schreiber in der Stadt sehen.« – »Kein Problem.«

Die beiden nahmen die Métro. Anton vermutete eine Fahrt zur Bibliothèque nationale. Er irrte. Sie fuhren mit der Linie 1 direkt von der Bastille bis zur Station Musée du Louvre – Palais-Royal. Die Schlange vor den Kassen des LOUVRE war furchterregend lang, weshalb Ariane ihn aufforderte, sich in den Läden und Cafés umzusehen: »Sie haben leicht zwanzig Minuten Zeit.« Er zwängte sich erst durch die Schlange, dann in einen Museumsshop und war erstaunt, daß nicht nur Kataloge angeboten werden, sondern eine Vielzahl von Sekundärpublikationen zur Kunstgeschichte. Neben dem Bücherladen Jeans, neben Jeans Porzellan, neben Porzellan Badeschaum. Das Museum als Markt. Selbst Baguettes gab es. Im Stehen nahm er einen Café, und als er endlich zurück war, wartete Ariane bereits mit zwei Billets in der Hand. Sie hatten eine einmonatige Gültigkeit – schon jetzt waren sich Anton und Ariane darin einig, daß man dieses Riesenmuseum mit seinen 30 000 Kunstwerken sehr oft, aber niemals einen ganzen Tag lang besuchen sollte. Anton nahm sich für alle Fälle eines der ausgesprochen gut gestalteten Informationsblätter mit, auf dem für jedes Geschoß ein Übersichtsplan zu finden war. Mit Staunen zählte er die Abteilungen: Sieben große Sammlungen – Orientalische Kunst, Islamische Kunst / Ägyptische Sammlung / Griechische, etruskische und römische Sammlung / Skulpturen / Kunsthandwerk / Gemäldesammlung / Graphik – sowie zwei Säle zur Geschichte des Louvre und ein kleiner Rundgang, bei dem Reste des mittelalterlichen Louvre zu sehen sind: die Burggräben aus der Zeit Philipp Augusts und Karls V. Eine klare Dreiteilung gliedert das Museum: Um den zentralen Bereich unter der Pyramide gruppieren sich die Zugänge zum Richelieu-, Sully- und Denon-Flügel mit insgesamt 60 000 Quadratmetern Ausstellungsfläche. Anton wurde ganz schwindlig bei all diesen Angaben.

Louvre: Ägyptische Abteilung

Zielstrebig steuerte Ariane den Trakt Sully an, in dem sich auch die Ägyptische Abteilung befindet. Sie ist 1826 von Jean-François Champollion gegründet worden, einem Forscher, dem es 1822 gelungen war, die Hieroglyphen zu entziffern, und der damit die Ägyptologie als Wissenschaft begründet hat. Raschen Schritts ging es vorbei an der *Mastaba von Akhout-hetep*, dem Oberbau eines Grabs, ausgemalt mit Jagd- und Schiffahrtsszenen, vorbei an der wundervollen *Schlangenstele des Pharao Uad't*, an Büsten und Statuen, an der Katzenvitrine. Plötzlich blieb

›Statue des sitzenden Schreibers‹
Ägypten, zwischen 2620–2350 v. Chr., Musée du Louvre

Ariane stehen. Vor einer mit Ocker bemalten Kalksteinfigur: der *Statue des sitzenden Schreibers*, entstanden zwischen 2620 und 2350 v. Chr., während der 4. oder 5. Dynastie, wohl das berühmteste Werk der Skulptur des Alten Reiches, entdeckt auf dem Friedhof von Sakkara.

»Da ist er, der älteste Schreiber von Paris!« Anton freute sich über den Fund. Der aufrecht sitzend dargestellte Mann, dessen in Kupfer eingefaßte blaue Kristallaugen hell leuchten, wartet, so scheint es, auf das Diktat. »Ein bißchen dicklich, der Herr«, gab er zu bedenken. »Aber sehen Sie doch: welch ein intelligentes Antlitz!« Aufmerksam schaut der Schreiber, der sicherlich eine höhere Position bekleidet, seiner Aufgabe entgegen.

Nicht weit entfernt begeisterte Anton kurz darauf die kleine Tonplastik, die *Raherka und seine Frau Merseankh* darstellt, entstanden um 2350 v. Chr., 4. bis 5. Dynastie. Welche Zuneigung offenbart sich in diesem Bildnis! Die rechte Hand der weißgesichtigen Frau ruht auf der rechten Schulter des rotwangigen Mannes. Stolz und glücklich schauen sie den Betrachter an. Ariane erzählte Anton, daß Darstellungen von sich umarmenden Paaren in den Gräbern des Alten Reiches keine Seltenheit waren. Für sie war das schönste Paar dieser Ägyptischen Sammlung der *4. Priester von Amon mit seiner Frau Merytre und ihrem Sohn*. Eine Dreiergruppe, ebenfalls aus bemaltem Kalk. Die beiden Alten lächeln mild und zugleich selbstbewußt, jeweils eine Hand ruht auf dem Rücken des anderen. Ein Zeichen mit zwei Bedeutungen: Sie stützen und streicheln einander. Das Kind sitzt vor und zwischen ihnen und ist leider gesichtslos, weil beschädigt.

Ariane und Anton verweilten noch lange in der Ägyptischen Abteilung, deren Reichtum so immens ist, daß sich die gesamte Geschichte der ägyptischen Kunst anhand der hier aufbewahrten Objekte illustrieren läßt. Anton bestaunte die Brustplatte von Ramses II. (1290-1224 v. Chr.), die Totenstatuetten und die vielen Mumien. Bei diesen allerdings mißfiel ihm, daß, um der Neugier willen, die Totenruhe nicht respektiert wird. Seine Lust auf weitere Besichtigungen war ziemlich dahin. Sie beschlossen deshalb, die heutige Louvre-Erkundung zu beenden.

Anton fragte, ob es denn außer auf Friedhöfen keinen Ort in Paris gäbe, wo der Toten wirklich gedacht wird, einen, wo man sie ehrt und nicht begafft? Da mußte Ariane nicht lange überlegen. Sie gingen an der Seine entlang, überquerten den PONT NEUF, der ungeachtet seines Namens – Neue Brücke – die älteste erhaltene der Stadt ist. Ariane erklärte ihrem Begleiter, daß dieser Bau von zwölf Rundbögen, 1604 beendet, der erste Seine-Übergang war, der keine feste Bauten besaß, dafür aber erhöhte Gehsteige – damals überaus modern. Zum ersten Mal waren die Fußgänger geschützt vor dem Fahrverkehr; und die nur kleinen offenen Buden verstellten dem König nicht den Blick vom Louvre auf die alte Königsburg, von der heute noch die Sainte-Chapelle und die Conciergerie zeugen.

Sie befanden sich nun auf der ÎLE DE LA CITÉ, dem ursprünglichen Kern der Stadt, wo sich schon um 250 v. Chr. der keltische Stamm der Parisii angesiedelt hatte. Im Mittelalter war dies das Zentrum der Stadt, mit Königspalast und Bischofssitz. Nur kurz verweilten sie vor der Hauptfassade von Notre-Dame. »Nichts erklären, Ariane. Ich habe viele Fragen, doch nicht jetzt.« Sie gingen durch den Square Jean-XXIII, einen dieser kleinen Pariser Miniparks, von wo Anton einen einmaligen Blick auf das Chorhaupt der Kirche mit seinen filigranen Verstrebungen hatte. Wendete er den Blick nach rechts, über die Seine, dann sah er das Panthéon thronen. Sie überquerten eine Straße, auf der die Touristenbusse parkten, betraten den Square de l'Île de France und stiegen am äußersten Ende einige Stufen hinab. Jetzt standen sie an der Inselspitze und schauten durch Gitterstäbe auf die Seine. »Hier, Monsieur Anton, werden die Toten geehrt, in aller Ruhe. Nur wenige Touristen finden diesen Ort; er wird selten in Stadtführern erwähnt.«

Durch einen schmalen, dunklen Gang gelangten sie ins Innere. Es war eine DEPORTATIONSGEDENKSTÄTTE, 1962 von Henri Pingusson angelegt. Anton erblickte einen langen schwarzen Stein am Boden, einem Sarg nicht unähnlich, und viele kleine Steine an den Wänden. Er erkannte jüdischen Totenkult, entzifferte die Texte, die in die weißen Wände gekerbt waren, Worte

Ansicht des Pont Neuf, 1630. Radierung von Jacques Callot

von Louis Aragon und Antoine de Saint-Exupéry, las die Namen der deutschen Konzentrationslager und die Aufforderung: »Pardonne – n'oublie jamais / Verzeih, aber vergiß niemals.«

Wieder draußen, blinzelten Ariane und Anton in die Sonne. »Ich möchte mich für diesen ersten Tag mit Ihnen bedanken, Ariane, und würde Ihnen auch gerne Blumen schenken. Gibt es eigentlich noch das Blumengeschäft, das in Marcel Prousts Roman *Auf der Suche nach der verlorenen Zeit* immer wieder verrätselt wird und als das schönste der Stadt gilt?«

Ariane rief ein Taxi. »Rue Royale, bitte. Zu ›La Chaume‹.« Die Rue de Rivoli entlang, auf die Place de la Concorde, rechts hinein – ein kurzer Blick auf die Madeleine, und schon waren sie im Proustschen Blumenparadies angekommen. Es existierte also noch und war – wiewohl eher klein – ein riesiges buntes

Stilleben aus Vasen und Blüten. Antons Begleiterin wählte weiße Tulpen, so hochgewachsen wie Lilien.

Vor dem Schaufenster verabschiedete er sich: »Ich werde mir heute abend etwas kochen, einen kleinen Burgunder dazu trinken und mein Pariser Tagebuch beginnen. Übrigens mit diesem ersten Tag, denn alles, was ich davor flüchtig wahrnahm, habe ich nicht aufgeschrieben. Und dann freue ich mich auf morgen früh; da wird's erst einmal literarisch. Ich möchte jene Orte sehen, die dieser Herr bevorzugt.« Anton überreichte Ariane ein Briefcouvert und lenkte dann seine Schritte in Richtung Place de la Madeleine. Wahrscheinlich, schloß Ariane, kaufte er jetzt bei ›Fauchon‹ ein, dem traditionellen und wohlsortierten Delikatessenladen – und sie hatte recht. Nur für die Gewürze ging Anton auf die andere Straßenseite, zu ›Hédiard‹. Er kannte diese Läden – auch sie – aus Büchern und Zeitschriften.

Auf dem Wege nach Hause – sie wohnte in der Nähe der Blumenhandlung ›La Chaume‹, und zwar, wie einst Proust, am Boulevard Malesherbes, wenn auch nicht auf Nummer 9 – las sie Antons Zeilen: »Ich lerne sehen. Ich weiß nicht, an was es liegt, aber alles dringt tiefer in mich ein, ohne dort innezuhalten, wo gewöhnlich alles aufhört. Ich habe ein Inneres, das ich bisher nicht kannte: Alles hat dort nun Zugang. Ich weiß nicht, wie mir geschieht.«

Ariane mußte nicht lange grübeln. Erster Gedanke: Ein Deutscher in Paris. Zweiter Gedanke: Rainer Maria Rilke. In ihrer Bibliothek fand sie *Die Aufzeichnungen des Malte Laurids Brigge* – und irgendwann, lange nach Mitternacht, das gesuchte Zitat.

DER ZWEITE TAG

›Bina‹, ›Buttes‹ und andere Berge

Am Morgen verblüffte Ariane den gutgelaunten Anton mit der Frage: »Wohin, lieber Monsieur Anton, richten Sie heute ›die Scheinwerfer ihres Herzens‹?« – »Wunderbar, Sie haben ihn erraten.« – »Nicht erraten – gelesen!« – »Und wohin gehen wir?« – »In die Bibliothèque nationale, die ›Bina‹, wie diese ehrwürdige Institution von ihren Benützern liebevoll genannt wird. Sie wissen doch, was Malte sagt: ›Ah! Wie gut es tut, unter Leuten zu sein, die lesen!‹«

Zu Fuß ging es von der Métrostation Palais-Royal durch den Garten dieses einstigen Palais-Cardinal – das erst zum königlichen Palast wurde, nachdem Kardinal Richelieu es Ludwig XIII. 1642 vermacht hatte –, vorbei am Restaurant ›Grand Véfour‹ – einem Dichterort, an dem geplaudert, getrunken und gegessen wird und der schon für Victor Hugo, die Colette und Jean-Paul Sartre ein zweites Zuhause war: Namensschilder an den Rückseiten der Lehnen weisen darauf hin, wer hier alles schon gesessen hat! –, einige Treppen hinauf und die Rue de Richelieu entlang. Anton war voller gespannter Vorfreude, als sie vor der Nummer 58 standen: »Jetzt sehe auch ich sie – Rilkes Leser mit den ›verschlafenen Haaren‹.« Durch eine kleine Tür traten sie in einen Korridor der Bina. Ariane zupfte Anton am Arm und führte ihn durch die Halle nach links. »Kein Eintritt ohne Lesekarte!« las er an dem Fenster des Concierge, der wie Zerberus den großen Lesesaal, die ›grande salle de travail‹, bewachte. »Aber wir dürfen hinein, Monsieur Anton. Ich besitze einen solchen Ausweis und habe uns bei der Leiterin der Handschriftenabteilung angemeldet, die ich gut kenne. Und übrigens – das für Ihren nächsten Besuch ohne mich –, man kann sehr einfach so einen Ausweis beantragen und erhalten.« Ariane redete kurz mit Zerberus, dann betraten sie den Saal.

Anton staunte: ein Tempel, dem Geist erbaut und gewidmet. Er war nicht damit zufrieden, alles zu sehen und zu bewundern, er wollte wissen. Ariane zog aus ihrer Tasche einen kleinen Spickzettel, wie sie es noch oft machen sollte, und begann: »Die Nationalbibliothek nimmt ein Viereck ein, das begrenzt wird von den Rues de Richelieu, Colbert, Vivienne und des Petits Champs. Sie besitzt mehr als zwölf Millionen Bände und ist damit eine der reichsten und kostbarsten Sammlungen der Welt. Hier werden aber nicht nur Bücher gesammelt, sondern auch Urkunden, Handschriften – darunter das Evangeliar Karls des Großen –, Graphiken und Photographien, Karten und Stadtpläne, Musikalien, Münzen, Medaillen und Antiken.« – »Aber dieser Saal, Ariane? Dieses Wunder aus Eisen und Mauerwerk?« Seine Stadtführerin ließ sich nicht aus der Ruhe bringen: »Zwischen 1857 und 1873 vereinte der Architekt HENRI LABROUSTE die verschiedenen Komplexe der Bibliothek, die ja zuvor aus mehreren Stadtpalästen bestand: dem ehemaligen Hôtel Tubeuf – das François Mansart vergrößerte, bevor Kardinal Mazarin es Mitte des 17. Jahrhunderts bezog –, dem Palais des Finanzministers Jean-Baptiste Colbert in der Rue Vivienne – in dem schon 1666 zweihunderttausend Bände der königlichen Bibliothek untergebracht waren – und den benachbarten Hôtels des Nevers und de Chivry, die allerdings erst im 19. Jahrhundert dem Komplex hinzugefügt wurden . . . «

»Ariane: dieser Saal!« – »Sofort, nicht so ungeduldig, Monsieur Anton. Dieser Saal wurde 1863 fertiggestellt. Und er ist wirklich eines der schönsten Beispiele für die Eisenarchitektur des 19. Jahrhunderts. Sehen Sie die neun mit Fayencen ausgekleideten Kuppeln. Alle neun – getragen von sechzehn fein ziselierten metallenen Säulen mit Kapitellen – schmückt in der Höhe jeweils ein zentrales Rundfenster, was für viel und gleichmäßiges Licht an den 360 Arbeitsplätzen sorgt. Und dann die Galerien, die Bücherregale und über Ihnen die bemalten Wände, oder dort drüben die frisch grünenden Bäume. Selbst

Natur hat Labrouste noch an diesen Ort des Wissens gezaubert.« Während Anton treppauf, treppab eilte und von Bücherregal zu Bücherregal selig die Aufschriften auf den ledernen Rücken buchstabierte, flüsterte Ariane noch ein bißchen Bibliotheksgeschichte in sein linkes Ohr:

»Schon im Mittelalter sammelten die französischen Könige auf ihren Schlössern Handschriften; nach dem Inventarverzeichnis von Gilles Malet besaß KARL V. bereits 1373 in einem der Türme des Louvre 973 Bände. Später vereinigte LUDWIG XII., ein Bibliophiler mit besonderer Sammlerlust, die Bibliotheken von Blois und Orléans und vergrößerte sie mit den Sammlungen der Sforza und der Visconti. Ludwigs Cousin FRANZ I. legte seine Bibliothek in Fontainebleau an und brachte auch die Bestände von Ludwig dort unter. Ihm ist der Reichtum dieser königlichen Bibliotheken – und der heutigen staatlichen – zu verdanken, denn auf seine Anordnung hin erließ man 1537 in Montpellier ein Gesetz, welches die Verleger dazu verpflichtete, von jedem gedruckten Buch einen Band der Bibliothek zu übergeben. Dieses Gesetz besitzt noch heute Gültigkeit, ja es wurde sogar auf Zeitschriften, Schallplatten und Photographien ausgeweitet. KARL IX. brachte die Bibliothek nach Paris, wo sie von 1604 an in einem Franziskanerkloster beherbergt war. Unter Ludwig XIV. entstand die Idee einer Nationalbibliothek, und sein Minister Colbert brachte 1721 schließlich alle Bände, die nicht im Louvre Platz finden konnten, in zwei Häusern unter, die er in der Rue Vivienne besaß, neben den beiden Palais Tubeuf und Mazarin. Das ewige Platzproblem hat im Laufe der Jahrhunderte vielen Architekten Kopfzerbrechen bereitet und konnte erst mit einem Bauprojekt der jüngsten Zeit vorerst gelöst werden: Mit Präsident Mitterrands gläsernen Türmen der Bibliothèque de France im Osten der Stadt, in die ein Großteil der Bestände verlegt wurde und die seit 1997 der Öffentlichkeit zugänglich sind.«

Anton setzte sich an einen der Tische, knipste das Lämpchen an und las LOUIS ARAGON. Er suchte ein besonderes Gedicht, wollte es Ariane zeigen. Bald schon fand er es: *Le Paysan de Paris*

Galerie Colbert, Längsschnitt

chante – und übersetzte daraus die folgende Stelle: »Reißt mir
mein Herz heraus und ihr werdet Paris sehen.«

Ohne ein Wort zu wechseln, verließen sie die Bibliothek.
Ariane führte den seltsamen Deutschen, der von einer geradezu
schicksalshaften Sehn-Sucht, Paris als Geliebte zu gewinnen, be-
fallen war, in unmittelbarer Nähe in zwei der schönsten Passagen
der Stadt. Anton war das sehr recht. Er erinnerte sich an Walter
Benjamins *Passagen-Werk* aus den Jahren 1927 bis 1940, das Ariane
nicht kannte. Benjamin beschrieb bereits Antons Freuden: »Die
Passagen sind ein Zentrum des Handels in Luxuswaren. In ihrer
Ausstattung tritt die Kunst in den Dienst des Kaufmanns. Die
Zeitgenossen werden nicht müde, sie zu bewundern.«

Sie gingen erst in die ältere, 1823 eröffnete GALERIE VIVIENNE
mit ihren halbmondförmigen Fenstern, den Bodenmosaiken
und der monumentalen Treppe; dann in die 1826 fertiggestellte
GALERIE COLBERT, in der die Bibliothèque Räume für nationale
Ausstellungen besitzt und das ›Grand Café Colbert‹ mit jedem
Ankömmling flirtet – und keiner entkommt seinem Charme
der Jahrhundertwende. Auch Anton war verführt; er lud Ariane
auf ein Glas Champagner ein – une coupe – und gestand, daß er
für den Nachmittag keine Aufgabe stellen wolle, sondern von
Ariane einen passenden Vorschlag erwarte.

»Wir suchen Aragon.« Sie fuhren in sein »legendäres Paradies« oder, wie der Dichter auch schwärmte, in das »appartement des rêves«, die Wohnung, in der die Träume zu Hause sind. Eine Wohnung? Ja, aber eine luftige, ohne Mauern! Die Fahrt mit der Métro dauerte lange: das Ziel, die Buttes-Chaumont – der Park des ›mont chauve‹, des kahlen Bergs –, liegen im 19. Arrondissement im Nordosten der Stadt. Ariane und Anton stiegen an der gleichnamigen Métrostation aus und waren schon mitten im Grünen. »Über Louis Aragon muß ich Ihnen wohl nichts sagen.« – »Müssen Sie nicht. Sie wissen sicher, Ariane, daß er Paris mit ›einem schönen Kinderbaukasten‹ verglich; daß ihn ›der zeitweilige Husten der Métro‹ amüsierte; daß ihm aber manchmal der Zauberort auch ›verteufelt der Hölle‹ ähnlich schien. Aber wissen Sie auch, wie angetan der Erzähler in Aragons Werk *Spiegelbilder* von diesem Park ist?« – »Natürlich.« – »Und können Sie auch ein Stückchen zitieren?« – Ariane lächelte hinreißend: »Das kann ich nicht.« – »Aber ich!«

Anton nahm Ariane bei der Hand, zog sie zu dem kleinen See, stellte sich unter eine Weide, hinter sich auf dem Fels das Rundtempelchen, eine Reproduktion des korinthischen Sibyllentempels in Tivoli, und begann: »Auf den Buttes-Chaumont war ich in meiner Jugend oft, ich habe sogar da oben geschrieben.« Mehr erinnerte er leider nicht. Er wußte aber, daß sich im 15. Jahrhundert der Balladendichter FRANÇOIS VILLON hier herumgetrieben, ja sogar an diesem damals wahrlich düsteren Ort gehaust hatte, in einem riesigen Gipssteinbruch. Ariane trug ihrerseits ein bißchen Geschichte bei: Napoleon III. hatte den Park in den Jahren 1866/67 von Adolphe Alphand anlegen lassen; er sollte wie jener von Montsouris im Süden der Stadt der arbeitenden Klasse Erholung bieten. Alphand ließ mit seiner Landschaftsarchitektur voller Grotten, Felsen, Wasserfälle und Tropfsteinhöhlen künstliche Paradiese entstehen – die Pariser verdanken ihm auch die Anlagen des Bois de Boulogne und des Bois de Vincennes. Vom besonders schön und hoch gelegenen Tempel der Buttes-Chaumont bot sich den beiden Besuchern ein wunderbarer Blick auf Montmartre, dann stiegen sie die 200 Stufen des dort hinaufführenden ›Chemin des Aiguilles‹ wieder hinab und überlegten, wozu sie nun Lust hätten. Sie konnten sich nicht recht entscheiden.

Zu Arianes Verblüffung schlug Anton schließlich vor, das gemeinsame Abendessen unter einem Bergesgipfel zu genießen. Er zog seinen Métroplan heraus, nahm zwei Schritte Abstand von Ariane, damit sie nicht mitbekam, was er suchte, und zählte. Endlich verkündete er: »Die Berge sind nah – zwölf Stationen, zweimal umsteigen, und zwar an der Place des Fêtes und an der Bastille.« Ariane verstand nichts.

Endstation GARE DE LYON. »Jetzt übernehme ich die Aufgabe eines Paris-Führers«, sagte Anton, zückte eine Karte aus seiner Sakkotasche und las seiner Begleiterin vor: »›Erbaut von Marius Toudoire im Jahr 1899, vergrößert 1927, ersetzte dieser Bahnhof den älteren, der 1859 von Alexis Cendrier konstruiert worden war. In der ersten Etage befindet sich das Restaurant 'Le Train bleu', eingestuft als historisches Monument. Es hat ganz und gar seine außergewöhnliche Ausstattung und den Dekor der Jahrhundertwende bewahrt. Eröffnet wurde es vom Präsidenten der Republik, Émile Loubet, im Jahr 1901, es besitzt mehrere Säle

1 *Von statischer Kühnheit und großer Eleganz:*
   die Strebebogen am Chorhaupt von Notre-Dame
2 *Vorbild für alle weiteren königlichen Plätze in Paris:*
   die Place des Vosges im Marais
3 *Die Place Vendôme –*
   ein Meisterwerk an architektonischer Ausgewogenheit
4 *Sonntags im Jardin du Luxembourg*
5 *Blick durch den Säulenumgang im Garten des Palais-Royal*

und Salons und zeichnet sich durch eine sehenswerte kunsthistorische Wandbemalung aus. Auf 45 Gemälden haben Künstler der Zeit jene Städte verewigt, die von der PLM, der Linie Paris-Lyon-Méditerranée, angefahren werden!‹ Ein entsetzlicher Stil, abgeschrieben. Und der Autor hat das Wichtigste vergessen: die Küche. Sie ist viele Umwege wert.«

»Ich gebe zu«, sagte Ariane, »ich war noch nie drinnen. Zu teuer. Doch wieso Berge? Paris-Lyon-Mittelmeer?« – »Abwarten, bitte.«

Die Treppen hinauf – diesmal keine 200 Stufen –, und schon standen sie in einem riesigen Saal. Sie mußten ein paar Minuten auf einen freien Tisch warten und ließen sich deshalb im Bar-Eck, gleich am Eingang, einen Kir servieren. Plötzlich rief Ariane: »Da sind sie!« Sie zeigte mit dem Finger auf das zweite Deckengemälde links vom Eingang: Grenoble – schneebedeckte Alpen und eine Frau mit rotem Sonnenschirm. Kein großes Kunstwerk, wahrlich nicht, aber in dieser Umgebung doch erstaunlich und nett dazu.

Für den nächsten Tag wünschte sich Anton Vergnügliches. »Wie wär's mit Theater, Ariane?« – »Gern«, frohlockte sie, hoffend, daß sie mit einem Besuch in der Comédie-Française davonkäme. »Wir kaufen eine zweite Karte für *Rodogune*, fängt um 19 Uhr an; vormittags und nachmittags zeigen Sie mir bitte schöne Schauspielerinnen.« – »Macht es Ihnen etwas aus, wenn Sie außerdem noch Jean-Baptiste-Gaspard Debureau und Marcel Proust begegnen, Italo Calvino und Franz Liszt? Und vielleicht gar der Madame de Sévigné?« strahlte Ariane. »Hoch erfreut, nur möchte ich den Tag nicht mit U-Bahn-Fahrten zubringen!« – »Wir werden gar nicht fahren, wir werden laufen. Ich hole Sie um zehn Uhr in der Rue de la Cerisaie ab.«

Vor dem Einschlafen träumte sich Anton wach in den Lesesaal der Nationalbibliothek und schrieb in das kleine Heft, das nach Proustscher Manier immer neben seinem Bett lag: »Übermorgen möchte ich die neue Bibliothèque de France sehen; ich brauche nur noch eine passende Frage.«

DER DRITTE TAG

Mimen und Pantomimen: alles Theater

Ariane war pünktlich. Erst ging es zur Place des Vosges. Dann links die Rue des Francs-Bourgeois entlang – und schon hatten sie ihr Ziel erreicht: Rue de Sévigné Nummer 23 – MUSÉE CARNA-VALET, das Pariser Stadtmuseum.

»Zuerst die schönen Schauspielerinnen – erinnere ich mich recht?« Ariane führte Anton vor die Bildnisse von Isabelle Andreini, die zum Ensemble der Gruppe Gelosi gehörte. Diese Truppe tourte zwischen 1571 und 1604 mit Stücken der Commedia dell'arte durch ganz Frankreich. Anton erblickte eine schöne, blasse Frau, bedrängt von alten lüsternen Männern. »Sie sieht einen an, als bettelte sie um Hilfe«, interpretierte Anton. »Ich zeig Ihnen eine andere, die garantiert keiner Hilfe bedarf.« »Stimmt«, antwortete Anton wenig später, als er vor der Büste der Mademoiselle Melle Luzy stand, einer Schauspielerin der Comédie-Française aus der Zeit der Wende vom 18. zum 19. Jahrhundert. Charles Maurice de Talleyrand, Politiker aus altem französischen Hochadel, soll sie sehr geschätzt haben. Hübsch war sie, mit wachen Augen und einer schönen langen Nase, die am Ende kokett stupsig wird.

»Das waren Ihre Wünsche, mein Herr. Jetzt meine Angebote. Erst mal was für mich. Erinnnern Sie sich, wie Arletty in dem Film *Kinder des Olymp* den Namen ›Baptiste‹ stammelte, flüsterte, streichelte; wie Jean-Louis Barrault Blick und Stimme in Trauer hüllte? Wissen Sie, daß JACQUES PRÉVERT, mein Lieblingsdichter, damals für Marcel Carné das Drehbuch geschrieben hat?« – »Oh, auch ich war verliebt in Arlettys Begehrenstöne, Barraults Schmerzensblick! Aber Ihre Prévert-Vorliebe?« antwortete Anton. »Was ist an Prévert dran? Gut, die Chansons . . . « Sie wurde böse: »Sie Ignorant. Prévert konnte die Liebe besingen wie kein anderer und die Frauen. Sie mögen

Aragon auswendig hersagen können. Ich kann Prévert beten! Nicht nur die Chansons, seine besten Aperçus. Was halten Sie Paris-Liebhaber von diesem: ›Paris, das sind für mich vor allem die Viertel mit möglichst wenigen Monumenten und möglichst vielen Frauen.‹ Prévert war es auch, der etwas Wunderbares entdeckte, unsere Straßennamen nämlich. Er war überzeugt davon, daß die Straßen der ärmsten Viertel die schönsten Namen

Boulevard du Temple: Ort für Gaukler, Spieler, Mimen, selbst zu Beginn des 19. Jahrhunderts noch

haben, weil die Armen sie gefunden haben, um sich die Dinge und damit auch ihr Leben zu verschönern.«

Während Ariane noch emphatisch mit ihrem Loblied auf Prévert fortfuhr, waren sie vor dem von Arsène Trouve gemalten Bildnis von JEAN-BAPTISTE-GASPARD DEBUREAU angelangt. Dieser bald so berühmt gewordene Pantomime wurde 1796 im böhmischen Kolin geboren und war 1812 mit seiner Familie, einer alten Artisten- und Gauklersippe, nach Paris gekommen. 1816 trat er im Théâtre des Funambules erstmals als ewig verliebter, trauriger Pierrot auf und wurde in seinen Interpretationen dieser unglücklichen Figur – die wohl die Stimmung der damaligen Epoche recht gut traf – zum Vorbild für alle späteren Pantomimen. Die Zeitgenossen begriffen seine Kunst: George Sand, Heinrich Heine und Théophile Gautier äußerten sich begeistert über Debureau. Charles Nodier, der Schriftsteller, bedachte ihn in der Revue *Pandore* mit einer Eloge, Sacha Guitry und andere widmeten ihm Stücke. 1938 wurde er, wie sich Anton erinnerte, von GUSTAF GRÜNDGENS in dem operettenhaften Film *Tanz auf dem Vulkan* verkörpert: Debureau ist dort allerdings kein Pantomime, sondern ein Schauspieler, dessen freche Lieder zum Ausbruch der Juli-Revolution von 1830 beitrugen. Auch wenn die Handlung frei erfunden war: Der Film beweist, daß Debureau auch im 20. Jahrhundert fasziniert. In Deutschland, was verwunderlich ist, ebenso wie in Frankreich. JEAN-LOUIS BARRAULTS Debureau in dem 1943 bis 1945 entstandenen Film *Kinder des Olymp* ist ein Mann, der die Zuschauer heute noch verstört und begeistert. »Er sieht tatsächlich aus wie Barrault!« jubelte Anton. Ariane allerdings fand das Original schöner.

Anton wußte aus einem kürzlich gelesenen Zeitungsartikel noch mehr zum Theaterleben dieser Zeit: »In der Mitte des 18. Jahrhunderts nannte man den nördlichen Teil des Boulevard du Temple den ›Boulevard du Crime‹. Die Straße war baumbesäumt, ein wenig gefährlich bei Nacht und angenehm bei Tage. Die Aristokraten promenierten hier oder ließen sich in Kutschen herumfahren. Später gestattete der Bürgermeister von Paris einigen ›amuseurs‹, also Unterhaltungskünstlern, sich

Der Schauspieler Frédéric Lemaître,
umgeben von Honoré de Balzac und Théophile Gautier.
Aquarell von J. J. Grandville, um 1840

in dieser Straße niederzulassen. Nicolet, Audinot und Lazzari eröffneten die ersten Theater. 1791 sicherte ein Dekret der Verfassunggebenden Versammlung den Bühnen größere Freiheit zu und führte zu vielen Theaterneugründungen. Damals machte auch das später so berühmte ›Funambules‹ auf, wo Deburau seine Triumphe einheimste. Und in den ›Folies Dramatiques‹ wurde FRÉDÉRIC LEMAÎTRE, ein Konkurrent von Deburau, gefeiert und berühmt als Frédérick. Umjubelt in der Rolle des Robert Macaire. Das war eine Figur, die er für sich erfunden hatte und grotesk und turbulent in jedem Melodram unterbrachte – Robert Macaire, der trickreiche, kluge charmante Bandit. Alexandre Dumas ließ sich sein eigenes Theater bauen, das ›Théâtre Historique‹. Und einen Olympischen Zirkus gab es auch. Hier zeigten Tiere Kunststückchen, und Menschen stellten lebende Bilder, auch Schlachtengemälde.«

Ziellos gingen sie weiter, fanden in Saal 47 eine putzige Figurengruppe mit zwei Typen der Commedia dell'arte: Brighello und Pantalone; stießen auf François Lepaulles Bildnis des Dichters EUGÈNE SUE, der unsterblich wurde durch seinen Roman *Les Mystères de Paris*, und waren überrascht, rechts hinter der Gestalt des Mannes ein bißchen Meer zu entdecken – ein diskreter Hinweis auf Sues wahre Profession: Er war Marinearzt. Und sie entdeckten auf einem Stich aus dem 17. Jahrhundert das Denkmal von der Place des Vosges, wie es 1639 errichtet worden war: Ludwig XIII. als Held und das Pferd ohne Baumstamm im Leib!

In einem anderen Raum begegneten sie CHARLES DULLIN, einem kleinen sitzenden Mann mit einem auffallend roten Mantel und einer Pfeife in der linken Hand. Ariane kommentierte spitz: »Warum müssen Künstler immer so affektiert und maneriert sein?« Sie wollte keine Antwort, was den Theaterfex Anton aber nicht hinderte, eine zu geben: »Der war schon etwas Besonderes: Schauspieler, Regisseur, Intendant und Theatertheoretiker. Dullin begründete das moderne Regietheater. Zu seinen Schülern zählten Jean-Louis Barrault, Jean Marais und Marcel Marceau. Der darf sich affig rot kleiden, oder?«

Im Saal 48 freute sich Anton über VOLTAIRES Sessel, ein Fauteuil besonderer Art, extra nach den Wünschen des Schriftstellers und Philosophen angefertigt: Unterhalb der Armlehnen wurde rechts ein Lesepult montiert, auf dem das aufgeschlagene Buch aufrecht stehen kann, und links eine Schreibfläche, sogar mit einer integrierten Schublade. »Jetzt fehlen noch Proust, Calvino, Liszt – und vielleicht die Marquise de Sévigné.«

»Stimmt, Monsieur, voici: Marcel Proust!« Angekommen im Saal 147, standen sie vor MARCEL PROUSTS Bett. Es war schlicht und aus Kupfer. Am Fußende eine niedrige Glasvitrine, darinnen Kleiderbürsten und eine Taschenuhr. Neben dem Bett der Nachttisch; fein säuberlich darauf: ein Tintenfaß, Federkiele aus Holz. Und darüber das Bildnis des Vaters Adrien Proust. Marcels möbliertes Zimmer aus der Rue Hamelin Nummer 44, wo er seine letzten Lebensjahre verbracht hatte, war hierher ins Museum gebracht worden.

Anton fand, daß dies dennoch eine recht magere Ausbeute sei. »Leider haben Sie recht. Doch bedenken Sie, Monsieur Anton: Proust und seine *Suche nach der verlorenen Zeit* findet man in Paris nicht im Museum, hier steht allein sein Bett. Sie finden den Dichter und seine Romanfiguren zum Beispiel im Treppenhaus der Garnier-Oper: Auf diesen Stufen stieg Proust, der Erzähler, hinauf, voller Erwartung, die Berma zu sehen, wie sie die Phädra spielt. Sie finden ihn an den Luxusorten dieser Stadt: Bei ›La Chaume‹ – Ihre Blumen sind übrigens noch schöner geworden! –, im ›Grand Véfour‹, im ›Café de la Paix‹, wo die Gräfin von Uzès speiste und der Prinz von Orléans, im Kaufhaus ›Bon Marché‹, wo schon Albertine einkaufte, beim Juwelier Boucheron, im Restaurant ›Lapérouse‹, wo Swann zu Abend aß, im Hôtel de Breteuil in der Avenue Foch, das Proust als Vorbild diente für das Hôtel des Guermantes, einem verwunschenen Ort für Prousts Gesellschaft. Und Sie finden den Autor gewiß im Hotel Ritz, wo er am Ende seines Lebens in der Loge des Portiers schrieb, in einem gutgeheizten gläsernen Käfig, mit dem besten Blick auf die Gäste, die kommen, die Gäste, die gehen. Wer ihn nicht kannte, mußte ihn für einen Ritz-Angestellten halten. Vielleicht, Monsieur Anton, finden Sie Proust auch an seinen Wohnorten: zum Beispiel in der Rue de Courcelles Nummer 43, Ecke Rue de Monceau, oder am Boulevard Haussmann 102, in der Rue Laurent Pichat 8 bis, in der Rue Hamelin 44. Doch die Chancen sind gering. Fahren Sie nicht dorthin. Lassen Sie uns in die Oper gehen und in die Opéra comique.«

Anton bedankte sich für diesen kleinen Proust-Exkurs und versprach drei Einladungen: in die Opéra-Garnier, Opéra comique und ins ›Grand Véfour‹.

»Aber nun zu Calvino, Mademoiselle Ariane.« – »Wir sind bei ihm, Monsieur Anton. Dieses Musée Carnavalet, ein Museum, das allein die Geschichte der Stadt Paris dokumentiert – und zwar in chronologischer Reihenfolge, untergebracht in zwei Adelshäusern, dem Hôtel Carnavalet und dem benachbarten Hôtel Le Peletier de Saint-Fargeau –, war Calvinos Lieblingsort. Denn ITALO CALVINO sah Paris als die Stadt der Sammler. Hier lade alles dazu ein, von allem eine Sammlung anzulegen, schrieb er. Und an anderer Stelle meinte er, in den Pariser Straßen warte alles darauf, ›ins Museum zu wandern‹. Sie merken, ich habe mich vorbereitet.« Noch während sie sprach, kramte sie wieder einen Zettel hervor. »Noch mal Calvino: ›Ich könnte also sagen, daß Paris, eben das, was Paris ausmacht, eine riesige Konsultationsmaschine ist, es ist eine Stadt, die man wie ein Lexikon befragt: Sowie man es öffnet, gibt es dir eine ganze Reihe Auskünfte von einer Reichhaltigkeit wie sonst keine Stadt. Man nehme nur die Geschäfte. In Paris gibt es Käsegeschäfte, in denen es Hunderte von Käsesorten gibt, alle anders, jeder mit einem Namensetikett, es gibt in Asche gerollte Käse, Käse mit Nüssen: Eine Art Museum, der Käse-Louvre.‹ Toll, oder?«

»O ja«, schmunzelte Anton und dachte schon daran, heute abend zum Käseladen neben ›Hédiard‹ an der Madeleine zu gehen: getrüffelter Käse!

»Und nun zu FRANZ LISZT. Wo finden wir den?« Im Saal 122 – hier hängt das von Henri Lehmann gemalte Porträt des Komponisten. Daneben das seiner Geliebten Marie d'Agoult, die unter dem Namen ›Daniel Stern‹ publizierte und Mutter war von Cosima, die 1870 Richard Wagner heiratete.

Anton, immer noch nicht müde von den Wanderungen durch die zwei Palais und die 147 Ausstellungsräume, fragte nach dem versprochenen ›vielleicht‹: »Vielleicht die Marquise, schaffen wir's?« – »Monsieur Anton, MADAME DE SÉVIGNÉ begleitet uns seit dem Vormittag! Sie bewohnte dieses Haus, das eines der schönsten Beispiele ist für die bürgerliche Architektur der Renaissance und des 17. Jahrhunderts. Erbaut wurde es zwischen 1548 und 1560 von Nicholas Dupuis für Jacques de Ligneris, den Präsidenten des Pariser Parlaments; Jean Goujon und seine Schüler besorgten die künstlerische Ausstattung. 1578 kaufte es Françoise de Kernevenoy, die Witwe von François de Kernevenoy, einem bretonischen Edelmann, der als erster Stallmeister in Diensten Heinrichs II. stand und dessen lautmalerischer Spitzname ›Carnavalet‹ sich bald auf das Haus übertrug. 1654 ging es in den Besitz des Bankiers Claude Boislève über.

Er beauftragte den Architekten François Mansart, das Gebäude zu modernisieren und zu vergrößern; die beiden Flügel und die Straßenfront erhielten erste Etagen. Und jetzt endlich sind wir bei Madame de Sévigné, Marie de Rabutin-Chantal. Sie mietete das Palais und bewohnte es von 1677 bis 1694. ›Carnavalette‹ nannte sie ihr Heim liebevoll und empfing hier Intellektuelle, Philosophen und Dichter. 1866 übernahm die Stadt Paris das Haus und machte daraus das Museum der Stadtgeschichte, das unzählige Ausstellungsstücke von der Frühgeschichte bis zum Beginn des 20. Jahrhunderts bietet. Sie sehen, lieber Monsieur Anton, ich habe Ihnen gestern nicht zu viel versprochen.«

Sie verabschiedeten sich und verabredeten sich für achtzehn Uhr vor der Comédie-Française.

Porträt der Marquise de Sévigné.
Federlithographie
nach einem zeitgenössischen Gemälde, 1838

Charles de Wailly, Entwurf für die Comédie-Française,
Längsschnitt, 1770

In der Comédie-Française

Der Abend war lau, Ariane schlug noch einen kurzen Abstecher
zum MOLIÈRE-Brunnen in der Rue de Richelieu vor, den Louis
Tullius Visconti 1844 errichtete, James Pradier schuf die Figuren. Im Haus gegenüber, so erklärte Ariane, Nummer 40, ist der
Dichter am 17. Februar 1673 gestorben, nachdem er auf der
Bühne des Palais-Royal während der Aufführung seines *Eingebil-
deten Kranken*, in der er die Hauptrolle spielte, zusammengebro-
chen war. »Schade«, sagte Anton, »jetzt wäre ein Stück von
Molière passender, aber macht nichts. *Rodogune* habe ich noch
nie gesehen.«

Sie betraten das Theater, und Anton war enttäuscht von der Eingangshalle. Auch vom plüschig dunklen Zuschauerraum und von der Deckenbemalung des Albert Besnard aus dem Jahr 1913. Aber die Voltaire-Plastik von JEAN-ANTOINE HOUDON im Foyer war beeindruckend, und in der Pause betrachtete er gerührt den alten Lehnstuhl mit dem durchgesessenen Bezug, jenes Sitzmöbel, auf dem Molière saß, als der Tod sich ihm näherte.

Und Anton nutzte die Gelegenheit, Ariane nochmals ein wenig zu imponieren. Die wußte zwar, daß das Haus in der Zeit von 1786 bis 1790 von Victor Louis erbaut worden war, aber er konnte ihr die Geschichte dieses Theaters und seiner verschiedenen Truppen erzählen, konnte ihr berichten von Ludwig XIV., der 1680 das Schauspielensemble von Molière mit dem des Hôtel de Bourgogne vereinigte und diese neue Gruppe ›Comédie Française‹ nannte. »Sie war das erste Nationaltheater in Europa, und deshalb wurde dieses Haus neidisch beargwöhnt, vor allem von einem Erzfeind alles Französischen, von Gotthold Ephraim Lessing. In den Wirren der Revolution trennte sich die Schauspielergruppe wieder, nicht nach Herkunft, sondern in Republikaner und Royalisten. Die Republikaner zogen gemeinsam mit ihrem Direktor François Joseph Talma 1792 in das Haus, das noch heute Bleibe der Comédie ist, wenngleich es inzwischen zwei Nebenspielstätten gibt. Napoleon, der das Theater liebte« – »und besonders die Schauspielerin Mademoiselle Mars«, fiel Ariane Anton ins Wort – »Napoleon«, fuhr dieser amüsiert fort, »gab der Truppe 1812 in einem Dekret, das seltsamerweise das ›Moskauer‹ heißt, eine Satzung, die noch heute gültig ist.« – »Die müssen Sie mir nicht erklären«, unterbrach Ariane etwas ungeduldig den Vortrag, »ich kenne die Gesetze dieser Schauspielergesellschaft. Es gibt die ›pensionnaires‹, die verlängerbare Ein-Jahres-Verträge haben, und die ›sociétaires‹, ausgesucht aus den ›pensionnaires‹, mit langwährenden Verträgen von zehn bis dreißig Jahren. Und ihre Bezahlung unterscheidet sich ebensosehr wie ihr Einfluß auf den Spielplan und die interne Theaterpolitik.«

»Sehr gut«, lobte Anton. »Danke, Herr Schulmeister«, gab Ariane schnippisch zurück. Die Glocke schellte! Ein kleines Glück für beide, womöglich hätten sie sich nach diesem langen gemeinsam verbrachten Tag zum ersten Mal gestritten. Sie setzten sich und sahen den mörderischen Schluß dieser spannenden Geschichte, die, so fand Anton anschließend, mindestens so gut geschrieben sei wie Shakespeares *Richard III.*, weshalb er beim Verlassen des Theaters und beim Betrachten der Corneille-, Molière-, Racine- und Hugo-Medaillons an der Außenwand heftig Lessing beschimpfte, der doch wahrhaftig die *Rodogune* als das Fadeste und Wäßrigste gebrandmarkt habe, was die deutschen Dramaturgen – über die er bei dieser Gelegenheit gleich auch noch herfiel – bis heute glauben.

Sie waren zu müde, um noch gemeinsam zu essen. Auf dem Weg zur Métro stellte Anton seine Aufgabe für den nächsten Tag: Er wollte Arthur Rimbaud begegnen.

Anton stieg im Marais an der Station Saint-Paul aus, und da er nun doch nicht mehr zur Place de la Madeleine zum Käsekaufen gekommen war, schlenderte er noch ein wenig durch das alte Pariser Judenviertel. In dessen Zentrum, der Rue des Rosiers, guckte er erst in alle Schaufenster und entschied sich schließlich für einen »koscheren Apfelstrudel« – er fragte sich, wie man einen solchen bäckt –, ein bißchen Lachs sowie einen Weißwein aus Israel und ging dann rasch nach Hause.

Spät und ein wenig trunken schlief er ein. Er merkte nicht, daß ihm das Buch mit Rimbaud-Gedichten aus den Händen glitt, was ihm häufig passierte, weil er sich selten freiwillig von der Lektüre trennte, sondern erst, wenn er Morpheus unterlag. In der Nacht, als er wach wurde, warf er, müde und neugierig zugleich, einen Blick auf die aufgeschlagene Seite: »Paris, wenn deine Füße wundgetanzt im Zorne, / Und du mit Messerstichen deinen Leib bespickst, / Daß du darniederliegst, erzuckt im Augenborne, / Die Güte noch, daß du uns morgengelb beblickst.« Rasch löschte er das Licht.

Literarische und viele andere Plätze

Am Morgen weckten ihn die Schläge vieler Pferdehufe und das Geschnäble vorlauter Spatzen. Er las *Le Monde*, aß das Croissant, das die Nachbarin ihm mitgebracht hatte, und war auf eines nur gespannt: Was würde Ariane zu Rimbaud einfallen?

»Möchten Sie ARTHUR RIMBAUD allein begegnen, oder sind Sie an dem Paar Rimbaud-Verlaine interessiert?« fragte Ariane. »Ich nehme gern beide«, antwortete Anton, den die so aggressive wie zärtliche Liebesgeschichte der beiden Männer seit Schulzeiten faszinierte. In seinem Französischlehrbuch hatte er damals Henri Fantin-Latours Gemälde von 1872 abgedruckt gefunden, das den träumerischen Rimbaud mit den krausen Locken zeigte, und von der tiefen, selbstzerstörerischen Zuneigung Paul Verlaines zu dem jungen Genie erfahren. Auf der Fahrt – wieder ging es zur Gare de Lyon – rezitierte Ariane ein paar Zeilen aus Paul Verlaines Gedicht *Amor auf der Erde*, sie liebte deren Traurigkeit: »Der Nachtwind warf den Liebesgott herab, der in des Parks geheimstem Winkel stand und boshaft spielte mit des Bogens Band; und der uns einst so viel zu denken gab – Sie gingen hin in den wirren Saaten. Die Nacht nur hat ihre Worte erraten.«

Vom Bahnhof war es nicht weit zum Seine-Ufer. Sie spazierten zunächst am Quai de la Rapée, dann am Quai de Bercy entlang, vorbei an dem von Paul Chemetov und Borja Huidobro 1989 fertiggestellten FINANZMINISTERIUM, das im Gegensatz zu allen anderen am Ufer errichteten öffentlichen Gebäuden nicht mit seiner Breite auf den Fluß sieht. Es ist im rechten Winkel zu ihm gebaut und markiert so die Stelle, an der sich hier, am Osteingang der Stadt, einst eine Zollschranke befunden hat. Anton war von diesem riesigen weißen Block begeistert, der, so immens er ist, doch sehr filigran wirkt und am äußersten Ende auf zwei mächtigen Pfeilern im Flußbett ruht, als sage er den Fluten den Kampf an.

Anton ahnte längst das Ziel: Auf der anderen Seite der Seine sah er schon seit geraumer Zeit die vier mächtigen rechtwinkligen Ecktürme der BIBLIOTHÈQUE NATIONALE DE FRANCE, die von 1989 bis 1995 gebaut wurde. Sie ragen in den Himmel, aufgeschlagenen Büchern gleich oder aufgestellten Buchstützen. Das Sonnenlicht bricht sich an den vielen Fenstern, hinter denen Holzjalousien zu erkennen sind, die im geschlossenen Zustand den neugierigen Blick der Passanten aussperren. Sie sind jedoch – wenn die Sonne nicht zu grell vom Himmel gleißt – meist geöffnet, so daß man, wie er kurze Zeit später entdeckte, zwischen den Hölzern hindurchkiebitzen kann und Bücherregale bemerkt. »Sie sehen wundervoll aus, diese vier Giganten, und ich bin sehr gespannt, was sie umschließen, denn irgend etwas hat sich der Architekt DOMINIQUE PERRAULT doch gewiß einfallen lassen für den rechteckigen Platz dazwischen, der ja, so wie diese Geistestürme dastehen, ein symbolischer Ort sein muß. Aber sosehr ich mich freue, schon heute die Bibliothèque de France zu sehen – hierher hätten Sie mich auch führen können, wenn ich um eine Begegnung mit Tschechow, Einstein oder Madame Curie gebeten hätte.« – »Oh, nein, Monsieur. Schon wieder ein bißchen vorlaut. Warten Sie doch ab.« Am Ufer hatten Hausboote festgemacht, sie gingen an ihnen vorüber auf einem schmalen Sandweg. Ohne erkennbaren Grund blieb Ariane schließlich stehen, deutete auf ein blau-weißes Straßenschild, und nun mußte Anton doch lachen. Da stand: »Allée Arthur Rimbaud«.

Sie stiegen die gigantische Freitreppe zur Bibliothek hinauf. Anton stellte erleichtert fest, daß Ariane keine kämpferische Naturschützerin war, weshalb er sich ganz ohne schlechtes Gewissen über die wetterfesten Bohlen aus Tropenholz freuen konnte. Gleich darauf fuhren sie auf Rolltreppen die Rampe zu einem der beiden Haupteingänge hinunter. Bevor sie aber eintraten, verweilten sie und bestaunten das kleine Wunder, das sich ihnen bot: Der zentrale Platz, umstanden von den vier Bibliothekstürmen und von ähnlichen Dimensionen wie die riesige Place de la Concorde, ist ein Wäldchen. Anton fühlte sich

an die ›Bina‹ an der Rue de Richelieu erinnert: »So grün wie das
Fresko in der alten Bibliothek.« Ariane war ebenso begeistert: »Ist
es nicht schön hier? Wissen Sie, wie Perrault diesen Zaubergar-
ten nennt? ›Einen Klostergarten der Ruhe und Besinnlichkeit.‹«
Anton, den deutschen Wagnerianer, erinnerte diese menschen-
leere Idylle an *Parsifal*; er wartete darauf, daß gleich Kundry und
die Blumenmädchen auftauchen würden. Ariane erklärte ihm,
daß die 120 Kiefern bis zu vierzig Jahre alt sind und aus einem
Wald in der Normandie stammen; daß ihr Transport und ihre
Umpflanzung ungeheuer teuer gewesen waren und die ganze
Nation gezittert hatte, ob sie wohl gedeihen würden, hier in der
Stadt und von dicken Stahlseilen gehalten. Einige habe es übri-
gens schon dahingerafft.

Innendrin wieder Holz und Stahl und Licht – und wohlige, be-
ruhigende rote Eleganz. Sie schauten in die riesigen, höchst funk-
tional ausgestatteten Lesesäle und spielten an den Informations-
und Bestellcomputern. Natürlich suchten sie zuerst unter dem
Namen ›Rimbaud, Arthur‹ und fanden besonders interessant *Une
saison en enfer: Die Zeit in der Hölle der Licht-Spuren*. Aus dem Französischen übersetzt und begleitet von Hans Therre und Rainer
G. Schmidt. München 1979, denn bereits der Titel versprach eine
eher ungewöhnliche Übertragung. Bei ›Verlaine, Paul‹ entschieden sie sich für Petitfils, Pierre: *Verlaine*. Paris 1994. Einfach so.
Und nur zum Spaß gaben sie nun auch noch ›Tschechow, Anton‹
ein – und wählten: Tchekhov, Anton: *Chroniques d'une fin d'après-
midi. Fragments.* Texte français de Pierre Romans. Paris 1988, weil
Anton, der glaubte, jedes Werk des russischen Erzählers zu kennen, von dieser Chronik nie zuvor gehört hatte. Ariane bestellte
alle drei Bücher und Tschechows Komödie vom *Kirschgarten* aus
dem Jahr 1904 noch dazu. »Wieviel besser haben es diese normannischen Kiefern in Paris zu wachsen als der Kirschgarten
der Ranjewskaja, der abgeholzt wird«, philosophierte Anton,
während sie am Perraultschen ›Klostergarten‹ vorbei wieder
die Rampe hinauffuhren.

»Um mit Verlaine weiterzumachen, könnten wir im Restaurant ›Procope‹ essen, er liebte diesen Ort, aber dafür ist es noch

zu früh. Wir könnten zum Montmartre, in die Rue Nicolet Nummer 14, wo Verlaine lebte und mit ihm eine Zeitlang auch Rimbaud. Oder wir fahren mit der Métro Nummer 10 nach Osten in Richtung Bois de Boulogne, genauer gesagt nach Auteuil, an den Ort, der ihm Glück verhieß und ihn schließlich zerstörte. Im Jahr 1882, nach kurzer Ehe, nach den Liebes-, Eifersuchts- und Haßdramen, die ihm sein anschließender Lebensgefährte Rimbaud lieferte, nach dem Schuß, mit dem Verlaine seinen Geliebten verletzte, und nach dem Gefängnis verliebte sich Paul Verlaine wieder – in seinen ehemaligen Schüler Lucien Létinois. Jeden

Arthur Rimbaud im Juli 1873. Ölgemälde von Jef Rosman,
Musée Arthur-Rimbaud, Charleville-Mézières

Paul Verlaine
in einer
zeitgenössischen Photographie

Freitag wartete er am Bahnhof von Auteuil auf den Jungen, über den er sagte, er habe ihn in keuscher und reiner Zärtlichkeit geliebt. Diesem Jungen widmete er ein wunderschönes Liebesgedicht, kennen Sie es, Monsieur Anton? Ich habe einige Zeilen daraus aufgeschrieben.« Anton kannte es nicht.

Sie machten auf einer Bank in der Rimbaud-Allee eine kleine Rast, und Ariane rezitierte: »Seele erinnere dich, tief im Paradies, der Gare d'Auteuil und der Züge von einst, die dich mitnahmen jeden Tag, aus Richtung la Chapelle.« Anton meinte nun, Verlaine zu verstehen, den der plötzliche Tod Luciens ein Jahr darauf zerstörte. »Nein, Ariane, ich möchte nicht nach Auteuil, auch nicht in die Rue Nicolet. Lassen Sie uns etwas ganz anderes machen. Mich fasziniert die lange Tradition der Plätze in Paris. Ich will noch viel mehr davon sehen.«

»Gut«, antwortete Ariane, »fahren wir zuerst zur PLACE DES VICTOIRES. Das ist mein Lieblingsplatz.« Sie stiegen an der Station Sentier aus, gingen dann die Rue d'Aboukir in südliche Richtung und sahen schon von weitem das Reiterstandbild Ludwigs XIV. »Da haben wir's, Ariane, es geht auch anders: Ein Pferd in der Levade, nur auf den Hinterhufen.« – »Ja, aber es ist leider nicht die originale Bronzeplastik von Paul Desjardins aus dem 17. Jahrhundert. Diese wurde während der Revolution eingeschmolzen, und was Sie nun sehen, stammt von Astyanax Bosio und wurde erst 1822 aufgestellt.«

Voller Bewunderung gingen sie dreimal das Rund ab. So schön hatte sich Anton diesen kleinen Platz nicht vorgestellt. Aufmerksam lauschte er Arianes Erklärungen: »Dies ist der erste Platz, der zu Ehren Ludwigs XIV. angelegt wurde und zwar nach Plänen von JULES HARDOUIN-MANSART. Er entstand nur zu einem einzigen Zweck: ein prachtvolles Umfeld für die Statue des Königs zu schaffen, die der Marschall de La Feuillade 1679 nach dem Sieg von Nimwegen in Auftrag gegeben hatte, um dem Souverän seine Dankbarkeit und Bewunderung zu bezeugen. Dieser ›Platz der Siege‹ wurde zum Archetyp für einen königlichen Platz, der den Herrscher ins rechte Licht setzen will. Wichtig war, daß die Statue sich aus jeder Blickrichtung gegen die Fassaden abhob. Hardouin-Mansart ließ hierfür mehrere Häuser abreißen. Auch das von de La Feuillade war darunter, der sich durch dieses Unternehmen ruinierte, auch wenn der König sich finanziell daran beteiligte, weil er von seinem Reiterstandbild so begeistert war.« Anton war angetan von den recht einheitlichen Häuserfronten mit ihren rustizierten Arkadenuntergeschossen und der Kolossalordnung der Pilaster darüber. Die Mansarddächer verliehen ihnen wiederum einen bürgerlich-wohnlichen Charakter.

»Lassen Sie uns noch ein bißchen Schaufenster gucken oder, wie wir Franzosen sagen: Schaufenster ›lecken‹ – faire du lèche-vitrines.« Das machte Spaß: Anton spottete zwar über

Yoshi Yamamoto und Comme des Garçons und die vielen anderen Designer, die an diesem Platz und in der unmittelbaren Umgebung ihre Boutiquen haben, schenkte dann aber doch Ariane einen Seidenschal, der ihr in Kenzos Schaufenster so sehr gefallen hatte.

Der Nachmittag begann – nach einem Mittagessen in der Galerie Colbert, die er ja nun schon gut kannte – mit einem Spaziergang zur PLACE VENDÔME. »Auch dieser Platz wurde ursprünglich für ein Reiterbildnis von Ludwig XIV. geschaffen und entstand zur selben Zeit wie die Place des Victoires« erklärte Ariane. »Ursprünglich sollten ihn Gebäude für öffentliche Institutionen säumen: eine Bibliothek, eine Münze und Botschaften. So wollte es Michel Louvois, der oberste Verwalter der königlichen Bauten. Aber dann wurden die Grundstücke doch an Privatleute verkauft – das war ein Riesengeschäft. Allerdings machte man den Käufern Auflagen, schließlich sollte auch dieser Platz ein einheitliches Gesicht erhalten. Alle Bauherrn – das war der Vorteil des Absolutismus – mußten den Gesamtplan von Jules Hardouin-Mansart respektieren.« – »Das war klug«, murmelte Anton, während er den Blick zum Hotel Ritz auf der Westseite lenkte. »1720 war dieses Gesamtkunstwerk fertiggestellt, es ist elegant und von außergewöhnlicher Harmonie. Schauen Sie genau hin, Monsieur Anton, die Anlage bildet ein an den Ecken abgeschrägtes Rechteck, also eigentlich ein Achteck. Auch hier gibt es wieder Arkaden mit Maskenschmuck und französische Fensterreihungen mit korinthischen Pilastern dazwischen; am besten aber gefällt mir, daß der Platz so groß ist und doch nur von einer Straße durchschnitten wird. Von Norden kommt die Rue de la Paix, von Süden die Rue de Castiglione.«

Anton stimmte dieser Einschätzung zu, wollte aber noch wissen, was eigentlich aus dem Reiterstandbild geworden sei. »Auch eingeschmolzen während der Revolution. Spannend wird's übrigens erst danach: 1806 wurde die 44 Meter hohe Säule, wie wir sie hier sehen, um die sich wie bei der Trajanssäule in Rom ein Bronzeband schlängelt, das in seinen Reliefs Szenen der Schlacht von Austerlitz zeigt, mit einer Statue

Napoleons gekrönt, bekleidet als Cäsar mit Lorbeerkranz und Toga. 1814, nach dem Sturz des Kaisers – neun Jahre nach Austerlitz –, wurde Napoleon zuerst ersetzt durch Heinrich IV., dann durch eine überdimensionale Bourbonenlilie, die Ludwig XXIII. anbringen ließ. Louis-Philippe setzte wieder Napoleon obendrauf, allerdings bloß in Korporalsuniform, also abgehalftert, und 1871 schließlich stürzte die Kommune die ganze Vendôme-Säule, nachdem sie die Tuilerien und das Rathaus in Brand gesetzt hatte. Übrigens war der Maler Courbet der Anführer dieser Aktion, und als die Säule in der Dritten Republik wieder aufgerichtet wurde, mußte er die Arbeiten als einziger bezahlen – was seinen finanziellen Ruin bedeutete! Sie wurde mit einer Replik der ersten Napoleon-Statue versehen, also wieder kaiserlich: Sie sehen hier also, was bei uns Restauration bedeutet.« Anton lachte und bat Ariane ins Hotel Ritz – dort einen Tee zu trinken, das hatte er sich schon immer gewünscht. Sie plauderten über die Mode, über Napoleon und über die Pasteten bei ›Fauchon‹.

Zum nächsten Platz wollte Anton fahren, doch Ariane blieb hart: »›Paris bedeutet laufen‹, das wußte schon Victor Hugo, und dem werden Sie doch wohl kaum widersprechen.« Eine halbe Stunde später standen sie auf der PLACE DE LA CONCORDE.

»Ich muß Ihnen nicht erklären, daß dieser Ort – verglichen mit dem Vendôme-, Victoires- und Vosges-Platz, ja auch verglichen mit der Place de la Bastille – außergewöhnlich ist. Der Bastille-Platz, den Sie auf dem Weg zu Ihrer Wohnung täglich sehen, hat sein jetziges Aussehen erst um die Mitte des 19. Jahrhunderts erhalten, als zwei neue Straßen – die Rue de Lyon im Jahr

1847 und der Boulevard Henri-IV neunzehn Jahre später – und 1859 der Bastille-Bahnhof gebaut wurden. So nett und luftig der Genius auch auf der 52 Meter hohen Julisäule tanzt, die Place de la Bastille ist eigentlich nicht besonders schön; sie erhielt erst durch den imposanten Neubau der Oper einen markanten Akzent. Doch sie wirkt noch geschlossen, verglichen mit der riesigen offenen Place de la Concorde. Mit welcher Harmonie beeindrucken dagegen die alten Königsplätze. Gar kein Vergleich! Eigentlich ist die Concorde auch gar kein Platz, sondern nur die Zusammenführung von vielen breiten Straßen, 84 000 Quadratmeter groß.

1748 war der Entschluß der Schöffen von Paris gefallen, ihrem König Ludwig XV. ein Standbild zu stiften. Dreimal dürfen Sie raten, was für eines.« – »Ein Reiterstandbild, und sicher wurde es während der Revolution wieder eingeschmolzen.« – »Gelehriger Schüler! Also brauchte es wieder einen Platz für das Kunstwerk. Der König stiftete, sozusagen für die eigene Ehre, das unbebaute Gebiet westlich der Tuilerien, und JACQUES GABRIEL wurde die Aufgabe übertragen, es zu gestalten. Er schuf einen achteckigen Platz, ganz ähnlich der Place Vendôme, also mit abgerundeten Ecken, jedoch ohne Bebauung. Allein auf der Seite der Rue Royale plante Gabriel zwei Palais, sehr gelungene Beispiel für den Louis-XV-Stil, die man heute noch sieht.«

Ariane führte Anton in die Mitte des Platzes, auf die kleine Verkehrsinsel mit dem Obelisken und den beiden Brunnen. »Wenn Sie jetzt die Rue Royale hinaufschauen, auf die Madeleine, dann sehen Sie rechts das HÔTEL DE LA MARINE, bis 1792 königliches Möbellager, danach und bis heute Marineministerium. Das gegenüberliegende Palais beherbergt den französischen Automobilclub und das HOTEL CRILLON. Vielleicht fällt Ihnen auf, daß Gabriel die Kolonnaden geschickt denen des Louvre nachgebildet hat, allerdings sind diese hier zierlicher und eleganter.«

»Und nach der Revolution?« – »Erst einmal diente der Platz als Hinrichtungsort. In der Nordwestecke, also vor dem ›Crillon‹, da, wo heute die allegorische Figur für die Stadt Brest steht, wurde eine Guillotine installiert und am 21. Januar 1793

Ludwig XVI. enthauptet. Im Mai wurde das Mordinstrument dann am Eingang der Tuilerien postiert und war in der Folge in vollem Einsatz. Ich weiß, Anton, Sie mögen keine Fremdenführer, die alles nur in Zahlen messen, den Fleiß und den Reichtum, das Glück und den Schmerz, trotzdem will ich es loswerden: 1343 Köpfe fielen hier in die Körbe. Der Platz – ein Exekutionstheater im Freien. Auch die Häupter Marie-Antoinettes, Charlotte Cordays und Dantons, dem Ihr Georg Büchner in seinem Schauspiel *Dantons Tod* ein so eindrucksvolles Denkmal geschrieben hat. Damals hieß der Platz ›Place de la Révolution‹. Es folgte eine Zeit der ständigen Umbenennungen, was immerhin einfacher war als die Statuenwechsel auf der Vendôme-Säule.«

Sie ist der praktische Typ, dachte Anton, während Ariane Namen und Daten nannte: »1795 wurde der Platz wieder zur Concorde, zum Platz der Eintracht also, 1814 hieß er Place Louis-XV, 1823 Place Louis-XVI. 1830 war er für kurze Zeit Place de la Charte, also Platz der Charta, und endlich, unter dem Bürgerkönig Louis-Philippe, erhielt er seinen ursprünglichen Namen zurück.«

»Aber nicht das Reiterstandbild.« – »O nein, Louis-Philippe war sehr daran gelegen, diesem Platz seine Aura zu nehmen, ihn also zu entheiligen, zu normalisieren. Es gefiel ihm nicht, daß hier ein König und einige berühmte Revolutionäre gewaltsam den Tod gefunden hatten. Darum ließ er zwischen 1836 und 1838 die Gräben, die ihn ursprünglich abgrenzten, zuschütten und den Platz mit Statuen, Brunnen und dem seltsam fremden Obelisken schmücken. Es bestand fortan keine Gefahr mehr, daß dieser umgemodelte Platz der Eintracht Gefühle wecken oder gar als Ort taugen könnte für politische Demonstrationen. Was wir hier sehen, ist ein von der Juli-Monarchie konzipierter Platz, ausgeführt von dem Architekten JACQUES-IGNACE HITTORFF, einem Kölner, der eigentlich Jakob Ignaz hieß und auch unter Napoleon III. einige wichtige Aufträge in Paris ausführte. Eines muß man ihm lassen: Er hat die Arbeit Gabriels respektiert.«

Anton applaudierte. Und dann sahen sie sich die beiden BRONZEBRUNNEN zu beiden Seiten des Obelisken an. Sie sind hoch, zehn Meter, schätzte Anton – und überschätzte sie, wie er am Abend in seinem Paris-Führer las, um nur einen Meter. Vom italienischen Barock inspiriert, erkennt man in ihnen eine Imitation jener Brunnen auf dem Petersplatz in Rom; die Statuen gelten den einen als herzallerliebst, anderen als ernstzunehmend

Plakatentwurf zur Eröffnung des Théâtre des Champs-Élysées, 1911.
In dem Haus an der Avenue Montaigne Nummer 13
wurde 1913 Strawinskys ›Sacre du Printemps‹ uraufgeführt,
Vaclav Nijinsky schuf die Choreographie

schön. Baudelaire habe, so erklärte Ariane, vor allem die Szene
mit dem Perlenfischfang gemocht – la Pêche des perles.

»Aber wie kam nach dem Reiterstandbild dieser Obelisk hierher?« – »Vor dem Obelisken gab es erst einmal, während der Revolution, eine Freiheitsstatue. Den Obelisken aus Luxor hat sich
Hittorff ausgesucht, er fand ihn für das Ensemble geeignet.« –
»Zumindest stört er nicht«, kommentierte Anton, »wenngleich
die wenigsten wohl die Hieroglyphen lesen können. Ist die
Säule eigentlich ein Beutestück?« – »Nein, Franzosen klauen
nicht, oder eher selten. Es ist ein Geschenk des ägyptischen
Statthalters Mohammed-Ali, das er 1831 Louis-Philippe über-
brachte – fragen Sie mich nicht wie. Ich habe nur noch ein paar
Zahlen bereit: 22,86 Meter hoch, 230 Tonnen schwer, stammt
aus einem Tempel von Ramses II. in Theben, wurde im 13. Jahrhundert v. Chr. angefertigt und ist aus rosafarbenem Syenit
geschlagen.« – »Na, bravo! Und wohin geht's jetzt?«

»Wir laufen die Champs-Élysées hinauf bis zum Triumphbogen – und machen unterwegs halt in einem Café.«

Sie gingen auf der rechten Seite durch die Gärten der
Champs-Élysées, die Hittorff 1838 anlegen ließ und in die er
kleine Pavillons integriert hat. Ariane wählte die Allée Marcel
Proust, weil von dieser Seite die Aussicht besser ist auf zwei
Theater und zwei Museen.

Die Champs-Élysées

Anton zählte kurz auf, was er zu den Champs-Élysées schon
wußte: »Prachtstraße, Flanierstraße, Straße des 14. Juli. Auf-
marsch, Abmarsch, Marseillaise, Kanonen, Flieger und Soldaten – und leider kein Tanz.«

Ariane ergänzte Geschichtliches: »Als Heinrich IV. regierte,
also zu Beginn des 17. Jahrhunderts, gab es hier nur Sümpfe und
einige Felder. Nach Heinrichs Tod, 1616, ließ Maria von Medici,
seine Witwe, parallel zur Seine – und zwar von den Tuilerien
bis zur heutigen Place de l'Alma – den Cours-la-Reine anlegen,
den Königinnen-Korso, der aus drei Alleen bestand. Im Laufe

des 18. Jahrhunderts wurde der Grand-Cours fertig, der bis zum Étoile reichte. 1710 bereits applanierte man den Weg auf Anregung des Duc d'Antin, damit die Pferdewagen besser fahren konnten; und der Marquis von Marigny ließ die Avenue verbreitern und verlängern bis zur Neuilly-Brücke. Doch eine Wohn- und Geschäftsgegend wurde aus den Champs-Élysées, den ›Elysischen Feldern‹, erst sehr spät. Noch 1777 notierte ein Schweizer Colonel: ›Auf den Champs-Élysées weiden auch Kühe, sie müssen sich eigentlich von den Spaziergängern gestört fühlen.‹ Er schrieb aber zugleich von Cabarets und Cafés. Im Jahr 1800 standen an dieser Straße gerade einmal sechs Häuser. Erst im Second Empire, dem Zweiten Kaiserreich, wurden die ›Champs‹ – wie die Champs-Élysées von den Parisern genannt werden – prächtig, bauten sich die Reichen kleine Stadtpaläste und Unternehmer Hotels, Restaurants, Cafés und Theater.«

Ariane zeigt mit dem Finger nach links: »Die Museen entstanden erst später, anläßlich der Weltausstellung von 1900: Das PETIT PALAIS, in dem Wechselausstellungen gezeigt werden, und das GRAND PALAIS, das gleichfalls für verschiedene Ausstellungen genutzt wird und an dessen Rückseite, also zur Avenue Franklin Roosevelt hin, das Palais de la Découverte untergebracht ist, das 1937 gegründete naturwissenschaftliche Museum mit seinem Planetarium. Beide Gebäude entwarf Charles Girault in Anlehnung an den Stil des ›grand siècle‹, des Zeitalters Ludwigs XIV. – Musterbeispiele für den Historismus der Belle Époque, mit diversen Stilanleihen aus Barock und Rokoko. Imponierend ist vor allem die Kuppelkonstruktion des Grand Palais, eine ungeheure Ingenieurleistung.

Natürlich haben die Museen auch eigene Sammlungen, aber was kann man schon haben, wenn das Beste im Louvre ist, im Musée Carnavalet, im Musée d'Orsay, im Musée Guimet, im Centre Pompidou und im Picasso-Museum? Die verschiedenen Sammlungen des Petit Palais gehen zumeist auf Schenkungen aus privater Hand zurück – Kunsthandwerk des 18. und Gemälde des 19. Jahrhunderts.«

»Müssen wir überall noch hin«, insistierte Anton und wandte den Blick nochmals auf das Grand Palais: »Von außen sehen sie ganz schön aus, vor allem die Kolonnaden beim Grand Palais gefallen mir.« – »240 Meter lang! Da rechts, an der Avenue de Marigny, die vorbeiführt am Garten des ÉLYSÉEPALAST, des Präsidentensitzes, sehen Sie das THÉÂTRE MARIGNY, ein Bau von Charles Garnier, der auch die Oper entwarf. Zwischen 1855 und 1858 stand es unter der Leitung von Jacques Offenbach. Später wurde es übrigens noch einmal richtig wichtig . . .«

»O ja«, warf Anton ein, »als die Compagnie Renaud-Barrault hier untergebracht war, von 1946 bis 1956.« – »Das muß ich Ihnen lassen, Anton, vom Theater verstehen Sie was.« – »Meine Passion von Kind an.« – »Dort drüben«, und dabei zeigte Ariane, kurz bevor die beiden den Rond Point erreichen, einen kleinen runden Platz, in den sechs Straßen münden, »dort drüben spielten JEAN-LOUIS BARRAULT und seine Frau Madeleine Renaud von 1980 an bis zu ihrem Tod: im THÉÂTRE DU ROND-POINT.«

Später überquerten die beiden die Straße, tranken auf Hausnummer 99 im CAFÉ FOUQUET's, Stammlokal vieler Schauspieler und Journalisten, einen Espresso, müde vom Laufen, müde vom Sehen und ein bißchen genervt von den Touristenhorden, den Bussen, den Bettlern und den häßlichen Auslagen der Geschäfte. Anton wollte schon in der Tiefe der Métrostation George-V verschwinden, doch Ariane kannte kein Pardon. »Wenigstens ankommen müssen wir auf der Place Charles-de-Gaulle.«

Vor dem Triumphbogen gab Anton aber dann doch auf: »Ariane, ich bin müde. Alle Erklärungen zu diesem Monument und zu diesem Platz, der mir auch wieder nur eine größenwahnsinnige Variante eines Kreisverkehrs zu sein scheint, bitte ein andermal, vielleicht morgen. Lassen Sie uns jetzt noch ein wenig ausruhen. Und als Dank und Überraschung: Ich habe für neun Uhr einen Tisch im GRAND VÉFOUR bestellt. Bis gleich. Wenn wir Glück haben, treffen wir Marcel Proust oder seinen Monsieur Swann.«

Ariane sah entzückend aus in ihrem kleinen Schwarzen. Anton hatte einen dunkelblauen Anzug gewählt. »Was? Sie tragen ›Comme des Garçons‹ und tun immer so, als seien Sie schon ein Greis. Sie sind kokett und eitel – und sehr nett.« Anton spürte, wie das Blut in seine Wangen stieg, und ärgerte sich: Erkannt, das ging rasch.

Beide waren beeindruckt: Das Licht leuchtete weich, die Fresken schimmerten zart wie Aquarellfarben, das Holz der Stühle glänzte matt, der Stoff aber funkelte. Alles noch vorrevolutionär, so als sei seit der Gründung 1784 nichts geschehen. Die Kellner gefielen Anton besonders – sie waren von ausgesuchter Höflichkeit. Und beim Kaffee entdeckten sie tatsächlich den Dichter, wie er das Restaurant verließ, wo er allein gegessen und Menschen beobachtet hatte – ein Dandy mit gescheiteltem Haar, dunklen Augen, Oberlippenbart, einer großen Schleife und einem Stock mit Silberknauf! Da hatte sich ein Junge stilisiert, wollte zumindest mit seiner Garderobe die Zeit wiederfinden und seinem Idol ähnlich sein: Marcel Proust kurz nach der Jahrhundertwende, als er sich noch nicht aus dem gesellschaftlichen Leben zurückgezogen hatte, sondern ein vielumschwärmter und brillanter Causeur war, der es genoß, die mondäne Welt zu sehen und von ihr bewundert zu werden.

Vor der Métrostation Palais-Royal verabschiedete sich Anton, er wollte zu Fuß nach Hause. »Keine Aufgabe für morgen?« fragte Ariane verdutzt. »Das kann nicht sein.« – »Ist auch nicht. Morgen möchte ich alles wissen über den Baron Haussmann. War er ein Genie, ein Widerling, ein Stadterneuerer oder ein Stadtverhunzer? Treffpunkt deshalb erst um 11 Uhr: Place de la Bastille, direkt unter dem Genius der Freiheit. Und alles mit ein bißchen mehr Zeit – für ein Mittagessen, zwei Espresso-Pausen und die letzten Erklärungen zum Triumphbogen und seinem Platz.«

Vom Arc de Triomphe zum Louvre
und Ausführliches zum Baron Haussmann

Um fünf Minuten vor elf stellte sich Anton auf die kleine Verkehrsinsel, blinzelte hinauf zum Genius der Freiheit und blätterte in der *Libération*. Als er Ariane auf dem Boulevard Bour-
don entdeckte, winkte er ihr, sie solle nicht versuchen, zu ihm
zu kommen – der Verkehr in diesem Kreis ist morgens besonders schlimm –, und schlängelte sich durch die Autokolonnen.
Sie begrüßten einander sehr pariserisch: Küßchen links-rechts-
links. »Ich wußte, Sie werden pünktlich sein.« – »Pünktlich bin
ich schon, aber ich habe meine Hausaufgaben nicht gemacht:
kein Haussmann. Ehe Sie sich beklagen, Anton, hier mein Vorschlag: Wir werden erst einmal nachholen, was wir gestern
nicht geschafft haben, den ARC DE TRIOMPHE. Dann ein kleines
Mittagessen. Anschließend werde ich Sie in den Louvre führen,
in eine Abteilung, die Ihnen gewiß Spaß machen wird und die
sie allein erkunden können. Währenddessen werde ich zu
Hause versuchen, Ihnen einen Aufsatz über Herrn Haussmann
zu schreiben. Den können Sie dann lesen, wann immer Sie
wollen, zum Beispiel vor dem Einschlafen. Ich werde mich be-
mühen, nicht allzu langweilig zu formulieren, damit Sie nicht
schon auf den ersten Seiten schläfrig werden.«

Anton staunte, dachte, was sie doch für ein cleveres Mädchen
sei, und willigte ein. »Also nichts wie los mit der Linie 1 zur
Station Charles-de-Gaulle – Étoile.« Während der Fahrt informierte sie ihn schon mal über den Platz, der heute zwar Place
Charles-de-Gaulle heißt, aber wie früher Place de l'Étoile – Sternenplatz – genannt wird. »Den Triumphbogen«, so hatte sie
gleich zu Beginn jede Frage gestoppt, »beschreibe und erkläre
ich Ihnen erst, wenn wir davor, darunter, daneben stehen werden. Zu diesem Platz müssen Sie eigentlich nur so viel wissen:
Ich habe Ihnen ja gestern schon gesagt, daß die Straße appla-

niert wurde. Der Marquis de Marigny initiierte darauf wenig
später die Errichtung einer runden Esplanade, die zur herr-
schaftlichsten aller Zufahrten nach Paris geriet. Kurz vor der
Revolution verlegte man die Zollgrenzen von Paris von der Rue
de Chaillot hierher, zum Étoile. Der Platz, so wie er heute aussieht, wurde erst nach der Errichtung des Triumphbogens angelegt; seine Form ist von der Ästhetik des Second Empire geprägt
und stark von dem Monument beeinflußt, wie Sie gleich sehen
werden. Durch ein Dekret vom 13. August 1854 legte der Präfekt
Haussmann – da haben Sie ihn, Anton – die generelle Ordnung
des Platzes fest. Das heißt: Er ließ zu den fünf bereits existieren-
den Avenuen sieben weitere anlegen, so daß nun ein Stern mit
zwölf Strahlen entstand. Die Architekten Hittorff und Rochault
de Fleury bauten zwölf Stadtpalais darum und widersetzten
sich mit ihrem Stil – wir müssen raus . . . «

Hastig sprangen beide auf den Bahnsteig. »Sie widersetzten
sich also Haussmann, der sich viel prunkvollere, den Stil des Bogens aufnehmende Gebäude gewünscht hatte.« Ariane und Anton setzten sich in ein Café, er wollte nichts als gucken. Sie aber
pausierte nicht: »Jetzt noch rasch erklärt, wie dieser Triumphbogen hierherkam: Die Idee, ihn zu bauen, äußerte Napoleon
zum ersten Mal am 18. Februar 1806 in einem Brief, allerdings
dachte er dabei keineswegs an den Sternenplatz, sondern
wollte ihn ›nahe des Ortes errichten lassen, wo einst die Bastille
stand‹, also da, wo Sie vorhin auf mich warteten. Schließlich
entschied man sich für den Platz am Ende der Champs-Élysées.
Am 15. August wurde der Grundstein gelegt und der Architekt
JEAN-FRANÇOIS CHALGRIN mit der Planung und Ausführung
beauftragt. Anläßlich der Hochzeit von Napoleon mit Marie-
Louise am 2. April 1810 errichtete man mit Hilfe eines Holzge-
rüstes und bemalter Leinwand ein Modell des Triumphbogens
– und zwar in der Originalgröße. Das nenn' ich ein Hochzeits-
geschenk«, lachte Ariane verschmitzt.

»Nach Napoleons Vertreibung kamen die Bauarbeiten kaum
voran, bis schließlich Ludwig XVIII. am 9. Oktober 1823 entschied, den Bogen vollenden zu lassen und ihn seinen siegreich

aus Spanien heimkehrenden Truppen zu widmen. Diese Aufgabe übertrug er dem Architekten Jean Nicolas Huyot. Aber nach dem Motto ›Mach nichts aus, wird nichts draus‹ hielt sich nach der Juli-Revolution des Jahres 1830 niemand an diese Entscheidung. Erst Louis-Philippe gab dem Bogen wieder seine ursprüngliche Bedeutung zurück und ließ ihn nach den Vorstellungen von Chalgrin vollenden. 1840 war er endlich fertig.« – »Und als erster wichtiger Mann, wenngleich tot, fuhr Napoleon drunter durch, stimmt's?« – »Ja, 1840, auf dem Weg zum Invalidendom. Kennen Sie auch den nächsten großen Toten unter dem Triumphbogen?« – »Lassen Sie mich nachdenken, Ariane. Wenn Sie mich schon so fragen, muß es wohl ein berühmter Dichter gewesen sein. Natürlich! Victor Hugo, der dem Arc de Triomphe gar eine Ode gewidmet hat.« – »Bravo, 1885 – auf dem Weg ins Panthéon machte auch er an dieser Stelle halt. Danach gab's hier nur noch Siegesfeiern. Eine allerdings muß wunderbar gewesen sein, so erzählte mir meine Großmutter, die Befreiungsfeier am 26. August 1944 mit General de Gaulle.«

Anton zahlte. »Es hilft nichts, Anton, wir müssen uns mit den vielen Touristen um die besten Plätze streiten, damit Sie die Skulpturen erkennen.« Bevor sie Anton mit den Künstlern bekannt machte, neckte sie ihn mit ein paar Maßen: »50 Meter hoch, 45 Meter breit.« – »Und wie dick, Ariane?«

Vier Figurengruppen sind an den Pfeilern angebracht, doch nur die Skulpturen von FRANÇOIS RUDE, der von 1784 bis 1855 lebte, gelten als wirklich wertvoll. Ariane schubste Anton in die erste Reihe vor den rechten Pfeiler – rechts von den Champs-Élysées aus gesehen: »Diese Gruppe zeigt den Auszug der Armee von 1792, doch sie hat längst einen anderen Namen: *La Marseillaise*.« – »Kolossal und fürchterlich, finden Sie nicht?«, mäkelte Anton. »Der emphatische Ausdruck entspricht aber am besten diesem Triumphbogen als nationalem Symbol. Klar gefällt mir der kleine ägyptische Schreiber besser, aber Paris sehen und die Grande Nation schwänzen, das geht nicht.«

Anton warf noch einen raschen Blick auf den linken Pfeiler, auf dem JEAN-PIERRE CORTOT den Triumph von 1810 dargestellt

hat, die Verherrlichung des Friedens von Wien; schaute sich auf
der Rückseite eher gelangweilt ANTOINE ETEX' Werke an – den
Frieden und den *Widerstand* – und wollte eigentlich überhaupt
nicht mehr wissen, was auf dem 135 Meter langen Fries alles zu
sehen ist: Soldaten, Armeen, siegreich, glücklich. Danach stiegen sie auf die Terrasse. »Eine umwerfende Aussicht!«, frohlockte Anton und fügte mürrisch hinzu: »Aber entsetzlich viele
Menschen!«

In den Tuilerien

Zu Fuß gingen sie zum Louvre, wieder durch die Gärten der
Champs-Élysées, überquerten erneut die Place de la Concorde
und schritten durch das goldfarbene große Tor in die Tuilerien.
Anton philosophierte nochmals Grundsätzliches über die Pariser Plätze: »Die Place des Victoires ist klein und elegant, sie erinnert mich an die architektonischen Renaissance-Kostbarkeiten
der italienischen Piazze und symbolisiert für mich Ruhe und
Muße. Autos haben darauf eigentlich nichts zu suchen. Auf
dem Étoile dagegen müssen sie fahren, möglichst in Fünferrei-
hen nebeneinander. Er ist geplant für Schnelligkeit, Bewegung,
Lärm. Ariane, mir gefällt die alte Geschlossenheit besser, die
Place des Victoires hat ein menschliches Maß. Welch ein Unter-

6 *Ein Meisterwerk gotischer Baukunst: die Sainte-Chapelle*
7 *Blick in den Innenraum der in den dreißiger Jahren des 12. Jahrhunderts
   errichteten ehemaligen Abteikirche von Saint-Denis*
8 *Das Gewölbe von Saint-Eustache, der Kirche der Händler
   im ehemaligen Hallenviertel*
9 *Eine Seltenheit: der Lettner in der Kirche Saint-Étienne-du-Mont.
   Im 16. Jahrhundert entstanden, trennt er den Bereich des Klerus
   von dem der Gläubigen*

schied zwischen dem 18. und 19. Jahrhundert!« Ariane konnte ihm nur zustimmen und fragte ihn dann, was er nun über die Tuilerien wissen wolle. »Alles!«

»Also. Als Warming up erzähle ich Ihnen, was Sie sehen, Anton: Dieser Garten zwischen dem Louvre und der Place de la Concorde ist der erste Teil einer wunderbar gestalteten Perspektive, die sich über die Champs-Élysées zum Arc de Triomphe erstreckt und darüber hinaus heute bis zum riesigen Bogen der Grande Arche im Viertel La Défense. Zur Geschichte dieses Terrains ... Moment mal«, Ariane kramte in ihrer Tasche, »der falsche Zettel, merde, habe ich womöglich nicht dabei, war ja auch nicht geplant, heute Tuilerien ...« Anton lächelte maliziös: »Spickzettel gesucht?« – »Na und? Ich bin kein Computer.« – »Verzeihen Sie mir, Ariane, ich mag es sogar gern, wenn Sie mir vorlesen.«

»Im 15. Jahrhundert stank es hier ganz gräßlich, denn dieser Ort war die Müllhalde für die Pariser Schlachter und Gerber. Einige Ziegeleien nutzten den hier vorkommenden Ton für ihre Produkte. Ziegelei heißt im Französischen ›la tuilerie‹. Daher also der Name, erst für das Schloß, dann für den Garten. 1564 beauftragte KATHARINA VON MEDICI den Architekten Philibert Delorme mit dem Bau eines Schlosses in unmittelbarer Nähe des Louvre. Das Land erstand sie von den Besitzern der Ziegeleien und ließ zunächst einen italienischen Park anlegen mit allem, was dazugehört: Springbrunnen, Labyrinthe, eine Grotte, eine Menagerie. Da ihr ein Horoskop den Tod ›nahe bei Saint-Germain‹ voraussagte, gab sie das Projekt auf, das aber 22 Jahre später von Heinrich IV. wiederaufgenommen wurde. LUDWIG XIV. nutzte den Garten und ließ ein Theater für 5000 Zuschauer bauen, eines, das Sie vergnügt hätte, Anton. Es besaß die absonderlichsten und verrücktesten mechanischen Vorrichtungen für szenische Veränderungen auf der Bühne, weshalb dieses Theater nur mehr ›Salle des machines‹ genannt wurde. Während François Le Vau den Louvre umgestaltete, zog Ludwig in den TUILERIENPALAST. Der Palast diente dem König später nur noch als zeitweilige Residenz, denn er lebte, residierte ja in Versailles. Aber in der ›Salle des Suisses‹, dem

Schweizersaal, fanden regelmäßig Konzerte statt, an kirchlichen Feiertagen sogar öffentliche. Hier wurde 1737 Jean-Philippe Rameaus Oper *Kastor und Pollux* uraufgeführt, 1778 wohnte Mozart einem Konzert mit zweien seiner Symphonien bei. Und in dem erwähnten sogenannten Maschinentheater spielte man Dramen von Beaumarchais und Voltaire. Während der Revolution wurde der Palast völlig ausgeplündert, immerhin aber nicht Opfer der Flammen wie die nahegelegene Kaserne. 1793 tagte der Nationalkonvent im ehemaligen Theatersaal, und der Wohlfahrtsausschuß traf sich in den königlichen Gemächern.

Dann ein Sprung von sieben Jahren: 1800 zog NAPOLEON als Erster Konsul in den Tuilerienpalast, wo er bis zu seiner Krönung zum Kaiser residierte. Umbauten verschiedener Art schlossen sich an. Sogar ein Verbindungstrakt zum Louvre wurde errichtet, unter NAPOLEON III., sowie ein neues Theater. Das Schloß stand also ziemlich lange und wurde erst zerstört – abgefackelt – beim Aufstand der Kommune im Mai 1871. Beinahe hätte es auch den Louvre erwischt.« – »Klar, der Verbindungstrakt«, warf Anton ein. »Die Ruinen, bis 1883 noch hier im Garten, kaufte ein ziemlich verrückter Nachkomme des Grafen Pozzo di Borgo, der sich auf einer Bergterrasse bei Ajaccio eine Tuilerienpalast-Kopie leistete. Auch sie brannte übrigens ab – gut hundert Jahre später, 1978.«

»Das war nach dem Exkurs des Sichtbaren einer über das Verschwundene. Jetzt, Ariane, der Garten: gestern, heute, morgen.« – »Anspruchsvoll, der Herr. Sie lieben zwar keine Zahlen, aber an jedweder Chronologie haben Sie offensichtlich große Freude. Nun gut. Wir hatten von Heinrich IV. gesprochen. Er baute eine Orangerie in den Park und ein weiteres Gebäude für die Seidenraupenzucht. Diese mondäne Anlage durften sogar gewöhnliche Bürger betreten, nicht nur Aristokraten. 1664 begann man mit der großen Verschönerung der Gartenanlage, initiiert von JEAN-BAPTISTE COLBERT, der innerhalb von vier Jahren drei wichtige Posten vom König erhielt. Zunächst verantwortlich für die Finanzen, dann für die Bauwerke, stieg er schließlich zum Staatssekretär bei Hofe auf. Colberts Wahl war

Der Tuilerienpalast.
Gemälde von Raguenet, 1757, Musée Carnavalet

ausgezeichnet: Er vertraute ANDRÉ LE NÔTRE die nötigen Sanierungs- und Umbaumaßnahmen an. Bemerkenswert finde ich, daß André Le Nôtre – wie sein Großvater und sein Vater zuvor – zunächst nur einfacher Tuileriengärtner war, bevor er zum ›Hofgartenarchitekten‹ avancierte. Er baute die beiden Terrassen, um das Gefälle des Geländes auszugleichen, ließ die Mittelachse anlegen und an den Kreuzungspunkten der Alleen zwei Bassins sowie zwei geschwungene Auffahrten zu den äußeren Terrassen, die eine geht zur Rue de Rivoli, die andere zur Seine. Das Meisterwerk war fertig.

Nach zwischenzeitlichen Veränderungen und Vernachlässigungen zeigt sich uns übrigens heute der Tuileriengarten wieder ähnlich wie im 17. Jahrhundert: Die in den neunziger Jahren im Zusammenhang mit der Umgestaltung des Louvre erfolgte Neuanlage durch die jungen Architekten Wirtz, Cribier und Benech behielt die großen Linien Le Nôtres, seine Terrassen, das Parterre und die Boskets bei. Und der renovierte zierliche ARC DU CARROUSEL, ein Triumphbogen aus der Zeit Napoleons, 1805 aufgestellt, bildet wieder den Eingang zum Garten

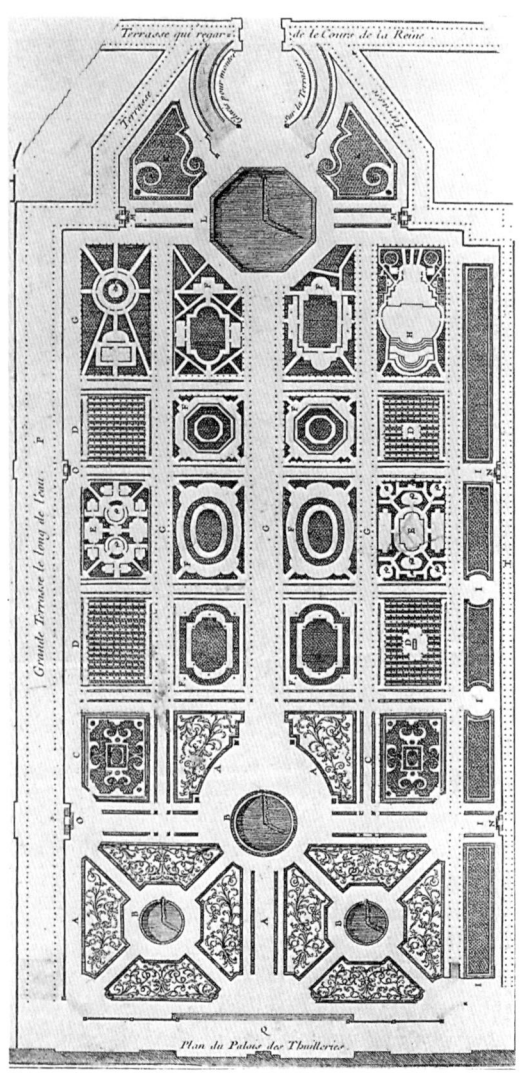

Grundriß der Tuileriengärten, entworfen von André Le Nôtre.
Ein Stich von N. Langlois

von der Louvre-Seite her. Lassen Sie uns nun ein bißchen promenieren, Anton, ich will Ihnen noch einiges zeigen.«

Sie gingen zu einem der beiden Pavillons, die im Zweiten Kaiserreich auf den Terrassen hinzugekommen waren, dem im Norden gelegenen JEU DE PAUME. Napoleon III. ließ dieses Gebäude im Jahr 1861 errichten, als Ballspielhaus, in dem der Kronprinz dem modischen Kricketspiel huldigen konnte. Nach dem Ersten Weltkrieg diente es als Museum, zunächst für moderne Kunst des Auslands. Bis zum Umzug in das im ehemaligen Orsay-Bahnhof eingerichtete Museum im Jahr 1986 war hier die berühmte Impressionisten-Sammlung des Louvre beherbergt; heute werden Wechselausstellungen zeitgenössischer Kunst gezeigt.

Dann wechselten Ariane und Anton auf die andere Seite zur ORANGERIE; sie war schon seit ihrer Entstehung im Jahr 1853 ein Museum und wurde 1959 noch um eine Etage aufgestockt. Ariane überredete Anton, der eigentlich jetzt gar keine Lust auf ein Museum hatte, wenigstens einen Blick auf die acht großen Seerosen-Gemälde von CLAUDE MONET zu werfen, die der Maler 1914 in Giverny geschaffen und, weil er mit Georges Clemenceau befreundet war, später dem französischen Staat geschenkt hatte, wobei er 1927 diese beiden ovalen Orangerie-Räume als Ausstellungsort und sogar die Hängung bestimmte.

Anton war begeistert – vom magischen Blau, vom leuchtenden Rosa, vom faszinierenden Duktus des Pinsels. Und sah sich danach sogar noch die 144 Gemälde der SAMMLUNG WALTER-GUILLAUME an. Staunend stand er vor Chaïm Soutines um 1928 gemaltem *Chorknaben*, vor Paul Cézannes Stilleben, vor Henri Rousseaus naiven Szenen – *Die Hochzeit* aus dem Jahr 1905 gefiel ihm besonders gut –, vor Maurice Utrillos Gemälde von Balzacs Haus, vor Picassos *Badenden* aus der klassischen Periode. Paul Guillaume war ein Sammler, der auch unbekannten Künstlern eine Chance gab – neben Soutine und Utrillo gehörte auch Modigliani zu seinen Schützlingen. Nach seinem Tod bereicherten seine Witwe und ihr zweiter Mann, Jean Walter, die Sammlung nochmals. Seit 1977 gehört sie zu den Beständen des Louvre.

Am Ende kehrte Anton zu den Seerosen zurück: »Sie sind so unwirklich schön, überirdisch oder besser überseeisch«, flüsterte Anton mehr zu sich selbst und freute sich jetzt schon auf Monets *Kathedrale von Rouen*, die er unbedingt sehen wollte und die er im Musée d'Orsay finden würde.

Wieder draußen im Sonnenschein, blickten Ariane und Anton von der Tuilerienterrasse über die Place de la Concorde bis nach LA DÉFENSE – von neuem begeistert über diese grandiose Achse. Ariane erklärte ihm, daß dieser große Kubus, der sich hinter dem Arc de Triomphe erhebt, ein Wunderbau aus Glas und weißem Carrara-Marmor, vom dänischen Architekten Johan Otto von Spreckelsen entworfen und 1989 fertiggestellt wurde. Die mehr als 30 Wolkenkratzer dahinter – vorwiegend Bürogebäude – sind seit den sechziger, vor allem aber in den achtziger Jahren entstanden. Das Neue und Aufsehenerregende jedoch ist die Grande Arche. Sie nimmt die Form des Triumphbogens wieder auf und steht am Ende eines Boulevards, der aus vielen Straßen gebildet wird. »La Grande Arche gehört übrigens wie die Pyramide vor dem Louvre, die Opéra de la Bastille und die Très Grande Bibliothèque, die jetzt offiziell Bibliothèque de France heißt, zu den ›grands travaux‹, den Prestigeprojekten von Staatspräsident François Mitterrand.«

»Langsam sollten wir zum Mittagessen gehen«, schlug Anton vor. »Gleich, ich will Ihnen nur noch einige Plastiken zeigen. Denn das Schöne an diesem Park ist: Er gleicht einem Freilichtmuseum.« Gemächlich schlenderten sie von den Reiterstatuen des Antoine Coysevox am Eingang der Tuilerien, Place de la Concorde, zu den *Vier Jahreszeiten* von Guillaume Coustou am achteckigen Becken, zu den Tierdarstellungen von Auguste Caïn, den Werken von Rodin und den Aktfiguren Aristide Maillols, die Anton sehr gefielen: »Ich mag ihre Vitalität, ihre Freude.« – »Ach reden Sie nicht, Anton, Sie mögen nackte Frauen!«

Ariane drängte wegen ihres Haussmann-Aufsatzes zur Eile; Anton hingegen wollte das Essen und den Abschied gern hinauszögern, denn er hatte keine große Lust, den Nachmittag allein zu verbringen. Sie wird mir fehlen, dachte er, als sie in dem kleinen Restaurant unter den Arkaden des Palais-Royal-Gartens die Karte studierten. Gegen drei schickte Ariane ihn in den Louvre, diesmal in die griechische Abteilung, untergebracht in den Sektionen Sully und Denon. Damit er nicht ziellos herumlief, womöglich Abstecher machte zur *Mona Lisa* oder zu Michelangelos *Sklaven*, sollte er ihr am nächsten Morgen berichten, was er bei den Griechen zum Thema Theater gefunden hatte.

»So habe ich mir unser Spiel nicht vorgestellt«, schmollte Anton. »Aber ich finde es sehr witzig! Dieses Spiel spielen wir nicht oft, Anton, aber einmal muß angefangen werden damit. Dafür kriegen Sie morgen, versprochen, Haussmann, den Vielseitigen, auf vielen Seiten.« Schon gab sie ihm die drei Küßchen und verschwand auf der Rolltreppe, die sie hinaufbrachte zu Ieoh Ming Peis gläserner Pyramide.

Louvre: Griechische und römische Sammlung

»Hätte ich doch nur auf Haussmann verzichtet«, grummelte Anton und machte sich auf die Suche. Der Rundgang zu den griechischen, im weiteren auch zu den etruskischen und römischen Altertümern begann mit der Kunst des minoischen Kreta und der von Mykene, reichte über die archaische zur klassischen Kunst und schließlich in die hellenistische Zeit. Er fand Sarkophage, vor allen anderen den, auf dem ein Ehepaar wie auf einem Bett liegt: Der Mann umarmt seine Frau – und beide lächeln, als könne der Tod ihre Körper fällen, aber nicht ihre Liebe morden. »510- 500 v. Chr.«, las Anton. Er freute sich über die ionische *Hera von Samos* aus dem archaischen 6. Jahrhundert v. Chr., sah den *Torso von Milet* (um 480 v. Chr.) und Fragmente vom klassischen Skulpturenschmuck des Parthenon auf der Akropolis in Athen, den der große Phidias einst schuf: die *Prozession der jungen Athenerinnen* aus dem Fries und den sogenannten *Kopf Laborde*, einen weiblichen Kopf vom Westgiebel dieses Tempels. Die berühmte armlose Aphrodite aus dem hellenisti-

schen 2. Jahrhundert v. Chr., die *Venus von Milo*, fand er weit
attraktiver als auch auf den allersubtilsten Reproduktionen.
1820 hatte man diese Plastik auf der Insel Melos im Ägäischen
Meer gefunden. Wie fein und ruhig wirkt sie doch im Gegensatz
zu der herrlichen, vom Sturm gepeitschten, geflügelten *Nike von
Samothrake* (Ende 3., Anfang 2. Jahrhundert v. Chr.), ebenso berühmt und mit einem besonderen Standplatz bedacht: auf dem
Treppenabsatz der Escalier Daru. Lange beobachtete er den
Borghesischen Fechter aus derselben Stilphase, glaubte, dieser
müsse von einer Sekunde zur anderen lebendig werden, so gespannt ist der Körper, so wach der Blick. Und bestaunte die zur
selben Zeit geschaffene Plastik des *Sieges*: Ein Weib, wie er sich
Brünnhilde immer vorgestellt hat, kopflos leider, aber mit weit
ausgebreiteten Flügeln und einem entzückenden Bauch.

Nirgendwo erblickte er ein Theater, einen Schauspieler, eine
Dionysos-Darstellung. Vielleicht neckt Ariane mich nur, schoß
es ihm durch den Kopf. Endlich kam er in die Abteilungen mit
Vasen, Schüsseln, Tellern und Flacons. Hausratgegenstände in
Museen langweilten ihn normalerweise. Da er jedoch weder als
Ignorant gelten noch Ariane enttäuschen mochte, trat er näher
an die Vitrinen. Und sah sich dem gegenüber, was Ariane ihm
zu finden aufgetragen hatte. Er zückte sein kleines Heftchen
und trug ein: »Satyr und Mänade auf einer Amphore aus Athen,
entstanden zwischen 525 und 515 v. Chr., signiert Pamphaitos.«
Gleich daneben gewahrte er einen Dionysos-Zug, tanzende
Weiber und einen mit Weinlaub bekränzten Gott mit manns-
hohem, geschmücktem Thyrsosstab. Was man nicht alles auf
einem Vasenbauch unterbringen kann, dachte er und schrieb
sich die Entstehungszeit auf: 390 bis 380 v. Chr.

Das sollte reichen, freute sich Anton und wollte – entgegen
Arianes rüden Vorschriften – doch noch zu den Michelangelo-
Sklaven, da traf sein Blick eine große Vase, mit einer breiteren
Öffnung als sie Amphoren für gewöhnlich besitzen. Gleich da-
neben standen drei ähnliche. Auf allen dreien Theaterszenen,
Schauspieler mit Masken. Offensichtlich Szenen aus einer Komö-
die, denn die Gesichter zeigten Karikaturen von Menschen. Er

wurde langsam neugierig und ehrgeizig, fast wie damals, als er im elterlichen Garten nach Ostereiern suchte und seine Mutter das magische Wort »heiß« flüstern hörte. Ein ähnliches Glück empfand er nun, als er neben der römischen Halbmaske eines jungen Satyrs, entstanden im 1. Jahrhundert n. Chr., eine besondere Entdeckung machte.

Viele, vielleicht 20 Zentimeter hohe Figürchen – sogenannte Tanagrafiguren – schauten ihn an: »Schauspieler der alten Komödie, 375-325 v. Chr.« stand auf dem Schild hinter dem Glas. Anton lachte laut. Unter diesen kleinen Mimen ertappte er einen wüsten Spaßmacher mit einem Silenenhaupt, der wohl gerade eine Heroine parodierte. Der Junge hatte seltsam zarte Hände. Unter der Maske muß ein Jüngling stecken, Alkibiades' Begehren wert, überlegte Anton, während er die Finger betrachtete und die sorgsam gepflegten Nägel.

In der Gewißheit, wackere Ausbeute gemacht zu haben, strebte er – gewissermaßen zur Belohnung – zu den Sklaven. Nichts mehr sonst wollte er sehen in diesem Museum. Nichts mehr wissen.

Auf der Rive gauche

Anschließend fuhr er nach Saint-Germain-des-Prés, dem Künstlerviertel, dahin, wo Jean-Paul Sartre und Simone de Beauvoir geschrieben, diskutiert und demonstriert hatten. Von den fünfziger Jahren an, also zur Zeit des Existentialismus, als Albert Camus noch lebte und Juliette Gréco, ganz in Schwarz, von Liebe und Tod sang. Diesem Viertel blieben die Beauvoir und Sartre bis zu ihrem Tod treu, und in den Cafés hielten sie hof. Juliette Gréco kämpft noch heute für Saint-Germain: Sie kann es nicht leiden, daß auch hier die Bistrots und Cafés vertrieben werden von den Riesen-Boutiquen der Designer, die hier ihre Billig-Linien für die Jugend anbieten. Doch nicht die Lieblingsorte des Philosophen und seiner Lebensgefährtin suchte Anton, sondern die Buchhandlung ›La Hune‹, die er lange vor seiner Ankunft in dieser Stadt schon aus den Berichten über Sartre kannte. Sie hat ihren Sitz zwischen den Traditionscafés ›Les

Deux Magots‹ und ›Le Flore‹. Er wollte Michelangelos Sonette in französischer Übersetzung kaufen.

Zuvor indes – er konnte einfach nicht nur daran vorbeigehen – besichtigte er die Kirche gegenüber dem ›Deux Magots‹, direkt neben dem Métroausgang. Und da er drinnen kleine Faltblättchen fand mit einigen nützlichen Sätzen zur Geschichte dieser Benediktinerabtei sowie ihrem äußeren und inneren Aussehen, fühlte er sich beinahe so gut informiert wie von Ariane.

Plätze wurden gebaut, um königlichen Reiterstandbildern einen angemessenen Raum zu geben, Kirchen zuweilen, um Reliquien eine kostbare und prunkvolle Heimstatt zu schenken. Die KLOSTERKIRCHE VON SAINT-GERMAIN-DES-PRÉS gäbe es nicht, wenn nicht Childebert, der Sohn Chlodwigs, von einem spanischen Feldzug im Jahr 542 einen Holzspan vom Kreuz Christi und die Tunika des heiligen Vincentius mitgebracht hätte. Diese Schätze

Simone de Beauvoir schreibt, Jean-Paul Sartre trinkt.
Manchmal tauschten sie die Rollen.
Karikatur von Jacques Sennep

brauchten einen Raum, darum ließ er auf den Feldern nahe der Seine eine Kirche errichten, die Germanus weihte, der Bischof von Paris, der später heiliggesprochen wurde. Deshalb erhielt sie seinen Namen mit der zusätzlichen Ortsbeschreibung.

Die merowingischen Herrscher, so las Anton, fanden hier ihre letzte Ruhestätte. Erst 639, nach dem Tod König Dagoberts, wurde die Basilika von Saint-Denis im Norden der Stadt zur Grablege der französischen Könige. Seit dem 8. Jahrhundert war der Benediktinerorden einflußreich und mächtig, was sich auch in dem Bau kundtut. Zwischen 990 und 1021 ist die heutige Kirche errichtet worden, der Chor wurde im 12. Jahrhundert erweitert, im 13. fügte Pierre de Montreuil, ein begnadeter Baumeister des Mittelalters, den Kreuzgang, das Refektorium und die Marienkapelle hinzu. Diese Anlage blieb bis zum Ende des 17. Jahrhunderts erhalten, dann riß man die Wohngebäude ab, sie wichen vornehmen Bürgerhäusern. Während der Revolution wurde die Abtei geschlossen, die Bibliothek beschlagnahmt, in der Kirche eine Salpeterfabrik eingerichtet, die Gräber wurden geplündert und die meisten Kunstwerke gestohlen und verkauft.

Anton stellte sich nochmals vor den Eingang: Nur der Glockenturm ist von den ehemals drei Türmen geblieben. Die Arkadenreihe aus dem 12. Jahrhundert wurde im 19. restauriert. Der Vorbau aus dem frühen 17. Jahrhundert verbirgt das alte Portal.

Sie ist klein, dachte Anton, als er wieder eintrat, sah auf den Zettel und las Zahlen: 65 Meter lang, 21 Meter breit, 19 Meter hoch. Wie schade, daß sie im 19. Jahrhundert bemalt wurde, schade, daß alle Bildhauerarbeiten Kopien sind. Eine wirkliche Freude waren ihm allein der Chor und der Chorumgang, die seit dem 12. Jahrhundert nicht verändert worden sind und Anton bestätigten: Es geht nichts über die Kunst der Romanik, das weiß er, seit er mit 14 Jahren auf der Insel Reichenau im Bodensee das Staunen lernte. Bewundernd stand er vor den Kapitellen mit den Akanthusblättern, den Vögeln, den Fabeltieren.

Bei ›La Hune‹ fand er den gesuchten Michelangelo-Band; und weil er befürchtete, womöglich etwas übersehen zu haben in der Kirche, blätterte er noch in einem Paris-Führer. Erleichtert: Nichts übersehen, was ihm wichtig wäre; erstaunt, daß der Autor den Wandmalereien des Ingres-Schülers Hippolyte Flandrin aus dem 19. Jahrhundert eine, wie er fand, unangemessene Bedeutung beimaß. Ja, Flandrin hatte zu einem Wiederaufleben der religiösen Malerei beigetragen und viele offizielle Aufträge erhalten, aber was heißt das schon – heute?

Im Café de Flore setzte er sich wieder hinter eine Fensterscheibe, bestellte Tee und blätterte in dem neu erstandenen Buch. Als er sich ganz beglückt selbst in den Michelangelo-Worten wiederfand, zahlte er und lief Richtung Odéon. Noch bevor er in den Métroschacht hinunterstieg, schlug er die Seite wieder auf und las laut, das störte hier niemanden: »Die Augen, die sich nach der Schönheit sehnen, die Seele, die nach ihrem Heile strebt, zum Himmel sie erhebt nichts anderes als das Schauen all des Schönen.«

Er überlegte, was er heute abend tun könne. In seinen Zeitungen hatte er nichts gefunden, was ihn reizte. Auf einmal entdeckte er an einer Häuserwand ein Plakat, das für eine Aufführung des Fauré-Requiems in Saint-Eustache warb. Das war es.

Konzert in Saint-Eustache

Während Ariane also ihre Paris-Bücher durchforschte und wieder einmal alle Autoren verfluchte, die dem Leser kein Register gönnen; während sie in den dreibändigen Memoiren des Baron Haussmann herumsuchte und sich darüber ärgerte, wie ziellos sie dies tat, saß Anton glückselig im Chor von Saint-Eustache – glückselig, noch bevor er einen Ton gehört hatte. Dieser große Raum, dessen Grundriß noch aus der Gotik stammt, dessen Ausstattung aber schon die Renaissance offenbart, beeindruckte ihn. Nicht, weil diese Kirche so lang, so breit, so hoch war – Tage später würde Ariane ihn versorgen mit den Zahlen 100, 44, 34 –, sondern weil sie, so glaubte er, schon ein Vorgeschmack war auf Notre-Dame: ein fünfschiffiges Langhaus mit Querhaus, Chorumgang, Kapellenkranz und Netzgewölbe, eindrucksvolle Schlußsteine. Streng und mächtig ist dieses weite Innen, aber nicht einschüchternd, nicht düster. Auch die Fenster aus dem 17. Jahrhundert mochte er.

Die Dame, die neben ihm saß, bemerkte seine Sehlust und befragte ihn, ob er fremd hier, gar wohl zum ersten Mal in dieser Kirche sei. Anton antwortete mit einem schlichten Nein, weil er kein Gespräch suchte. Und war, als der Dirigent schließlich den Taktstock hob, höchst dankbar, daß die Mitteilsame ihm trotz seines Widerstands einiges geflüstert hatte.

Madame wußte nämlich, daß hier Anfang des 13. Jahrhunderts eine kleine, der heiligen Agnes geweihte Kapelle stand; daß diese aber schon sehr rasch dem heiligen Eustachius zufiel – so sagte sie; daß der Grundstein für die heutige Kirche bereits 1532 gelegt worden ist, doch der Bau erst hundert Jahre später fertig geworden sei – »fragen Sie mich nicht warum, Monsieur«; daß diese Kirche profitierte – so sagte sie – von der Nachbarschaft zu Louvre und Palais-Royal, weshalb – »ist das nicht ein Glück, Monsieur?« – hier die Trauerfeiern für Colbert, Molière, Rameau und Mozarts Mutter abgehalten wurden. »Hier, Monsieur, wurde die Marquise von Pompadour getauft, hier hielt Talleyrand die Totenrede auf Mirabeau, hier... Monsieur, ich muß aufhören, wir haben gar nicht gemerkt, daß es ja schon ganz still um uns geworden ist.«

Anton hatte die plötzliche Stille wahrgenommen. Und wenige Minuten später spürte er, daß diese Musik hierher gehörte, in diesen Raum, nach Saint-Eustache, an den Ort, wo dem ehemaligen römischen General der Legende nach bei der Jagd ein Hirsch erschienen ist, zwischen seinem Geweih der Gekreuzigte in einem Strahlenkranz.

Madame begann leise zu schluchzen. Nein, er ließ sich nicht anstecken. »In paradisum deducant te angeli«, sangen die Knaben. Anton fühlte, er war froh zu leben. Jetzt! In Paris! Endlich in Paris!

Zu Hause überlegte er, ob er Ariane noch anrufen sollte, ließ es aber. Er war müde und eigentlich nicht sonderlich hungrig – trotzdem ging er noch mal aus, um etwas zu essen. Die BRASSE-

RIE BOFINGER lag ums Eck, in der Rue de la Bastille Nummer 5. Anton bekam einen Platz unter der bunten Glaskuppel – wieder aus der Zeit der Jahrhundertwende. Seine Nachbarn erwiesen sich als Franzosen, Glück gehabt, denn dieser alte plüschige Schuppen steht wegen des Ambientes und des Sauerkrauts mit den fetten Würsten in jedem Führer. Er bekam Lust auf ein Tatar, scharf angemacht, und einen Riesling aus dem Elsaß. Sollte es nicht in der Stadt einen Weinberg geben? Er mußte Ariane danach fragen. Vor dem Einschlafen betete er seit langer Zeit zum ersten Mal wieder – und fand überhaupt nichts dabei.

Ariane war zu dieser Zeit noch wach, trank die sechste Tasse Kaffee und schrieb die letzten Haussmann-Sätze. Wie Anton bereute sie ihre Entscheidung, irgendwie wäre es einfacher, amüsanter und kurzweiliger gewesen, Anton alles vor dem Pariser Rathaus zu erklären oder bei einem Essen oder auf einer Bank in den Tuilerien. Zu späte Einsicht. Jetzt fehlte ihr nur noch ein hübscher Schlußsatz. Und weil sie überzeugt davon war, daß Anton ihr Elaborat vor dem Einschlafen lesen würde, war er kurz und bündig: »Bonne nuit, Monsieur Antoine, schlafen Sie gut – ich umarme Sie, Ariane.« Noch einmal durchgelesen – und schon lag sie im Bett.

Arianes Exkurs zur Pariser Geschichte:
Baron Haussmann und andere Stadtveränderer

Lieber Anton, hier der versprochene Haussmann-Aufsatz. Ich zitiere erst einmal aus Ihrem Brockhaus, damit haben Sie schon mal alle Zahlen:

»HAUSSMANN, GEORGES EUGÈNE, Baron (seit 1853), frz. Staatsbeamter und Politiker, geb. Paris 27.3.1809, gest. ebd. 12.1.1891; war 1853–70 unter Napoleon III. Präfekt von Paris; führte unter Zerstörung des histor. Stadtbilds die großzügige Modernisierung von Paris mit breiten Boulevards, Radialstraßen, Sternplätzen und Parkanlagen durch, die der Arbeitsbeschaffung diente und bei Aufständen den Barrikadenbau unwirksam machen sollte. Seine Vorstellungen übten starke Wirkung

Nachtarbeiten in der Rue de Rivoli mit einem der ersten
Großeinsätze elektrischen Lichts in Paris

auf den Städtebau der Gründerzeit aus. – Er schrieb *Mémoires*
(1890–93, 3 Bde.).«

Soweit das deutsche Lexikon. Und jetzt komme ich!

Erstens: Haussmanns Memoiren sind, um Lessing zu zitieren, das Fadeste, was je geschrieben worden ist. Ein sorgfältiger,
genauer Präfektenbericht, die Arbeit eines Beamten, befrachtet
mit entsetzlich vielen Daten und Zahlen – wie ein Rehbraten,
dem man mit einem Übermaß an Speck den schlechten Geschmack wegspicken will. Er war ein Bürokrat und in dieser
Profession der erfolgreichste in der Geschichte des Städtebaus.
Er setzte durch, was andere viel früher schon forderten: In Paris mußte die Luft besser werden und das Wasser, Paris mußte
heller werden und sauberer. Voltaire, den Haussmann sehr
schätzte, prangerte bereits an, daß öffentliche Märkte fehlten,
Brunnen und Theater. Er verlangte, die »engen, verdreckten
Straßen« zu öffnen und die Schönheiten der Stadt freizulegen:
»Man passiert den Louvre und sieht voller Trauer, daß seine

Fassade, ein Denkmal für die Größe Louis' XIV, für den Eifer
Colberts und für das Genie Perraults, hinter den Bauten der
Goten und Vandalen verborgen liegt.« Voltaire ersehnte sich
einen Mann wie Haussmann: »Möge Gott jemanden finden,
der ehrgeizig genug für ein solches Unternehmen ist, standhaft
genug, um seine Vorhaben zu vollenden, aber auch weit-
blickend genug, um sie klug zu planen, und möge er Ansehen
genießen, um sie dann erfolgreich durchsetzen zu können«,
schrieb Voltaire in einer Flugschrift von 1749, als bete er um den
Messias der Stadterneuerung.

Anton, hier muß ich einiges zur Stadtgeschichte einflechten,
ich weiß, es kommt sehr spät, aber daran ist die unkonventio-
nelle Art der Führung schuld, die Sie von mir erbaten:

Paris, das auf der ÎLE DE LA CITÉ geboren wurde, quoll zuerst
auf das rechte, danach auf das linke Seine-Ufer, doch die Insel
blieb Zentrum. Das Schicksal dieser Stadt bestimmten vom
12. Jahrhundert an der König oder die Staatsregierung, was
man an der Stadtplanung ja noch in unserem Jahrhundert bemerken kann, denken Sie nur an Georges Pompidous Kulturzentrum oder an die Prestigeprojekte François Mitterrands,
zum Beispiel die neue Nationalbibliothek am Quai de Bercy.

Ende des 12. Jahrhunderts hatte Paris bereits ein unverwech-
selbares Gesicht, es war das der Insel, mit Palast und Gerichts-
höfen. PHILIPP II. AUGUST (1180-1223) regierte zu dieser Zeit, und
die Stadt setzte sich als Hauptstadt von Frankreich durch. Ent-
scheidende Veränderungen im Stadtbild erfolgten: Der König
ließ die Juden aus ihrem Quartier vertreiben, auch um den
Markt – le Marché des Champeaux – vergrößern zu können (in
der Nähe der späteren Hallen), und er baute einen Schutzwall
um Paris, ein gewaltiges Unternehmen, das 23 Jahre in Anspruch nahm, von 1190 bis 1213: eineinhalb Meter dicke Mauern
mit 14 Toren und 500 Türmen. Die an der Stelle bisheriger Nor-
manneneinfälle errichtete Festung außerhalb der Mauern war
der erste Louvre. Zu dieser Zeit zählte die Stadt 50 000 Einwohner, und der neue Wall umschloß ungefähr 500 Hektar zu
beiden Seiten der Seine.

Zur Zeit KARLS V. baute man eine neue Befestigungsmauer
– von 1364 bis 1383 –, die den Louvre ins Stadtgebiet mit einbe-
zog. Damit besaß die Burg keine strategische Funktion mehr
und konnte zur prächtigen Residenz umgewandelt werden,
wie wir sie aus einer Miniatur im Stundenbuch des Duc de
Berry kennen.

1528 erklärte FRANZ I. die Stadt zu seinem ständigen Wohnsitz, seiner ›résidence habituelle‹. Er beauftragte Pierre Lescot
1546 mit dem Bau eines Schlosses auf den Fundamenten der alten Burg, es sollte der schönste Palast der Welt werden. Der Architekt orientierte sich am Renaissancestil der Loire-Schlösser,
und das, was er schuf, prägte stilistisch alle weiteren Bauten des
Louvre. Der Sohn von Franz I., HEINRICH II., war dann der erste Herrscher, der ein Edikt erließ, den Zuzug nach Paris zu
dämmen, das Wachstum der Stadt zu kontrollieren: 1548 wurde
verboten, außerhalb der Stadtmauern zu bauen, was die Könige
jedoch nicht hinderte, gegen das Gesetz zu verstoßen – mit dem
Bau des Palastes in den Tuilerien.

Für die Stadtentwicklung – und weil Sie ja eigentlich etwas
über Herrn Haussmann lesen möchten, Anton – waren vor diesem Baron nur zwei Herrscher wichtig: Philipp II. August und
Heinrich IV. Dieser – 1594 nach Paris gekommen, 1610 von dem
Fanatiker Ravaillac ermordet – ließ die Ufergalerie des Louvre
aufstocken; er veranlaßte den Bau von Brücken, Palästen, Kirchen und Klöstern. Kaimauern wurden errichtet, Gärten angelegt. Heinrich IV. war es, mein geduldiger Alleinleser, der –
zunächst Führer der Hugenotten – 1593 zum Katholizismus
übertrat und hinterher spottete: ›Paris ist eine Messe wert!‹
Seine reichen und bedeutenden Freunde eiferten Heinrich IV.
nach: Richelieu baute sich das Palais-Royal, Maria de' Medici
das Palais du Luxembourg, das Sie noch nicht kennen. Andere
gaben sich bescheidener und bezogen kleinere Stadtpalais – das,
was man in Frankreich als ›hôtel‹ bezeichnet. Heinrich widmete sich nicht nur dem Neuen, sondern sanierte auch die alten
Viertel, so ließ er im Marais die Place Royale anlegen, Ihren
Lieblingsplatz, mein Herr, die heutige Place des Vosges. Und er

1 Le Quay de la Conference · 7 Le Port St Nicolas ·   14 l'Hôtel de Ville ·   LA VILLE DE PAR
2 Le Pavillon des Thuileries · 8 Le Port de l'Ecole ·   15 St Gervais 16 · St Paul ·   des Thuileries, present
3 La Grande Galerie ·   9 St Eustache 10 Le Temple ·   17 Le Pont au change ·   jonction qui se fait de
4 Le Louvre 5 St Honore · 11 St Mederic 12 Le Châtelet · 18 Le Pont neuf 19 la Samaritain au dessous du Pont n
6 St Germain l'Auxerrois · 13 St Iacques de la Boucherie · 20 La Place Dauphine ·   que par la quantité d
                                                            Fait par Lucini

Paris, Ende des 17. Jahrhunderts. Im Vordergrund der Pont-Royal,
links die Große Galerie des Louvre, rechts die Rive gauche.
Im Hintergrund der Pont Neuf und die Île de la Cité mit Sainte-Chapelle
und Notre-Dame

erhob die Île de la Cité zum Justizzentrum des Königreichs. In den folgenden Jahrzehnten und Jahrhunderten kamen neue Viertel hinzu, das um die Börse und die Nationalbibliothek zum Beispiel, dann der Faubourg Saint-Honoré im Westen und der Faubourg Saint-Germain am südlichen Seine-Ufer. LUDWIG XIII. (1610–1643) ließ zu den schon bestehenden fünf Seine-Brücken weitere fünf fertigstellen. Und während der Zeit des Absolutismus, also unter LUDWIG XIV., wurde Paris eine Zeremonienstadt, prunkvoll und schön: Die königliche Städteplanung folgte vor allem einer Idee: der Monarchie zu huldigen.

Wann kommt sie endlich zu Haussmann, höre ich Sie stöhnen. Gemach, Seigneur!

1783 schon wurde eine Behörde eingerichtet, die die Pläne von Bauherren zu prüfen hatte und Baugenehmigungen erteilte. Gegen Ende des 18. Jahrhunderts veränderte sich Paris nämlich und begann zu wachsen, ganz unabhängig von der Krone. Privatleute bauten Häuser und legten Straßen an. Im selben Jahr wurde eine Erklärung des Königs veröffentlicht, in der er sich gegen zu hohe Häuser ausspricht, die schlechte Luft in der Stadt beklagt, die Furcht vor Bränden bekundet und für die Begradigung von Straßen plädiert.

Die REVOLUTION VON 1789 war nicht nur politisch bedeutsam, sondern auch wichtig für die Entwicklung der Stadt. Zum einen wechselten die Besitzer, es heißt, daß mindestens ein Achtel der Gesamtfläche neue Eigentümer bekam. Zum anderen leisteten die revoltierenden Massen gute Abbrucharbeit – nicht allein die Bastille wurde geschleift. Mit der Revolution, dies nur der Vollständigkeit halber, wurde auch die Zollmauer abgeschafft, die von 1784 an errichtet worden war, um Abgaben auf alle Ein- und Ausfuhren erheben zu können. Zwischen 1793 und 1797 arbeitete dann eine Künstlerkommission daran, Vorschläge zu machen für eine Stadterneuerung, für Bebauungen und Straßenanlagen. Sie schlugen in dem sogenannten Plan des Artistes wichtige Baumaßnahmen vor, die Haussmann dann durchführen ließ. Doch Halt. Wir dürfen NAPOLEON nicht vergessen!

Sein Ziel war eine Kaiserstadt, in der er sich verewigen konnte. Er teilte Voltaires Bewunderung für die vorhandenen Monumente und wollte ihnen ein schöneres Umfeld schaffen – also ließ er niederreißen, was ihn störte. Vor allem Klöster. Doch Napoleon löste keines der Pariser Probleme: Die Enge blieb eng, die Luft schlecht, und der Dreck machte der Stadt weiterhin zu schaffen.

Nach Napoleons Sturz war nur eines sichtbar: Das Stadtzentrum hatte sich vom Osten nach Westen verschoben. Vom Marais zum Louvre, den Tuilerien, den Champs-Élysées und dem Arc de Triomphe.

1849 kam Haussmann nach Paris – da ist er, ungeduldiger Anton! In eine Stadt, die verfiel, in der es zu wenige Wohnungen gab und heftige Kämpfe tobten zwischen den Armen und Reichen, zwischen den Siegern der Revolution und ihren Opfern. Die Stadt expandierte nicht – sie stockte auf. Die Häuser wurden höher, die Straßen noch schmaler: Paris entwickelte sich, nicht zuletzt durch die vielen aus der Provinz zuziehenden Armen, zu einem Dschungel. Wer Geld hatte, verschanzte sich hinter den Mauern des eigenen Stadtpalais.

Es muß gräßlich gewesen sein. Sie wissen gewiß, Anton, wie angewidert Stendhal von Paris war: auf den Straßen stinke es wie Pest, und »schon beim ersten Schritt steckt man in schwarzem Schlamm«. Ich könnte Ihnen auch Balzac zitieren, Alfred de Musset, Eugène Sue – all diese Dichter haben den Schmutz beschrieben, den Unrat, den Verfall. Lieber schreibe ich aber, was Sie nicht wissen: Die Zahl der Einwohner hatte sich von 1800 bis 1850 von 547 000 auf 1 170 000 erhöht – innerhalb von nur fünfzig Jahren also verdoppelt, und zwar auf derselben Fläche.

Das hatte böse Folgen – wie die Cholera-Epidemie von 1832 (die sich noch 1849 und 1863 wiederholte). Es mußte etwas geschehen. Die Juli-Monarchie des Jahres 1830 war zu wichtigen Neuerungen entschlossen, zu einschneidenden Veränderungen, und beauftragte CLAUDE-PHILIBERT GRAF VON RAMBUTEAU damit, ein Sanierungsmodell zu erarbeiten. Rambuteau wurde deshalb am 21. Juni 1833 zum Präfekten des Seine-Départements

ernannt (nebenbei erwähnt: Bis in unsere Zeit wurde das Stadt-
oberhaupt von Paris von der Regierung ernannt. Einen von der
Bevölkerung gewählten Bürgermeister gibt es erst seit 1977).

Rambuteaus Vorschläge waren fulminant – und er hätte eine
viel größere Rolle in der Stadtgeschichte gespielt, wäre nicht die
Revolution von 1848 ausgebrochen, gefolgt von Louis Napoléons
Staatsstreich und der Errichtung des Zweiten Kaiserreichs. Nur
diesem Umsturz verdankt Haussmann seine Karriere, den Posten des Präfekten als Rambuteaus Nachfolger, seinen Ruhm
und seinen Reichtum. Haussmann dachte und arbeitete da
weiter, wo Rambuteau aufhören mußte, aber er besaß nicht
die Größe, die Leistung Rambuteaus anzuerkennen oder gar
zu würdigen. Mit Louis Napoléon Bonaparte, der nun NAPO-
LEON III. war, begann 1852 der Umbau von Paris. Es entstand
die Stadt, die Sie besuchen – und bestaunen.

Der Neffe vollendete erst einmal die Projekte seines Onkels.
Er führte die Rue de Rivoli, die Napoleon I. bis zum Louvre hatte
anlegen lassen, weiter bis zum Hôtel de Ville. Was VICTOR HUGO
spotten ließ:

»Dies alte Paris gleicht einer endlosen Straße.

Die sich dehnt elegant und hübsch wie das I

Und plappert: Rivoli! Rivoli! Rivoli!«

Er ließ die Slums im Hof des Louvre abreißen. Dafür mußte
zuvor das Eigentumsrecht geändert werden. Die Fassung vom
Mai 1852 – Enteignungen zum gesundheitlichen Wohlergehen
der Stadt sind nun zulässig – gab Haussmann die Macht, Enteignungen in großem Stil vorzunehmen, und zwar ohne gericht-
liches Verfahren.

Am 29. Juni 1853 leistete Haussmann dem Kaiser im Schloß
von Saint-Cloud seinen Amtseid. Was ist seine Leistung? höre
ich Sie fragen, Anton. Haussmann zerstörte das alte Paris, ließ
jedoch das Erbe der Klassik fast unberührt. Er verband die einzelnen Stadtteile miteinander und erstrebte keineswegs ihre
Vereinigung mit dem alten Kern. Seine Boulevards sind Bin-
deglieder, sie bringen den Spaziergänger wie den Autofahrer
von einem großen Platz zum anderen. Haussmann inszenierte

Rue de Rivoli

Bahnhöfe, Opernhäuser, Kirchen, Verwaltungsgebäude, das Rathaus, Gewerbekomplexe wie das Tribunal de Commerce und die diversen Plätze. In seinem Boulevard-System sind sie die Brennpunkte. Das linke Seine-Ufer interessierte Haussmann wenig, so daß seine Feinde noch heute glücklich sind, daß es nicht verhaussmannt wurde: Alle großen Süd-Nord-Achsen enden am Boulevard Saint-Germain.

Haussmann – Sie entdecken es überall – liebte gerade Linien, suchte für jedes Gebäude, jede Straße nach einem theatralischen Auftritt, und er schätzte das Monumentale. Er wütete vor allem im Osten der Stadt. Er hatte kein Herz für die Armen und ihre Viertel, er sanierte nicht, er heilte nicht, sondern er riß nieder und isolierte.

Das neue Paris, geschaffen von Napoleon III. und Haussmann, ist ein Gesamtkunstwerk, selbst wenn einige Eingriffe ungeheuer unsensibel und brutal sind. Die Achsensymmetrie mit den wunderbaren Perspektiven auf die Pariser Monumente war von den Architekten der Renaissance schon angelegt; Haussmann öffnete diese Brennpunkte, befreite sie aus der Enge, und verband sie miteinander. Es gab sie ja schon, die Westachse des Louvre mit den Tuilerien und weiter zur Place de la Concorde, die Champs-Élysées entlang bis zum Arc de Triomphe; die Achse École miltaire – Champ-de-Mars – Trocadéro; es gab die großen Plätze und einige architektonische Gruppierungen wie das Ensemble um den Invalidendom und die Madeleine. Bei den Neubauten akzeptierte Haussmann zwar das Klassische, das Gewachsene, aber, niemandem kann es wohl entgehen, der mit wachen Augen durch die Stadt flaniert: Haussmann ist ein großartiger Vereinheitlicher.

Die Rive droite (das rechte Seine-Ufer) ist Haussmann-Paris. Und weil der Präfekt – allein dem Kaiser unterstellt und bei Meinungsverschiedenheiten immer siegreich – nichts so liebte wie Perspektiven, setzte er alles daran, sie zu verwirklichen. Ein Beispiel, Anton: Der Boulevard Henri-IV sollte das linke und rechte Seine-Ufer verbinden, sollte den Boulevard Saint-Germain über die Seine bis zur Place de la Bastille fortführen. Haussmanns Wunsch, am einen Ende die Julisäule zu haben und am anderen die große Kuppel des Panthéon, konnte nur gelingen, wenn er die Straße in einem bestimmten Winkel ansetzte; und er mußte mit einem Trompe-l'œil-Effekt arbeiten: Die Seine-Brücke – und damit zerstörte Haussmann bewußt die Brückensymmetrie – mußte schräg über die Seine errichtet, die Ostspitze der Île Saint-Louis gekappt und das Hôtel Bretonvilliers samt seinem Garten zerstört werden. Für seine Perspektive-Lust opferte er Boden, Häuser, Kirchen, Gärten.

Richtig gewütet hat der Baron auf der Île de la Cité. Von dem mittelalterlichen Reichtum, von Häusern, Märkten und Kirchen, ließ er nur Notre-Dame, die Conciergerie, das Palais de Justice – das er erweiterte – und die Sainte-Chapelle stehen. Alles andere wurde niedergerissen. Und auf dem gewonnenen Boden errichtete Haussmann drei Großbauten: das Hôtel-Dieu, die Caserne de la Cité und den Tribunal de Commerce, das Handelsgericht. Den Vorplatz von Notre-Dame ließ der Baron auf das Vierzigfache vergrößern; und nur so – freigestellt, wie alle Monumente der Stadt – konnte diese Kirche zu einem nationalen Symbol werden.

Haussmann war zu seiner Zeit unbeliebt, man warf ihm Größenwahn vor, und sein Wüten auf der Insel fand viele Kritiker. Niemand sollte aber übersehen, daß es ihm ja nicht nur um Verschönerung ging, sondern vor allem auch darum, die hygienischen Probleme zu lösen, die es zu dieser Zeit in den dichtbesiedelten Vierteln zuhauf gab.

Seine große Aufgabe war es, die Pariser Wasserversorgung zu verbessern und ein neues Kanalisationssystem zu schaffen. Für diesen Part engagierte er sich den Ingenieur EUGÈNE BELGRAND (1810–1878). Haussmann und seinem Mitarbeiter war klar, daß die Qualität des Seine-Wassers nicht zum Trinken taugte. Es gab aber genügend Leute, die anderer Meinung

Restaurierung von Notre-Dame und komplette Umgestaltung der Ostspitze der Île de la Cité in den 1860er Jahren

waren, und erst nach heftig geführten Diskussionen konnte am 11. März 1862 ein Dekret ergehen über die öffentliche Nutzung der Dhuys-Quelle im Pariser Becken. Am 1. September wurde mit den Ausschachtungsarbeiten begonnen, von 1863 bis 1865 ein Aquädukt gebaut, und am 1. Oktober 1867 floß das erste saubere Trinkwasser durch neue Pariser Leitungen. Das alte Leitungsnetz benutzten Haussmann und Belgrand geschickt für die Straßenreinigung. Großen Ehrgeiz entwickelte der Präfekt auch für sein Abwassermodell. Als er sich an die Arbeit machte, gab es in Paris 107437 Meter Kanalisation, als er ging, waren 560525 Meter fertiggestellt und zusätzliche acht Kilometer Auffangbecken. Er hatte geschafft, was er sich großspurig vorgenommen hatte: »einen ganzen Kreislauf ohne Verstopfung und Fäulnis einzurichten – also die vom alten Regime hinterlassene Kloake zu beseitigen«. Haussmanns Kanalisation galt einigen Zeitgenossen als Weltwunder, die Stadtwerke begannen bereits 1867 mit unterirdischen Rundfahrten. Zar Alexander II. sah sich die Kanalisation an, und andere gekrönte Häupter taten's ihm gleich. Wir könnten auch hinunter, Anton, wenn Sie wollen. Ich will aber eigentlich nicht!

Und noch etwas verdanken wir Pariser dem Baron: den Bois de Boulogne. Und den Fall der Stadtgrenzen. Durch ein Gesetz, angeordnet am 16. Juni 1859, wurde das Stadtgebiet verdoppelt, und die Einwohnerzahl erhöhte sich um 200000, weil elf Vororte eingegliedert wurden, darunter Montmartre, Belleville, Bercy, Auteuil und Passy. Paris hat seitdem 20 Arrondissements und zählte um 1870 schon 1,8 Millionen Einwohner.

Die Pariser Intellektuellen mochten Haussmann so wenig wie dessen Chef Napoleon III., das heißt sie mäkelten heftig. Die BRÜDER GONCOURT haßten »die unerbittlich geraden neuen Boulevards ohne Windungen«. GEORGE SAND indes liebte sie, die langen Boulevards mit den breiten Trottoirs, weil man endlos darauf laufen konnte, »ohne sich zu verirren, ohne ständig nach dem Weg zu fragen«. VICTOR HUGO, der 1852 wegen seiner politischen Aktivitäten für die falsche Seite ins Exil gehen mußte – wahrlich weder Haussmann-Freund noch ein Bewunderer der modernen Architektur des Kaiserreichs –, stellte nach seiner Rückkehr 1870 fest: »Unter dem Sichtbaren erkennt man das einstige Paris wie einen alten Text zwischen den Zeilen eines neuen.« Baudelaire hatte ihm zuvor in sein Exil nach Jersey geschrieben: »Man sagt mir, Sie bedauerten und hätten Heimweh. Das ist vielleicht falsch. Wenn es jedoch wahr wäre, genügte Ihnen ein Tag in unserem traurigen Paris, unserem langweiligen Paris-New York, um sie ganz zu heilen.«

Mir gefällt eigentlich GUSTAVE FLAUBERTS Urteil am besten. Er fand hinter der Schönheit, hinter diesem Einheitsstil, hinter dem Monumentalen und der bewußt die Schönheit zelebrierenden Inszenierung die Lüge: »Alles war unecht!«

Haussmann wurde auch der Vorwurf gemacht, er und der Kaiser, also das Regime, opferten Paris aus Furcht vor Aufständen. Und alle Umbauten würden nur den Reichen und Genußsüchtigen nützen. ALBERT VANDAM, der 1893 in New York sein zweibändiges Werk *An Englishman in Paris* publizierte, zitiert Napoleon III., der ihm gegenüber geäußert haben soll: »Derzeit haben die Gegner meiner Pläne den Vorwurf übernommen, ich wolle zuviel auf einmal erreichen, weil es mein Wunsch sei, ganz Paris mittels breiter Verkehrsadern, über die große Truppenverbände ungestört aufmarschieren können, fest in den Griff zu bekommen. Andere Teile der Bevölkerung werfen mir vor, ich wolle Paris auf eine bloße Vergnügungsstadt herabmindern, es zu einem Eldorado für alle Liederjane und Taugenichtse der Welt machen. Das sei, so behaupten die letztgenannten Kritiker, meine Methode, das Streben des Volkes nach politischer Freiheit zu vereiteln.«

Haussmanns städtebauliche Maßnahmen dienten tatsächlich dem Zweck, mit den neuen Boulevards und den neuen Kasernen sofort und mit großer Truppenstärke Aufständischen zu begegnen. Trotzdem hielten die Kommunarden 1871 länger gegen die Berufsarmee durch als die Aufständischen von 1848. Die Vernichtung der kleinen Straßen, der Bau der breiten Verkehrsadern bewirkte bei den politischen Gegnern des Regimes nicht Verzicht auf Gewalt, sondern jeder Aufstand war von nun an streng organisiert und weit gewalttätiger als zuvor, da die Rebellionen sich eher zufällig ereigneten.

1870 wurde Haussmann gestürzt, am 10. Januar 1891 starb er – und erhielt kein Staatsbegräbnis, obwohl die Zeitung *Le Figaro* eine solche Ehrung vorschlug.

Haussmanns Sturz vollzog sich übrigens nicht plötzlich. Schon bevor Jules Ferry in einer Artikelserie in der republikanischen *Le Temps*, die zwischen Dezember 1867 und Mai 1868 erschien, den Baron angriff, gab es Erregungen über Haussmanns Umgang mit öffentlichen Geldern, was ihn aber keineswegs dazu bewegte, Rechenschaft abzulegen. Haussmann hielt seinen Feinden lange stand: Am 2. Januar 1870 war es dann aber mit seiner Herrlichkeit vorbei! Der Baron mußte gehen. Der Kaiser hatte den immer einflußreicher werdenden Linksliberalen nachgegeben, die Haussmanns Entlassung forderten, weil er, wie sie behaupteten, weder Disziplin noch Moral besitze. Am 6. Januar stattete Haussmann dem Kaiser seinen Abschiedsbesuch ab. Nicht kleinlaut verließ er Paris, sondern stolz. Mit den Töchtern schaute er nochmals bei Prinzessin Mathilde vorbei – die Nichte Napoleons 1. unterhielt, wie Sie vielleicht wissen, den bedeutendsten Salon in der zweiten Hälfte des 19. Jahrhunderts: Flaubert, Dumas, Mérimée, die Goncourts und viele andere Literaten verkehrten dort –, zog dann nach Nizza, in eine elegante Villa mit Olivenhain und superbem Blick auf die Stadt. Und schon ein halbes Jahr später wurde er wieder in Paris gesehen, in Longchamp, beim Pferderennen. Was nach einem Altersglück aussah, war keines, ihm starben Frau und Tochter kurz darauf.

Eine kleine Indiskretion am Ende: 1857 wurde Haussmann zum Senator ernannt, und von diesem Zeitpunkt an begann er, sich Baron zu nennen, obwohl er formal kein Recht dazu hatte.

Ich hoffe, Sie sind mit mir zufrieden. Bonne nuit, Monsieur Antoine, schlafen Sie gut – ich umarme Sie, Ariane.

Inselspaziergänge,
Édith Piaf und ein Nekropolenbesuch

Während sich Ariane am nächsten Morgen die Zähne putzte, fiel ihr ein, daß sie gar nichts mit Anton ausgemacht hatte. Sie rief ihn an, worüber er sich sehr freute, und bat um Vorschläge. »Heute ist zuerst Kirchen-Tag«, antwortete Anton. »Auf jeden Fall möchte ich in die Sainte-Chapelle. Und dann würde ich gerne Édith Piaf begegnen. Und zwar in keiner Bibliothek. Außerdem bitte ich Sie, diese kleine große Sängerin nie ›Spatz von Paris‹ zu nennen.«

Sie trafen sich auf dem Boulevard Henri-IV, wo Ariane ihm ihren Aufsatz in die Hand drückte. »Haussmann kompakt! Und jetzt schauen Sie mal nach links und nach rechts. Hier haben Sie Haussmann pur – eine Perspektive um der Perspektive willen und zwei wunderbare Blicke: auf die Kuppel des Panthéon und die Julisäule der Place de la Bastille.« Anton dankte erst für die vielen Seiten, dann für den kleinen Hinweis und bat darum, zu Fuß zur Sainte-Chapelle zu gehen, um die ÎLE SAINT-LOUIS kennenzulernen. Auf dem Weg dorthin erklärte Ariane, daß bis 1614 zwei Inseln an dieser Stelle lagen, die Île aux Vaches – die Kuhinsel – und die Île Notre-Dame. »Kardinal Richelieu«, so erzählte sie, »beauftragte Anfang des 17. Jahrhunderts den Unternehmer Christophe Marie mit der Urbanisierung der Insel. Der trennende Seine-Arm wurde aufgeschüttet und eine Brücke, der Pont Marie, errichtet. Die Insel selbst unterteilte man in rechtwinklige Schnittflächen, und bereits 1664 siedelten hier die ersten Pariser, vor allem Handwerker und Händler. Zunächst ließen sie sich entlang der beiden Hauptstraßen nieder, der Rue Saint-Louis-en-l'Île und der Rue des Deux-Ponts.

Im 17. und 18. Jahrhundert wurde die Insel schon ein wenig baulich verändert; und 1874, als Haussmann den Boulevard Henri-IV anlegen ließ, auf dem wir gerade spazieren, riß man

*Hôtel de Bretonvilliers und Hôtel Lambert an der Ostspitze der
Île Saint-Louis. Radierung von Israël Silvestre*

dann wegen des gewünschten Blicks auf das Panthéon das
wunderbare Hôtel de Bretonvilliers ab.«

Sie gingen über den Pont Sully und bogen rechts ein in die
Rue Saint-Louis-en-l'Île, auch heute noch die Hauptstraße der
Insel. Gleich an der Ecke, Hausnummer 2, zeigte Ariane auf das
HÔTEL LAMBERT, das der Architekt LOUIS LE VAU von 1693 an für
Jean Baptiste Lambert erbaut hatte, den Berater und Sekretär
von Ludwig XIII. »Das Haus, in dem auch die Schauspielerin
Michèle Morgan wohnte, gehört heute der Familie Rothschild –
und kann leider nicht besichtigt werden. Sonst würde ich Ihnen
die Bemalungen im Innern zeigen, die Nicolas Lambert, der
Bruder von Jean Baptiste, nach dessen Tod von den Malern
Eustache Le Sueur und Charles Le Brun hat anfertigen lassen.«
Sie spazierten weiter, schauten interessiert in einen Käseladen
und neugierig auf die Photos von Wohnungen, die ein Immobilienhändler in seinem Schaufenster ausgehängt hatte. Für kurze
Zeit weilten sie in der Kirche Saint-Louis-en-l'Île, die – wie so
viele andere Bauten auf der Insel – von Louis Le Vau entworfen

worden ist – ein reich ausgestatteter Sakralraum mit Marmor, Holz und Email. Anton war kein allzu großer Freund des Barock; er lernte aber bei dieser Gelegenheit, daß diese Kirche insofern etwas Besonderes darstellt als sie zu den ganz wenigen Beispielen für französischen Kirchenbarock zählt. Ein weiteres, so Ariane, sei die Kirche VAL-DE-GRÂCE südlich des Jardin du Luxembourg, in die er bei Gelegenheit doch hineinschauen solle, weil sie etwas Römisch-Barockes habe – eine Seltenheit auf französischem Boden –, ja geradezu mit dem Petersdom wetteifere wie die Sorbonne-Kirche …

Le Vau also, der Architekt dieses von außen so bescheiden wirkenden Kirchleins, lebte von 1612 bis 1670, wie Anton erfuhr. Er war Hofbaumeister, hatte aber auch zahlreiche Privatkunden gewinnen können und prägte mit seinem Geschmack und seinem Stil die ganze Insel.

Vor der Nummer 51 blieb Ariane wieder stehen: »Das ist das HÔTEL DE CHENIZOT. Eigentlich wurde es für Pierre de Verton gebaut, ging aber 1719 in den Besitz von Jean François de Chenizot über, den obersten Finanzbeamten. 1726 entwarf der Architekt Pierre de Vigny das schöne Portal – ich habe sie extra hierher geführt, damit Sie es nicht verpassen. Beachten Sie über dem Tor den Rocaillenschmuck und darüber den Frauenkopf, auch den großen schmiedeeisernen Balkon, der von geflügelten Drachen getragen wird.«

Anton gefiel der Balkon, und er begann zu verstehen, warum diese Insel bei den Parisern so beliebt ist. »Warten Sie, wenn Sie die Häuser an den Quais sehen, dann erst werden Sie richtig staunen!« lachte Ariane und zog ihn links in die Rue Le Regrattier. Auf dem Quai d'Orléans angekommen, wies sie auf den äußersten Zipfel der Île de la Cité: »Sehen Sie, da drüben ist wieder die Gedenkstätte für die Deportierten, wo wir am ersten Tag waren.« Sie gingen nach links, also nach Osten, kamen vorbei am Hôtel Rolland am Quai d'Orléans Nummer 18 und an dem Museum, Hausnummer 6, das 1903 eröffnet wurde, um den polnischen Dichter Adam Mickiewicz zu ehren, der von 1840 bis 1844 in Paris Slawistik lehrte. »Das Museum ist so bedeutend nicht, hier ist aber auch die POLNISCHE BIBLIOTHEK untergebracht. Es gibt sie schon seit 1853, und sie gilt als eine der wichtigsten Spezialbibliotheken von Paris.«

Ariane wollte anschließend gleich noch das Hôtel de Comans erklären, doch Anton interessierte etwas anderes: »Ich sehe lauter schöne Häuser. Erzählen Sie mir doch etwas über Monsieur Le Vau, der sich auf dieser Insel ja eine goldene Nase verdient haben muß.« – »Die Lebensdaten kennen Sie schon. Er selbst ließ sich mit seiner Familie 1630 hier nieder; und er war ein ebenso fleißiger Architekt wie ein geschäftstüchtiger Makler. Oder, böser formuliert: Er war ein Spekulant. Damit kam er zu Reichtum. Auch im Marais engagierte er sich, entwarf dort unter anderem das Hôtel d'Aumont. Er hat sich jedoch nicht auf Stadtpalais spezialisiert, er baute ja auch die Kirche und machte sich einen Namen als Architekt von Schlössern; sein berühmtestes Werk ist wohl das Château, das er dem Oberhofmeister Nicolas Fouquet 1643 in Vaux-le-Vicomte im Südosten von Paris errichtete. Da Le Vau Architekt der königlichen Gebäude war, beauftragte man ihn auch, im Jahr 1650, mit dem Umbau des Schlosses von Vincennes. 1654, nach dem Tod von Jacques Le Mercier, wurde Le Vau dann königlicher Architekt und bereicherte den Louvre um den Pavillon de Flore. Am Ende seiner Karriere erhielt er von Ludwig XIV. den besonders ehrenvollen Auftrag, das Schloß von Versailles umzubauen, und so entstanden von 1668 an die Grands Appartements des Königs und der Königin. Hier zeigte sich noch einmal Le Vaus eklektizistische

13 *Ein Haus für die Pariser Oper: Das Palais Garnier wurde am 5. Januar 1875 feierlich eröffnet. Nicht mit einer ganzen Oper, sondern mit einem Akt aus der ›Jüdin‹ von Jacques Haléy und Auszügen aus den ›Hugenotten‹ von Giacomo Meyerbeer*

14 *Der Pont Alexandre-III – anläßlich der Weltausstellung von 1900 errichtet – ist ein vollendetes Beispiel für den Stil der Belle Époque*

15 *Nationales Symbol für die Franzosen und imposanter Abschluß der Champs-Élysées: der von Napoleon in Auftrag gegebene Triumphbogen*

Mischung aus barocken Rundungen, den Italienern abgeguckt, und klassischer Strenge.«

»Danke, das war ausführlich! Wollen Sie jetzt einen Kaffee?« – »Nein, lieber ein Eis!« Während sie im berühmten BERTHILLON in der Rue Saint-Louis-en-l'Île Sorbets kosteten, wollte Anton wissen, was es auf der Insel noch zu sehen gibt. »Das HÔTEL DE LAUZUN am Quai d'Anjou 17.« – »Noch eines!« stöhnte Anton. »Es ist aber ein besonderes, Sie werden sehen. Es wurde ursprünglich für Charles Gruyn des Bordes erbaut, in nur einem Jahr, von 1656 bis 1657. Höchstwahrscheinlich entworfen von Le Vau. Gruyn war der Sohn eines Wirts, der offensichtlich mehr oder Besseres zu bieten hatte als die Konkurrenz, vielleicht auch nur ein schönes Ambiente, und so zu Geld kam. Wie auch immer, bei Vater Gruyn verkehrten Molière und der Komponist Lully und der Dichter Nicolas Boileau. 1682 wurde das Hôtel an den Herzog von Lauzun verkauft, einen Günstling Luwigs XIV., dann ... « – »Bitte, Ariane, ersparen Sie mir die Liste der Besitzer, ich werde alle Namen ohnehin rasch vergessen.« – »Anton, nicht so störrisch, es muß sein: 1842 begann der neue Besitzer, der bibliophile Jérôme Pichon, damit, seine bald berühmte Bibliothek anzulegen. Das Haus wurde zum Treffpunkt der künstlerischen und literarischen Bohème. Der Hausherr vermietete sogar Zimmer: Charles Baudelaire wohnte hier – in der Mansarde – und Théophile Gautier. Der Maler Fernand Boissard de Boisdenier organisierte in diesem Haus aufregende Soirées, bei denen sich der Haschisch-Club traf, der ›Club des Haschischins‹ – auch Baudelaire nahm daran teil. 1899 kaufte die Stadt Paris das Haus, Baron Pichon, ein Nachfahre von Jérôme, erwarb es zurück, doch seit 1928 ist es wieder in städtischem Besitz.«

»Gut, Haschischabende – aber was ist so Besonderes an dem Haus?« fragte Anton, als sie in die Rue Poulletier einbogen. »Sie werden ein vollendetes und vielleicht das reichste Beispiel eines Stadthauses im Stil Ludwigs XIII. zu sehen bekommen. Mit einem wunderschönen Balkon, reich dekorierten Höfen, einer ausladenden Ehrentreppe und einer goldverzierten Dachrinne. Innen gibt es kostbare Wandvertäfelungen und Stukkaturen und eine Anzahl interessanter Gemälde. Und wenn man will, kann man dieses Gebäude auch besichtigen.«

Anton wollte lieber noch einmal die Hauptstraße entlangbummeln. Er mochte diese Insel ganz besonders, empfand sie als kleines, ruhiges, geradezu provinzielles Eiland in dieser Riesenstadt. Außer den rundumlaufenden Quais gibt es nur sieben querlaufende Sträßchen und eben die die volle Länge der Insel durchmessende Rue Saint-Louis-en-l'Île. Sie besuchten ein paar der Galerien, begutachteten den Keller eines Weinhändlers, bei dem Anton gleich einige Flaschen bestellte und in die Rue de la Cerisaie schicken ließ. Er konnte das Wort eigentlich nicht leiden, doch hier paßte es: Diese Insel war zauberhaft.

Die Sainte-Chapelle

Nach dem Mittagessen ging es in die Sainte-Chapelle. Sie überquerten den Pont Saint-Louis, der die Verbindung zwischen den beiden Seine-Inseln darstellt. Im Vorübergehen freute sich Anton über die Wasserspeier an Notre-Dame und blieb dabei: Erst ganz zum Schluß hier hinein. Schließlich stand er mit Ariane vor dem JUSTIZPALAST. »Ein Haussmann-Bau, nur damit Sie's wissen, und eine Haussmann-Schweinerei – ein unwürdiger Ort, dieses Meisterwerk gotischer Architektur zu verstecken.«

Für die Eintrittskarten mußten sie anstehen. »Nicht so schlimm«, tröstete Ariane, obwohl Anton noch gar nicht gemosert hatte. »Dann beginne ich doch gleich mit dem Geschichtsunterricht: Die Sainte-Chapelle wurde von LUDWIG IX erbaut. Natürlich mußte wieder etwas Kostbares untergebracht werden, diesmal war es die höchste aller Reliquien: die Dornenkrone Christi. Ludwig kaufte sie, zusammen mit weiteren Reliquien, 1239 dem Kaiser von Konstantinopel, Balduin II., ab – der war in Geldnöten. Die Kapelle ist also eigentlich ein kostbarer Schrein. Sie wurde wahrscheinlich von Pierre de Montreuil gebaut. Die Pläne stammen aus dem Jahr 1241, mit den Arbeiten wurde aber erst später begonnen ... Entschuldigen Sie, Anton, jetzt brauche ich wieder meinen Spickzettel.« –

»Wohl mehr eine Spickkarte«, wendete Anton ein, als Ariane eine verknickte weiße Karteikarte aus ihrer Handtasche zückte. »Paßt aber alles Wichtige drauf.«

»Begonnen wurde mit dem Bau im Januar 1246; die Weihe war am 25. April 1248. 1630 brannte die Kapelle ab: Mit der Wiedererrichtung ließ man sich unziemlich viel Zeit, die letzten Arbeiten, Restaurierungsprojekte, endeten erst in den fünfziger Jahren des 19. Jahrhunderts.« Sie standen inzwischen im Hof des Justizpalastes und betrachteten die Fassade der Kirche. »Während der Revolution stand sie zum Verkauf, doch keiner wollte sie – also benutzte man sie als Mehlspeicher. Und damit das Mehl sich nicht unwohl fühlte in einem royalistischen Raum, entfernten Eiferer alle königlichen Embleme. Während des Kaiserreichs mußte das Mehl raus, rein kamen Akten: Das Gerichtsarchiv machte sich in der Kapelle breit. Erst 1837 begann die Restaurierung dieses Kleinods unter der Leitung der Architekten Duban, Lassus und Viollet-le-Duc.«

Die Kapelle ist ein zweigeschossiger Bau; schmale, filigrane Strebepfeiler ohne Strebebögen rhythmisieren die Fassade, geschmückt mit Wasserspeiern und zierlichen schlanken Fialen. Von den fünfzehn Meter hohen Fenstern sind sehr viele noch Originale – nicht zerbrochen, ja sogar ohne Risse.« – »Sie ist ungeheuer elegant«, flüsterte Anton, den Blick in die Höhe gewandt. »Ja, die Proportionen sind außerordentlich: 42,5 Meter hoch, 36 Meter lang und 17 Meter breit. Schauen Sie einmal in die erste Etage rechts, in Höhe des vierten Fensters. Dort gab es einen direkten Zugang in das Oratorium, von wo aus die Könige ungesehen dem Gottesdienst folgen konnten.« – »Aber nicht vom Bett aus, oder?« – »Nein, wieso auch?« – »Nun ja, Karl v. konnte von seinem Bett aus dem Gottesdienst im Kloster San Yuste folgen, sein Sohn Philipp richtete sich ebenso ein, er sah auf den Altar des Escorial.« – »Noch eine letzte Bemerkung: Sie müssen sich vorstellen, daß sich diese Kapelle ursprünglich frei in einem weitläufigen Hof des Königsschlosses erhob.«

Sie betraten das Gotteshaus in der UNTERKAPELLE, die einst für die Bediensteten bestimmt war, betrachteten das im 19. Jahr-

25. April 1248: Ludwig IX., der Heilige,
überbringt die Reliquie der Dornenkrone aus
dem Orient in die eigens hierfür errichtete Sainte-Chapelle.
Nach einem Gemälde von Albert Lenoir

hundert reichlich verzierte, vergoldete Kreuzrippengewölbe. Anton fand noch ein paar lobende Worte für den Architekten, der durch ein sehr breites Mittelschiff und zwei schmale Seitenschiffe die statischen Voraussetzungen dafür schuf, daß die Unterkirche eine Oberkapelle tragen konnte. Schon bald stiegen die beiden die schmale Wendeltreppe hinauf. Anton war sehr gespannt auf das versprochene Wunderwerk – und war kurz darauf überwältigt. »So schön habe ich sie mir nicht vorgestellt, Ariane. Das Paradies hat also auch einen Sternenhimmel«, stammelte er und konnte den Blick nicht lassen von der Decke, von den Sternen und Lilien auf blauem Grund. »›Wenn man sie betritt, glaubt man sich in den Himmel versetzt, und man stellt sich vor, in eines der schönsten Zimmer des Paradieses eingelassen zu werden‹, schrieb ein Zeitgenosse von Ludwig IX.« – »Ach so: Und ich dachte immer, das Paradies habe ausschließlich schöne Zimmer.«

Langsam wagte sich Anton nach vorn. Er wollte jetzt keine Erklärungen, nur staunen über diesen Riesenraum, dieses vielfarbige Glasgehäuse. Es war klar und offen und säulenlos. Da die stützenden Bauteile nach außen verlagert sind, scheint das Gewölbe allein auf den schlanken Säulenbündeln zwischen den Glasfenstern zu ruhen. Anton zählte die Joche und kam auf vier, freute sich über die vierfach unterteilten Spitzbogengewölbe; und betrachtete beglückt die acht Gewölbefelder, die sich wie ein Strahlenkranz um den Schlußstein in der Apsis legen. Er schritt den Raum noch einmal ab. Dabei gewahrte er die szenischen Bilder auf den Tympana und das fein modellierte Blattwerk auf den Kapitellen der Arkadensäulen. Soviel verschiedenes Geranke in einem einzigen Raum! Dann wandte er sich den zwölf Aposteln zu, von denen nur sechs noch Originale des 14. Jahrhunderts waren. Er mußte Ariane unbedingt nach dem Verbleib der anderen sechs fragen.

Nun sah er sich die FENSTER an. Ariane traute sich wieder zu ihm. »Darf ich wieder reden?« –»Klar doch, Ariane, aber geht es Ihnen nicht auch so, daß Sie das ganz große Glück, ein Erlebnis, das einen verstummen läßt, erst einmal allein erleben wollen?« –

»Doch. Ich erinnere mich, wie selig ich war, als mich meine Mutter das erste Mal hierher führte; ich war keine vier Jahre alt, und nach dem Besuch wollte ich nur eines: einen Kasten mit mindestens hundert Buntstiften.« Sie machten sich daran, die Geschichten, die die Fenster erzählten, zu enträtseln. Doch zuvor lieferte Ariane noch ein bißchen Statistik: »13. Jahrhundert, 1134 Szenen, 720 Szenen sind noch original erhalten, die übrigen wurden Mitte des 19. Jahrhunderts nach Zeichnungen von Louis Steinheil restauriert. Diese neuen Fenster sind so gut gemacht, daß man sie kaum von den Originalen unterscheiden kann.«

Als erstes fand Ariane an der Nordwand, gleich bei der Wendeltreppe, Adam und Eva, Noah. Daneben erkannten sie den Auszug aus Ägypten, Moses auf dem Berg Sinai, die Gesetzestafeln. Vom vierten Fenster an bis zum siebten im Altarraum waren sie ratlos. »Josua«, vermutete Anton, »der Anführer der israelitischen Stämme und Moses' Nachfolger.« – »Was ist eigentlich das Deuteronomium«, fragte Ariane, die wieder auf ihre Karte gelinst hatte. »Das fünfte Buch Mose. Erinnere ich mich recht, geht's darin um Kult- und Kriegsgesetze.« Später entdeckten sie – ganz klein – Johannes den Täufer hinter dem Altar, genau im Osten, und auf der Südseite Szenen aus dem Leben Jesu. Genau gegenüber der Schöpfungsgeschichte erblickten sie Ludwig den Heiligen mit den Reliquien. Anton war hingerissen: Für ihn war dies das schönste Bilderbuch, das er kannte.

Um einen Blick auf die spätgotische, aus dem 15. Jahrhundert stammende Fensterrose zu werfen, gingen sie nochmals zur Apsis, dorthin, wo der geschnitzte Baldachin sich erhebt, unter dem einst der Reliquienschrein stand. Sie schauten hinauf. »Wo sind die Reliquien eigentlich heute? Hat Balduin II. sie zurückgekauft?« – »O nein, die Schreine schmolz man während der Revolution ein, die Reliquien aber konnten gerettet werden und befinden sich jetzt in Notre-Dame. Nicht in der Kirche, sondern in der Schatzkammer. Seltsam, oder?«

Ein letzter Blick auf den Paradieseshimmel – und Ariane und Anton waren wieder auf der Erde. Im Touristengewimmel, im Geheul der Notarztwagen. Mittendrin auf der Île de la Cité, zwischen Justizpalast und Hôtel-Dieu, dem Krankenhaus, das an dieser Stelle schon im 7. Jahrhundert als Hospiz gegründet worden war. Ariane schlug vor, noch die Conciergerie anzuschauen, doch Anton wollte dies lieber ein andermal nachholen. Seine Wunschthemen, die ihn schon so lange beschäftigten, hatten Vorrang. Und dazu gehörte für heute Édith Piaf.

Auf den Spuren von Édith Piaf

Deshalb ging es nun von der Station Châtelet aus mit der Linie 11 in Richtung Osten. An der Haltestelle BELLEVILLE stiegen sie aus und liefen ein Stück die hier beginnende Rue de Belleville entlang, bis sie vor Nummer 72 angelangt waren. Ariane deutete auf eine Tafel an der Häuserwand: »Auf diesen Stufen und in der allergrößten Ärmlichkeit wurde Édith Piaf geboren.« Anton betrachtete ein wenig argwöhnisch das schmale vierstöckige Haus – eben so breit, daß vier Fenster mit Läden Platz hatten – und blickte auf die drei Stufen, die heute zum Eingang eines Haushaltswarenlädchens führen. Hier also, in einem Viertel, das damals schon keineswegs eine erste Adresse war und heute die Heimat der Heimatlosen ist, Quartier für arme Emigranten, war sie am 19. Dezember 1915 zur Welt gekommen, als Édith Giovanna Gassion. In einer Gegend, die für ihre Spelunken berühmt war und für die volkstümlichen ›Bals musettes‹. Sie wurde reich und berühmt, aber nie vornehm. Selbst im Alter blieb sie eine Göre aus Belleville, eine Streunerin – maßlos in ihren Wünschen und Vergnügungen. Sie verliebte und entliebte sich, heiratete und ließ sich wieder scheiden, trank und spritzte Drogen. Nichts nahm man ihr übel, weil sie sein mußte, wie sie war.

Etwas weiter südlich, in der Rue de Crespin-du-Gast – nicht weit von der Métro Ménilmontant entfernt –, richtete man ihr nach ihrem Tod ein Museum ein. Ariane schätzte es nicht sonderlich, weil es eher ein Piaf-Devotionalien-Laden war, und schlug deshalb vor, sich lieber anzuschauen, wo die Piaf wohnte, als sie berühmt war und keineswegs mehr mittellos. Dies hätte allerdings eine Fahrt quer durch die Stadt nötig

gemacht, ins vornehme Quartier um den Bois de Boulogne. So
lag es näher, zunächst dorthin zu fahren, wo sie begraben ist:
zum FRIEDHOF PÈRE-LACHAISE, von der Station Belleville nach
Süden nur drei Stationen mit der Linie 2 entfernt.

Anton kannte zwei Aphorismen von der Piaf zum Tod, die
ihm in Erinnerung geblieben waren: Einmal war ihr der Tod
»der Anfang von etwas«; ein andermal behauptete sie, »den Tod,
den gibt es nicht«. Ariane ergänzte einen dritten: »Nach meinem Tod käme ich gerne wieder auf die Erde zurück.«

Am Haupteingang des Friedhofs Père-Lachaise bekommt
man einen Lageplan der 200 Gräber Berühmter, sie nahmen ihn
zwar mit, brauchten ihn aber nicht, denn Ariane kannte sich
aus. Sie riet: »Kaufen Sie ein paar Blumen, Anton, Sie werden
jetzt vielen begegnen, denen Sie sagen wollen, daß Sie sie vereh-
ren, schätzen, vielleicht sogar lieben.« Anton suchte zehn weiße
Rosen aus. Die erste legte er auf das Grab von ÉDITH PIAF, 1963
als Madame Lamboukas gestorben; es befindet sich in der 97.
Sektion, nahe dem Mur des Fédérés, der Friedhofsmauer, an der
einige Kämpfer der Pariser Kommune von 1871 niedergeschos-
sen worden waren, als sie sich hier verschanzt hatten. Die
zweite Rose bekam die Schriftstellerin COLETTE, die nicht weit
weg vom Hauptweg, in der 4. Sektion, begraben ist, ebenso wie
ALFRED DE MUSSET. Er ruht unter einer Weide und erhielt die
dritte Rose. Die vierte GABRIEL FAURÉ, die fünfte und sechste
ABÉLARD UND HÉLOÏSE, die traurigsten und zugleich vielleicht
glücklichsten Liebenden der Welt; die siebte Rose legte Anton
FRÉDÉRIC CHOPIN aufs Grab, die achte und neunte bekamen
MOLIÈRE und ALPHONSE DAUDET; die letzte verehrte er VICTOR
HUGO.

»Wissen Sie, wer jetzt alles leer ausgeht, Anton? Ich werde
Ihnen die Gräber zeigen: Beaumarchais, Modigliani, Éluard,
Gertrude Stein und ihre Alice B. Toklas, Oscar Wilde, Sarah
Bernhardt, Simone Signoret und Yves Montand, Isadora Dun-
can, Guillaume Apollinaire, Delacroix, Gérard de Nerval,
Balzac, Bizet, Proust.« – »Und der Baron Haussmann, der
gleich an der Avenue Principale beerdigt ist und den Sie aus

Mißachtung verschwiegen haben«, warf Anton nach einem Blick auf den Plan ein. »Stimmt.«

Sie verweilten noch lange hier, in diesem größten aller Pariser Friedhöfe, der weit mehr ist als nur die letzte Ruhestätte so vieler Berühmtheiten: Er ist eine Wallfahrtsstätte, ist Pariser Stadtgeschichte, ist, dank der oft aufwendig gestalteten Grabdenkmäler – tempelartig, theatralisch, bombastisch, pathetisch –, auch ein Freilichtmuseum der Skulptur. 1804 eingeweiht, trägt die üppig begrünte Nekropole den Namen von Père de La Chaize, dem Beichtvater von Ludwig XIV., dessen Schloß sich hier im 17. Jahrhundert befand. ›Cimetière de l'Est‹ – Ostfriedhof – ist der offizielle Name des 44 Hektar großen Geländes.

Danach hatten sie keine Lust und keine Zeit mehr, der vornehmen, der reichen Piaf zu begegnen. Ariane erzählte Anton, wo er bei anderer Gelegenheit ihre Wohnung finden konnte: Métrostation Rue de la Pompe, Linie 9, von dort zu Fuß zum Boulevard Lannes, der – am Rande des Bois de Boulogne gelegen – die Porte de la Muette mit der Porte Dauphine verbindet. Ein Boulevard, an dem schon viele Berühmte und Reiche wohnten. Im Haus Nummer 67 lebte die Piaf bis zu ihrem Tod. Hier würde er Édith Piafs Aufstieg deutlich vor Augen haben – hier fahren Limousinen mit Chauffeuren vor!

»Und was machen wir morgen, Anton?« – »Nach der Lektüre Ihres Aufsatzes werde ich wohl große Lust haben, die Haussmannschen Boulevards abzulaufen. Und eine kleine Aufgabe habe ich natürlich auch noch. Ich suche Köpfe ohne Leiber.«

Sie nahmen ein Taxi bis zur Madeleine, Anton mußte noch einkaufen gehen, weil er sich am Abend etwas kochen wollte – »vor der Lektüre Ihrer Haussmann-Beschimpfungen, Ariane«.

Während Anton sich später über Arianes Fleißarbeit amüsierte, deren Lektüre ihm Vergnügen bereitete, weil sie so gar nicht akademisch ausgefallen war, verzweifelte Ariane über der Aufgabe, Köpfe ohne Leiber zu finden. Suchte Anton eine Porträtgalerie? Suchte er Intellektuelle, Philosophen, also Denker, deren Köpfe alles, deren Leib ihnen selbst und allen ihren Bewunderern unwichtig waren? Suchte er Totenschädel?

*Von abgeschlagenen Köpfen, Fabelwesen
und einem Weinberg in Paris*

»Ich bin unsicher. Ich glaube, ich habe Ihr Rätsel nicht gelöst. Denn ich kann mir nicht denken, daß Sie, der die Toten nicht begafft und deren Ruhe respektiert, in die Katakomben wollen.« – »Nein, dahin möchte ich auch nicht, aber vielleicht können Sie mir etwas darüber erzählen, während wir zu meinem Ziel fahren. Soll ich Ihnen verraten, wohin wir gehen müssen, um Körper ohne Köpfe und Köpfe ohne Körper zu sehen? Ich muß Ihnen nur ein Stichwort nennen, und Sie werden den Ort kennen: Die Dame mit dem Einhorn.« – »Ah, das Musée national du Moyen Âge mit den Thermen von Cluny – da möchten Sie hin! Und die Köpfe sind die der Könige – abgeschlagen. Daß ich da nicht darauf gekommen bin!«

Während der Métrofahrt – sie mußten mit der Linie 4 in Richtung Süden bis Saint-Michel – berichtete Ariane von ihrem einzigen Besuch der KATAKOMBEN, zu denen man an der Place Denfert-Rochereau hinabsteigt, hinab in die Kalksteinhöhlen der drei Berge Montparnasse, Montrouge und Montsouris. 1785 begann man dort, die aufgegebenen Steinbrüche als riesiges unterirdisches Gebeinhaus zu nutzen. Millionen von Knochen und Schädeln wurden aus den Pariser Friedhöfen exhumiert und in den Katakomben gestapelt, geschichtet, geordnet nach den Pfarreien. Schädel- und Gebein-Galerien, die – so heißt es – den Widerstandskämpfern während der deutschen Besatzung als Hauptquartier dienten. Angewidert erinnerte sich Ariane an Touristen, die – lustvoll oder albern kichernd – die Schädel berührten und einander vor diesen Totengalerien photographierten. »Weil schon einige Knochen, einige Totenköpfe gestohlen worden sind, muß man beim Verlassen der Katakomben die Taschen öffnen und den Aufsehern zeigen – ist das nicht schlimm?«

Auch im MUSÉE NATIONAL DU MOYEN ÂGE, dem Museum für die mittelalterliche Kunst, mußte Ariane ihre Tasche öffnen – sie hatte weder eine Bombe dabei noch einen Säbel. »Bevor wir uns die Köpfe ansehen, Ariane, und den wunderbaren Teppichzyklus mit der Dame und dem Einhorn, von dem ich bisher nur Photos kenne, ebenso wie von den Königshäuptern, erzählen Sie mir etwas über den Ort. Aber bitte: wenig Zahlen!«

Ariane hatte ihm schon vor dem Eingang, an der Ecke der Boulevards Saint-Germain und Saint-Michel, die Ruinen der römischen THERMEN gezeigt und erklärt, daß an diesem Ort im 3. Jahrhundert ein großes gallorömisches Gebäude stand, mindestens dreimal so groß wie die heute verbliebenen Reste. »Wahrscheinlich waren es öffentliche Bäder, die, so vermutet man, von der reichen und mächtigen Zunft der Pariser Flußschiffer in Auftrag gegeben worden waren und dann, Ende des 3. Jahrhunderts, geplündert wurden. Auf jeden Fall ist eines sicher: Die Behauptung, die Ruinen verwiesen auf den Palast Kaiser Julians, ist falsch. Denn innen erkennt man Reste des Frigidariums, des Tepidariums und des Caldariums, also des kalten Bads, des Warmlufttraums und des warmen Bads.

An diese Thermen angebaut ist das WOHNPALAIS, das die mächtige burgundische Abtei von Cluny im 14. Jahrhundert in Auftrag gab, nachdem deren 21. Abt, Pierre de Châlus, die Ruine mit dem dazugehörigen Grundstück 1330 erworben hatte. Das Gebäude sollte den Äbten zur Verfügung stehen, wenn sie Paris und den König besuchten; es war ein Vorgänger des heutigen Baus, der – gewiß zurecht – als eines der schönsten Monumente mittelalterlicher Profanarchitektur gilt. Jacques d'Amboise, Bischof von Clermont und Bruder des Kardinals und Ministers Georges d'Amboise, der Ludwig XII. diente, ließ ihn zwischen 1485 und 1510 im Flamboyantstil der Spätgotik errichten: eine mit Treppenturm und Arkaden äußerst prunkvoll gestaltete Dreiflügelanlage, die zeigt, wie großzügig die Kirchenfürsten des ausgehenden Mittelalters ihre Gebäude gestalten konnten. Der verspielte Dekor am Treppenturm – Jakobsmuscheln und Spruchbänder – verweist übrigens auf den Erbauer.

Alexandre du Sommerard (1779–1842).
Lithographie von Achille Devéria, um 1835

Neben den Geistlichen nahm das Hôtel auch Gäste auf, unter anderen Maria von England, die hier 1515, nach dem Tod ihres Gemahls Ludwig XII., ihre Trauerzeit verbrachte. Man nannte sie die ›weiße Königin‹, eine Bezeichnung, die eigentlich jeder königlichen Witwe zusteht, denn Weiß ist die Farbe königlicher Trauer. Außerdem nächtigte hier der einflußreiche Jules Mazarin, Kardinal und Staatsmann zur Zeit Ludwigs XIV. Während der Revolution blieb das Gebäude zwar verschont, wurde aber wenig pfleglich behandelt, dann zum Nationaleigentum erklärt und schließlich verkauft, also unter verschiedenen Eigentümern aufgeteilt, die die Wohnungen wiederum vermieteten. Es war keine Luxusgegend, damals. Hier wohnten Ärzte neben Wäscherinnen, Küfern, Druckern und Händlern.

1833 zog der Kunstsammler ALEXANDRE DU SOMMERARD in den ersten Stock und richtete die Haupträume dieser gemieteten Wohnung mit seinen kostbaren Möbeln ein, seinen Kunstgegenständen und Gemälden aus dem Mittelalter und der Renaissance. Das Hôtel de Cluny wurde rasch zu einem vielbesuchten Privatmuseum, denn die deutschen, englischen und französi-

schen Romantiker hatten gerade das Mittelalter wiederent-
deckt. Nicht zuletzt durch deren Begeisterung gewann die
Kunst dieser Epoche rasch viele neue Bewunderer. Nach du
Sommerards Tod 1842 kaufte die Stadt Paris das Palais. Und die
Sammlung, die aus mehr als 10 000 Exponaten bestand – darunter auch der Gobelinzyklus der Dame mit Einhorn –, wurde zur
Keimzelle eines Museums, das am 17. März 1844 eingeweiht und
in der Folgezeit vom Louvre mitverwaltet wurde. Nachdem
1977 ein Teil der Sammlung, 8000 Renaissance-Kunstwerke, ins
Schloß von Écouen – nördlich von Paris – geschafft worden ist,
sind jetzt hier nur die schönsten Kunstwerke des Mittelalters
zu sehen. Also schauen wir sie uns an, Anton!«

Zwar hatte der die größte Lust, gleich zu den Königsköpfen
zu gehen und dann zu den berühmten Teppichen. Doch Ariane
bestand darauf: die reguläre Tour, Saal für Saal. Was für Paris
galt, galt auch für Museen – man lernt sie nur beim Laufen kennen, schätzen und lieben.

Im ersten Saal fiel Anton ein raffinierter, zusammenklapp-
barer Tisch auf, im zweiten eine besonders prächtige Truhe; im
dritten mochte er die englischen Stickereien aus dem 14. Jahrhundert, jene mit den Leoparden-Motiven; im vierten gefiel
ihm der herrschaftliche Raum mehr noch als der berühmte
Wandbehang *La vie seigneuriale*, den zu sehen, so hatte ihm zuvor Ariane gesagt, niemand versäumen dürfe. Der fünfte Saal
mit den englischen Alabasterarbeiten war ihm im Augenblick
zu anstrengend, den sechsten konnte er sich sparen, weil Kir-
chenfenster ihn nur in Kirchen faszinierten und er die seligste
Erinnerung hatte an die Sainte-Chapelle. Durch den siebten lief
er schon fast blind, denn im achten waren sie endlich zu sehen:
die 21 riesigen KÖPFE DER KÖNIGE VON JUDA, Reste von einst
insgesamt 48, um 1220 unter der Herrschaft von Philipp II. August angefertigt. Lange und aufmerksam betrachtete Anton die
Gesichter dieser Könige, während Ariane ihm den Krimi ihrer
Entdeckung erzählte.

»Im April 1977 fanden Bauarbeiter in der Nähe ihrer Baustelle
in der Rue de la Chaussée-d'Antin diese 21 Köpfe, die ursprüng-

lich die Königsgalerie an der Westfassade von Notre-Dame
schmückten, dazu 15 Säulenstatuen und über 300 bearbeitete
Steine, herausgebrochen aus verschiedenen Bauteilen der Kathedrale. Die Köpfe waren am 23. Oktober 1793 abgeschlagen
und mit anderen Teilen der Kirche auf einen Schuttablade-
platz geworfen worden. 1796 kaufte ein Unternehmer namens

Einer der abgeschlagenen Köpfe
von der Königsgalerie an der Westfassade von Notre-Dame,
ausgestellt im Musée du Moyen Âge

Bertrand die Steine; danach erstand sie Jean-Baptiste Lakanal,
vorgeblich, um sie beim Bau seines Hauses in der Rue de la
Chaussée-d'Antin zu benutzen. Lakanal verwendete diese
Steine jedoch nicht – das verboten ihm seine zwei starken
Überzeugungen als Royalist und Katholik. Er beerdigte sie.
Eine Wahnsinnsgeschichte, finden Sie nicht, Anton?« – »O

doch – Lakanal sollte man zumindest eine Plakette an seinem ehemaligen Haus gönnen.«

Sie gingen weiter. Im zehnten Saal hielt Anton noch mal an, begeistert von vier Apostelstatuen aus den Jahren 1245 bis 1248, die ursprünglich in der Sainte-Chapelle beheimatet waren. Den Thermensaal mit den Resten des geräumigen Kaltbads und des sich anschließenden Warmluftraums durchstreifte er nur; vom Schwitzbad war nichts mehr zu sehen, es ist eingefallen.

Welch eine Freude dann im ersten Stock: Von den vielen MITTELALTERLICHEN WANDTEPPICHEN, die in diesem Museum ausgestellt sind, die berühmtesten: *La Dame à la licorne* – *Die Dame mit dem Einhorn*, eine Folge von sechs Tapisserien, für deren Präsentation eine eigene Rotunde angefertigt wurde. Ariane gab wieder Nachhilfeunterricht: »Entstanden Ende des 15. Jahrhunderts, wahrscheinlich in einem Brüsseler Atelier. Ursprünglich hingen diese Teppiche im Schloß von Boussac im nördlichen Limousin, heute Département Creuse. Sie gehören zum Typus der Tausendblütenteppiche, den ›mille fleurs‹, wie sie in Flandern, aber auch an der Loire gewebt wurden. Fünf der Szenen symbolisieren wahrscheinlich – nicht alle Forscher sind sich da einig – die fünf Sinne. Der sechste Teppich trägt als einziger eine Inschrift, eine rätselhafte noch dazu: ›À mon seul désir‹ – ›Meinem einzigen Begehren‹; danach hätten Sie mich fragen sollen, Anton, und ich hätte das Museum sofort erraten.«

Anton betrachtete die kostbar gekleidete Dame. Sie steht vor einem blauen Zelt, an dessen oberem Rand die Inschrift zu lesen ist. Hinter sich, unter sich, neben sich hat die schöne Frau Blumen, Büsche, Bäume – eine Parsifalsche Karfreitagswiese. Mit müdem Blick entnimmt sie einem Schmuckkästchen eine Preziose – oder legt sie diese zurück? –, während das Einhorn, Symbol der Reinheit und der Klugheit, brav Männchen macht und der Löwe, das Wappentier der Auftraggeberfamilie Le Viste aus Lyon, in derselben Position wie das Einhorn, aber auf der linken Seite, das Tuch des Zeltes hält. Anton amüsierte sich über die vielen weiteren Tiere, die in der Szene zu entdecken waren, vor allem über den etwas einfältig dreinschauenden

kleinen Hund auf der Bank, und wandte sich dann den anderen
fünf Teppichen zu. Die Dame war stets auf derselben blauen
Blumenwiese zu sehen, sie trug aber immer andere kostbare
Gewänder. Er bewunderte die kleine Tischorgel, auf der die
schöne Frau spielt, während ihre Dienerin den Blasebalg be-
dient. Und er lachte laut über die vielen Hasen, in immer anderen, immer putzigen Haltungen.

Eigentlich hatte er nun das Gefühl, genug gesehen zu haben, doch Ariane bestand darauf, den Rest auch noch zu besichtigen. Und er war hinterher wieder einmal nicht unglück-
lich, auf sie gehört zu haben. Schließlich hatte er so die berühmte *Pietà von Tarascon* noch gesehen, die vor 1457 von Jeanne
de Laval, der Gemahlin König Renés, bestellt worden war. Und
er war stolz auf eine Entdeckung: einen bebrillten Apostel auf
einem Gemälde des Meisters von Riofrio aus Kastilien, entstanden im 16. Jahrhundert. Im Andenkenlädchen hatte er schließlich eine Postkarte mit einer bei seinem Lauf durch die Räume
übersehenen Figur erstanden. Die um 1340 in Bologna entstandene Marmorarbeit zeigte einen lehrenden Arzt, der an einem
kunstvoll geschnitzten Tisch sitzt.

»Und was machen wir jetzt, Anton?« – »Sie suchen mir einen
Weinberg in Paris – und dort werden wir essen.« – »Den Weinberg finde ich leicht, aber wir werden dort nicht essen, es sei
denn, Sie stehen auf Fast food. Was mich sehr wundern würde,
wo Ihnen doch keine Mahlzeit lang genug dauern kann.«

Am Montmartre

Mit Umsteigen kamen sie ans Ziel: Die Métrostation hieß
Blanche. »Das ist Montmartre, Anton«, grinste Ariane und
zeigte mit der linken Hand auf Sacré-Cœur und mit der rechten auf eine Touristengruppe in Boxershorts, Sandalen und
hautengen Radlerhosen. »Da hilft nichts, da müssen wir durch.
Zuerst aber der Weinberg.«

Als sie endlich neben dem kleinen Weinfeld ankamen, das
1933 angepflanzt wurde und schöner Vorwand ist für ein jährli-

Die Künstlerkneipe ›Le Lapin Agile‹ in der Rue des Saules auf dem Montmartre

ches Weinfest, wußte Anton schon eine ganze Menge. Er kannte das MOULIN-ROUGE an der Place Blanche, das Toulouse-Lautrec jeden Abend besuchte und dessen Truppe er so oft zeichnete: La Goulue mit ihren fliegenden Röcken, den hüftenschwingenden Valentin le Désossé, die Tänzerin der Erotik: Jane Avril. Er hatte das MOULIN DE LA GALETTE gesehen und das MOULIN DU RADET in der Rue Lepic, Vergnügungslokale, die Utrillo und Renoir auf ihren Gemälden festhielten. Er hatte von den vielen Privattheatern gehört, auch vom Théâtre de Paris, in dem zuletzt Gérard Dépardieu aufgetreten war. Er hatte eine Verbeugung gemacht vor der Statue von Jean Marais auf der Place Marcel-Aymé, die errichtet wurde, obwohl der Schauspieler niemals hier wohnte; er hatte das von Adolf Loos 1926 für den Schriftsteller Tristan Tzara gebaute Haus in der Avenue Junot bewundert, hinaufgestarrt zu dem trapezförmigen Balkon im ersten Stock und dem rechteckigen darüber; er hatte das Haus des Malers und Humoristen Léandre neidisch beäugt, eine Villa im englischen Landhausstil mitten in Paris, Avenue Junot Nummer 25. Er hatte

Arthur Honegger auf dem Friedhof von Saint-Vincent einen Besuch abgestattet und in der Rue des Saules LE LAPIN AGILE schon erspäht, bevor Ariane es ihm zeigte: das frühere ›Cabaret des Assassins‹ – das Mörderkabarett. Eine legendäre Künstlerkneipe der Jahrhundertwende. 1902 von Aristide Bruant gekauft und seinem Freund, dem Sänger Frédéric Gérard – genannt Père Frédé –, anvertraut, zog sie zwischen 1908 und 1914 viele Schriftsteller und Maler an, auch Picasso und Vlaminck. Seinen Namen besaß dieser Treffpunkt der Bohème, wie Anton erfuhr, von dem von André Gill gemalten Aushängeschild, auf dem ein aus dem Topf springendes Kaninchen zu sehen war – aus ›lapin à Gill‹ wurde flugs das flinke Kaninchen: lapin agile. Alle wohnten sie damals hier, auf der ›butte‹, dem Hügel von Montmartre: der Katzenmaler Édouard Steinlen, der Maler, Zeichner, Graphiker und Kunstkritiker Émile Bernard, die Schriftsteller Georges Courteline, MacOrlan, Guillaume Apollinaire und viele andere. Auch der Maler und Dichter Max Jacob, der

Max Jacob und Picasso.
Detail aus einer Zeichnung von Pablo Picasso,
1905

mit Picasso Zimmer und Bett in einer Art Baracke an der Place Émile-Goudeau teilte, im sogenannten BATEAU-LAVOIR, dem ›Waschboot‹. Jacob soll diesen Namen geprägt haben, dabei sicher sehr treffend auf die alles andere als komfortablen Wohnverhältnisse dieser Bleibe anspielend.

SAINT-PIERRE-DE-MONTMARTRE, ein bescheidenes, schon 1147 geweihtes Kirchlein – eines der ältesten von Paris –, beachteten sie nur kurz, denn schon waren sie im Trubel um Sacré-Cœur. Über die PLACE DU TERTRE, wo Touristen ausgenommen, gemalt, karikiert und beklaut werden, drängelten sie sich so schnell wie möglich und machten nur noch einmal halt vor dem THÉÂTRE DE L'ATELIER, weil Anton Ariane zeigen wollte, wo der Mann mit dem roten Mantel und der Pfeife gearbeitet hat: Charles Dullin, über den Ariane im Musée Carnavalet gespottet hatte. »Hier inszenierte er, hier spielte er den Volpone und den Harpagon, hier lehrte er Barrault und Vilar die Kunst der Schauspielerei.« – »Gut so, nur haben wir zwei Kirchen nicht gesehen: den ersten Sakralbau aus Stahlbeton, SAINT-JEAN-DE-MONTMARTRE, den Anatole de Baudot 1904 fertigstellte, und SACRÉ-CŒUR«, gab Ariane zu bedenken. »Will ich beide nicht sehen«, brummte Anton. »Über Saint-Jean haben Sie mir mit den wenigen dürren Worten bereits genug gesagt, und Sacré-Cœur, diese Zuckerbäckerbasilika, hatte ich so oft schon im Blick, die Kuppeln strahlen sehen und den Glockenturm leuchten, daß mir das ganze Gebäude verleidet ist.« – »Damit Ihnen jede Lust auf immer vergeht, bitte nur ein paar Bemerkungen anhören: Innen drin ist es ziemlich dunkel, die Mosaiken sind die häßlichsten, die ich kenne, die Fenster wurden nach dem Zweiten Weltkrieg erneuert – und der Glockenturm ist bloß 80 Meter hoch. Paul Abadie, der Architekt, hat für diesen Bau alle Stile wild gemischt, keiner fehlt. Fürchterlich: Byzantinisches findet sich dort, Maurisches, Gotisches, Romanisches. Interessant ist allenfalls, warum die Kirche überhaupt gebaut wurde, nämlich als Sühne- und Pilgerkirche. Nach den diversen Greueln von 1871 – dem Niederschlagen der Pariser Kommune und dem verlorenen Deutsch-Französischen Krieg – hatte man wohl das

Bedürfnis, ein nationales Mahnmal zu setzen. 1876 begann man damit. 1905 fügte Lucien Magne den Campanile hinzu, in dem übrigens eine der größten je gegossenen Glocken hängt: die von ein paar savoyischen Gemeinden gestiftete ›Savoyarde‹. 1914 wurde die Kirche schließlich ›dem heiligen Herzen Jesu‹ geweiht. Das schönste an dem ganzen Bau ist jedoch der Aufstieg zur Kuppel. Von dort bietet sich nämlich eine Aussicht auf Paris, die jede vorherige Schrecklichkeit lohnt.« – »Auch die will ich nicht, jedenfalls nicht von dort. Es gibt ja noch den Eiffelturm.«

»Wie kriege ich Sie denn wieder gutgelaunt, Anton?« – »Fahren wir weg von hier, schnell. Lassen Sie uns in der Brasserie Lipp essen, ich bin auf sie gestoßen, als ich ohne Sie bei ›La Hune‹ den Michelangelo-Band kaufte.«

Gérard de Nerval, Oscar Wilde und Jean Genet

Als sie dort saßen, am Boulevard Saint-Germain Nummer 151, und über die Künstler plauderten, die hier verkehrten, bevor die Leute von der Presse und vom Film auftauchten, fiel Ariane ein, daß sie doch noch einmal auf den Montmartre müßten: »Ich habe Ihnen das Château de Brouillards, das Nebelschloß, das Anwesen von Gérard de Nerval, nicht gezeigt. Und auch nicht die ›Folie Sandrin‹, das vierstöckige Nervenkrankenhaus des Doktor Émile Blanche, in dem Nerval 1841 acht Monate behandelt wurde.« – »Nicht so schlimm, Ariane. Wer aber verkehrte hier, bei Lipp?« – »Paul Valéry, Léon Blum, Jean Giraudoux, Max Ernst und Antoine de Saint-Exupéry.«

Beim Essen erzählte Anton von GÉRARD DE NERVAL. »Sie wissen, Ariane, daß er seit seinem 33. Lebensjahr unter manisch-depressiven Anfällen litt. Er begab sich immer wieder in Behandlung, aber die Krisen verstärkten sich im Laufe der Jahre. 1855 nahm er sich das Leben, erhängte sich in einer eiskalten Januarnacht – erst 46jährig – mit einem Schnürsenkel an einem Gitter in der Rue de la Vieille-Lanterne. Als er entdeckt wurde, lebte er noch, verröchelt, den Hut auf dem Kopf.

Nerval müßten Sie eigentlich mögen Ariane, er liebte Paris wie kein anderer. In seinem lyrischen Werk spielt die Stadt seltsamerweise keine Rolle; nur zwei kleine Oden widmet er ihr, die eine heißt *Une allée du Luxembourg*, die andere *Der Glöckner von Notre-Dame*. Aber das Prosawerk ist eine Quelle für Paris-Süchtige. Denn Nerval schrieb sehr viel für Zeitungen, für *La Presse* und für *L'Artiste*. Er wird Ihnen auch gefallen, weil er Haussmann schon kritisierte, als der mit seiner Paris-Verschönerung, Paris-Vergrößerung, Paris-Verschandelung noch gar nicht begonnen hatte; 1844 prophezeite er in einem Artikel für *L'Artiste*, daß mit solchen Maßnahmen Europa bald Amerika gleichen würde.

Nerval war, das ist sicher, einer der hellsichtigsten Pessimisten des 19. Jahrhunderts. Er wandte sich gegen die Begradigung des Boulevard du Temple – Sie wissen Ariane, das war der ›Boulevard du Crime‹ mit seinen Volkstheatern. Er beklagte den Eklektizismus seiner Zeit, die Benutzung der verschiedensten Stile nebeneinander, sah steife Statuen auf manierierten Sockeln und Statuen mit dicken Köpfen und immer dieselben Posen, dieselben Gewänder und Gebärden. Vor allem über die Stadtallegorien auf der Place de la Concorde zog Nerval her, als wollte er die Steine allein mit seinen Worten zerstören: ›Was wird man in diese Häuser tun? Wohin werden sich die Türen öffnen? Was wird die Bullaugen erleuchten‹, fragte er sich, die Sockel der riesigen Statuen betrachtend. Doch es kam anders: Nicht er zerstörte; die Worte zerstörten den, der sie erfand. Nach dem letzten Aufenthalt bei Doktor Blanche, der ihn im Oktober 1854 mit dem Gutachten ›unheilbar‹ wegschickte, wurde Nerval zwar noch von einem Arzt in Passy behandelt, aber seine Angst- und Wahnvorstellungen entwickelten sich immer schlimmer. In den letzten Monaten seines Lebens vagabundierte er nur noch durch Paris.

Wußten Sie übrigens, daß er zeit seines Lebens starke Beziehungen zur deutschsprachigen Literatur hatte? Schon mit 18 übersetzte er Goethes *Faust I*, 14 Jahre später *Faust II*, er schrieb über deutsche Lyriker, reiste nach Deutschland und Österreich – alles noch vor Ausbruch seiner Krankheit. Aber auch danach beschäftigte er sich bevorzugt mit diesem Thema, schrieb noch 1852 *Loreley, souvenirs d'Allemagne.*« – »Es macht großen Spaß, Ihnen zuzuhören, Anton. Nun sagen Sie mir noch, welches Buch ich von ihm lesen soll?« – »*Promenades et Souvenirs.*«

Anton bezahlte, Ariane schlug Promenaden und Souvenirs vor: auf den Spuren von OSCAR WILDE. »Zum Père-Lachaise fahren wir nicht, schließlich haben Sie John Epsteins Jünglings-figur auf seinem Grab schon gesehen. Wir laufen durch Saint-Germain, das Viertel, in dem Wilde wohnte, lebte und mit Zeitungs- und Veilchenverkäufern schlief. Die Kirche von Saint-Germain-des-Prés haben Sie ja ohne mich besucht, deshalb wis-sen Sie nicht, das Wilde hier nach seinem Tod am 30. März 1900 aufgebahrt war.« – »Man sollte eben nichts ohne Sie machen, Ariane.« Während ihres Spaziergangs spielten sie sich geschickt Wilde-Bälle zu: Ariane wußte, daß Edmond de Goncourt den Engländer nicht ausstehen konnte und als ein »Individuum zweifelhaften Geschlechts« beleidigte, das noch obendrein nur eine einzige Sprache beherrsche, die der Possenreißer. Anton zitierte einen seiner Wildeschen Lieblingssätze: »›Möchten Sie gern wissen, was das Drama meines Lebens ist?‹ fragte er André Gide, der mächtig verliebt war in den hochgewachsenen, schlanken, hübschen Engländer. ›Ich habe mein Genie meinem Leben gewidmet und meinem Werk nur mein Talent.‹ Das war 1894, und Wilde verbrachte nur acht Tage in Paris mit seinem Geliebten, Graf Alfred Douglas, den er Bosie nannte.«

Ariane und Anton redeten über Wildes Leben, über seine auch heute noch immer wieder gespielte Komödie *Bunbury*, über den Wilde-Prozeß, in dem er wegen der Affäre mit dem jungen Grafen verurteilt worden war, und die *Ballade vom Zucht-haus zu Reading*, die nach Wildes zweijährigem Zuchthausauf-enthalt erschien. Redeten über ein verpfuschtes Leben, das in Armut endete. Und über die glücklichen Schwulen von heute, die im Marais in den Cafés knutschen, in den Bars rummachen und im ›Piano-Zinc‹ singen.

Zum Quai Voltaire Nummer 19 gingen sie nicht noch einmal. In dem Hotel, in dem auch Wagner wohnte, war Wilde oft. Und

Zwei Dramatiker: Oscar Wilde und Romain Coolus.
Lithographie von Henri de Toulouse-Lautrec, 1896

hier starb er. Sie begannen in der Rue des Beaux-Arts Nummer 13, standen vor einem hohen, aus hellem Stein errichteten Haus, an dem für Wilde ein Medaillon angebracht worden ist, das seinen Aufenthalt kundtut. Auch JORGE LUIS BORGES lebte hier, wenn er nach Paris kam. »Wenn wir auf Wildes Spuren bleiben wollen, können wir als nächstes in die Rue de l'Ancienne Comédie und im ›Procope‹ einen Café nehmen. Dort begegnen wir gleich Hunderten anderen Literaten.« – »Da war ich auch schon, Ariane, ich muß es gestehen, aber das war an meinem zweiten Paris-Tag, da kannte ich Sie noch gar nicht.« – »Oder wir spazieren einfach im Viertel herum. Es gibt sehr schöne Buchläden hier, Antiquitätenhändler und Chocolatiers. Wir können aber auch beim Thema bleiben und JEAN GENET suchen.« – »Wohin würden Sie mich führen, Ariane?« – »Erst in die Rue Denfert-Rochereau Nummer 74, wo Camille Genet am 28. Juli 1911 ihren Sohn Jean im ›Bureau d'Abandon‹, einer ›Aussetzungsstelle‹ des Hospizes für Fürsorgezöglinge, abgab. Oder ins Kaufhaus Samaritaine, wo er am 16. September 1937 beim Stehlen

erwischt wurde. Oder zum Santé-Gefängnis, wo er wegen seiner vielen Bücherdiebstähle wochenlang eingesperrt war,
oder zu den Bouquinisten am Seine-Ufer: Im März 1942 führte
Genet einen solchen Stand. Oder nochmals auf die Place de
l'Opéra, wo man ihn am 29. Mai 1943 verhaftete, weil er eine
kostbare Verlaine-Ausgabe gestohlen hatte, oder ins Café de
Flore, wo sich Sartre im Mai 1944 zum ersten Mal mit dem jungen Autor traf, dem er 1952 in *Saint-Genet, Komödiant und Märty-
rer* ein literarisches Denkmal setzte. Oder in die Rue de la Hu-
chette Nummer 23, ins 5. Arrondissement, dort wurden im nach
der Straße benannten Theater im Januar 1954 *Die Zofen* uraufgeführt. Dennoch dauerte es lange, bis Genet, dieses Theatergenie
der Exzessivität, in der ganzen Welt bekannt, von den meisten
Bühnen gespielt und in das Repertoire der Comédie-Française
aufgenommen wurde. Aber ich habe eine bessere Idee: Wir gehen zum INSTITUT DE FRANCE.«

Sie standen auf der Fußgängerbrücke, dem Pont des Arts,
und blickten auf das Palais de l'Institut de France, in dem seit
1805 alle königlichen Akademien untergebracht sind, die

Handschriftlicher Zusatz von Jacques Prévert
zu einem Gnadengesuch französischer Künstler für Jean Genet, 1947

Napoleon nicht mehr im Louvre haben wollte. Deren berühmteste ist die ACADÉMIE FRANÇAISE, zwei weitere Gründungen des 17. Jahrhunderts sind die ACADÉMIE DES SCIENCES, also die Akademie der Wissenschaften, und die ACADÉMIE DES INSCRIPTIONS ET DES BELLES LETTRES, die Akademie der Inschriften und der Schönen Wissenschaften. 1816 kam die ACADÉMIE DES BEAUX-ARTS – die Akademie der Schönen Künste – hinzu und 1832 schließlich die ACADÉMIE DES SCIENCES MORALES ET POLITIQUES, die Akademie der Geistes- und der politischen Wissenschaften.

»Auch ein Bau von Louis Le Vau, 1667 fertiggestellt und ursprünglich ›Collège des Quatre-Nations‹ genannt, weil hier Adelige aus allen Teilen Frankreichs unterrichtet wurden. Das erste Palais übrigens, das sich zur Seine hin öffnete, das war zuvor nicht üblich. Früher stand an dieser Stelle die Tour Hamelin, auch de Nesle genannt, Bestandteil der Stadtbefestigung Philipps II. August«, erklärte Ariane.

»Aber warum führen Sie mich hierher, zur Académie Française? Genet gehörte nie zu den gewählten Mitgliedern, den erlauchten vierzig Unsterblichen.« – »Das stimmt, Anton. Doch einmal war er dort, als einer von 400 privilegierten Gästen, die am 20. Oktober 1955 Jean Cocteaus Aufnahme in die Académie beiwohnten.« – »Woher wissen Sie das alles? Ist Genet neben Prévert Ihr zweiter Hausgott?« – »O nein, ich mag nur die Dramen, seine Romane schätze ich weniger, und seine politischen Aufsätze sind mir ein Graus. Ich hatte vor drei Monaten so einen Kauz wie Sie, der wollte auch eine Privatführerin, aber nicht um alles oder ein bißchen von allem kennenzulernen: Er wollte nur alles zu Genet wissen. Zur Académie Française nur soviel, Anton: Sie wurde 1635 von Richelieu gegründet, beauftragt, die französische Sprache zu pflegen, zu schützen und ein Wörterbuch herauszugeben. Dieser Akademie gehören stets 40 Mitglieder an, jetzt sogar Frauen.«

Sie beendeten ihr heutiges Erkundungsprogramm. Anton war geschafft, Ariane noch voller Energie. »Jetzt muß ich mich aber sputen, mein Freund und ich, wir erwarten heute abend

Marmorbüste des Kardinals Richelieu
von Gian Lorenzo Bernini, 1640/41,
Musée du Louvre

Gäste.« – »Dann viel Vergnügen!« sagte Anton und wollte seine drei Küßchen plazieren, da frohlockte Ariane: »Der eine Gast sind Sie, Anton, der andere ist meine Freundin Jeanne.« Er bedankte sich, und sie gab ihm ihre Adresse und den Türcode, den man drücken mußte, um ins Haus zu gelangen. Vor der Métro verabschiedeten sie sich. Ariane ging auf den Markt von Bucy, unweit vom Lipp, wo es ihrer Meinung nach den besten Geflügelhändler von Paris gab.

Neue Freunde

Anton war pünktlich, womit Ariane gar nicht gerechnet hatte. Sie begrüßte ihn mit einem Kochlöffel in der linken Hand. In der rechten war Platz für Antons Mitbringsel: Dutzende von ganz kleinen gelben Rosen. »Sie verwöhnen mich zu früh, Sie wissen ja gar nicht, ob ich eine gute Köchin bin.« – »Ich verwöhne Sie nicht, ich will etwas von Ihnen. Nichts Schlimmes, aber verraten wird es erst später.«

Der Abend mit Armand, einem sehr klugen und gebildeten Vietnamesen, der an der Sorbonne Amerikanistik studierte, und Jeanne, einem verrückten Huhn, das bei Kenzo an der Madeleine bediente – »meist eitle Snobs und knausrige Touristen«, wie sie sagte –, gefiel Anton sehr. Gewiß, weil er bei den jungen Leuten ankam; gewiß, weil die Lachspastete frisch war, Arianes Perlhuhn aus der Bresse in einer Morchelsauce köstlich schmeckte und der kleine Burgunder gut dazu paßte. Vor allem aber freute er sich über ein Angebot von Armand, das anzunehmen ihm auch Ariane riet: einen gemeinsamen Besuch des MUSÉE GUIMET, von dem Armand begeistert erzählte. »Es ist hervorgegangen aus der Sammlung des Lyoner Industriellen Émile Guimet. Gegründet 1879 in Lyon, wurde es 1885 nach Paris transferiert und dem Staat überlassen. Auf der Place d'Iéna baute man für die Exponate, die die Kunst, Kultur und die Religionen des Orients belegen, ein geräumiges neues Museum, 1889 wurde es eingeweiht. So galt das ›Musée national des Arts asiatiques – Guimet‹ schon zur Jahrhundertwende als ein in Europa einzigartiger Ort: Es war Museum und zugleich Forschungszentrum für alle orientalischen Kulturen.«

Armand erzählte so leidenschaftlich von dieser Sammlung, beschrieb so hingebungsvoll die javanesischen Marionetten – weil er von Ariane wußte, daß Anton das Theater liebte – und die gravierten Elfenbeine aus China, daß Anton sich gleich mit dem jungen Mann verabredete. Armand versprach, sich in den kommenden Tagen zu melden.

Auch mit Jeanne verabredete er sich, sie wollte Anton unbedingt das MUSÉE DE LA MODE ET DU COSTUME zeigen; dort, so meinte sie, bekomme er die tollsten Teile zu sehen, vom 18. Jahrhundert bis heute. Bei den alten Fummeln, sagte sie, stehe sie auf Balmain, bei den neuen auf Dolce & Gabbana. Anton erklärte Cerruti für seinen Lieblingsschneider. Ariane protestierte: »Er lügt!« Ansonsten war sie eher still. Zum einen mußte sie oft in die

Küche, ab- und aufdecken, weil keiner ihr half, was sie normal und Anton äußerst angenehm fand; zum anderen hielt sie sich zurück, weil sie sich freute, wie angeregt Anton mit ihren Freunden parlierte. Er war wirklich nicht alt – jedenfalls viel zu jung, um allein zu leben, und das in Paris und in so einer Wohnung.

Beim Abschied fragte Ariane, was er sich mit den Blumen denn erkaufen wollte. Er stotterte ein wenig verlegen herum, aber nachdem auch die anderen zwei darauf bestanden, er solle sich nicht so anstellen, rückte er heraus mit der Sprache. Erst lobte er nochmals Arianes Haussmann-Aufsatz, dann erbat er zwei weitere. Einen über den Louvre – »in den nächsten fünf Tagen, bitte« – und einen über Notre-Dame, »in zehn Tagen« – als Höhepunkt seines Paris-Aufenthalts sozusagen. Der über den Louvre sei mit den gelben Rosen bezahlt, lachte Ariane; für den Kirchen-Sermon müsse er sich noch etwas einfallen lassen.

Als Anton unter den Arkaden der Rue de Rivoli nach Hause ging, wofür er auch bei schnellem Schritt fast eine Stunde brauchte, überlegten in Arianes Wohnung die drei, wem sie wann dem netten Herrn Anton zuspielen könnten. Sie einigten sich schließlich auf Madame Franck, eine Germanistin mit einem sehr französischen Charme, deutsch-jüdischen Eltern und einem Faible sowohl für Tschechow als auch für Mittvierziger; sie selbst mochte zehn Jahre jünger sein.

Spät schlief Anton ein. Glücklich, nicht bloß zufrieden. Er schmiedete Pläne für die Zeit nach Paris. Er wollte sich verlieben und dann mit der Geliebten nach Paris.

DER ACHTE TAG

Nur Großes: Grands Boulevards, Grand Opéra,
Grand Châtelet

Um zehn Uhr klingelte das Telephon, Ariane verabredete sich mit Anton für halb elf in dem kleinen Café an der Place des Vosges. Da er ihr keine Aufgabe gestellt hatte, schlug sie vor, die Conciergerie und die Boulevards nachzuholen. »Die meisten kennen Sie ja schon, aber wir waren noch nicht auf der Avenue de l'Opéra. Lassen Sie uns diese Straße entlanggehen von Theater zu Theater, von der Comédie-Française zur Oper im Palais Garnier. Die Geschäfte sind zwar nicht besonders, und sehr fein ist die Straße auch nicht, aber wir werden von der Place de

Fünf Boulevards – ein Platz: ›Études sur les transformations de Paris‹
von Eugène Hénard, 1906

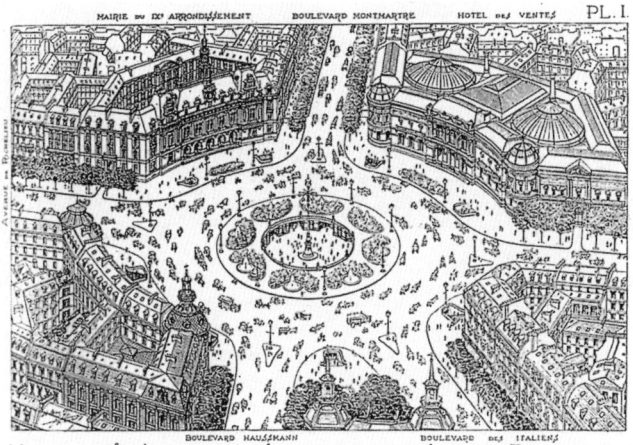

Plauschen, trinken, essen –
wer sagt denn, daß man auf Boulevards nur spazieren kann?
Holzstich von Wilhelm Bernatzik

l'Opéra einen Blick haben auf die Madeleine, und Sie werden gleich noch einen zweiten Haussmann-Boulevard sehen, schicker als der zur Oper und mit Bäumen gesäumt: den Boulevard des Capucines.«

Sie fuhren wieder zum Palais-Royal, und während sie promenierten – das Opernhaus mit dem grünen Kupferdach stets im Blick –, erzählte Ariane ein bißchen BOULEVARD-GESCHICHTE. Sie erklärte, daß das Wort Boulevard von dem niederländischen Bolwerc abgeleitet ist, was dem deutschen Bollwerk entspricht, also erst einmal eine militärische Befestigungsanlage meint. Von der Madeleine bis zur Bastille ist der Verlauf der großen Boulevards identisch mit den Stadtmauern, die Karl v. von 1536 bis 1560 errichten ließ. Am 12. Juli 1566 entschloß sich der König zu einer neuen Stadtmauer, inzwischen waren ja bereits die Tuilerien außerhalb der Grenzen angelegt worden. 1647 war die neue Anlage erst fertig und schon Jahre zuvor absolut unnötig. Denn es wurde munter weiter außerhalb dieser Befestigungen angesiedelt. Gegen 1700 verschwanden die Bastionen nach und nach; Ludwig xiv. ließ sie abtragen und an ihrer Stelle breite, baumbestandene Chausseen anlegen. ›Grands Boulevards‹ nannte man sie. Im Ostteil der Stadt begeisterte der Boulevard du Temple die Massen; im Westen nahmen sich Immobilienhändler der neuen Straßen an. Im 18. Jahrhundert kamen diese Promenaden so richtig in Mode, wurden Laufstege der eleganten Welt. Hier sah man – hier wurde man gesehen. Wie in den Foyers der großen Theater.

»Die AVENUE DE L'OPÉRA, schon 1853 geplant, wurde zwischen 1864 und 1876 von Baron Haussmann angelegt«, berichtete Ariane. »Die Bauarbeiten begannen an beiden Enden. Ein Hindernis, das es wegzuräumen galt, war der Saint-Roche-Hügel zwischen der Rue Thérèse und der Rue des Pyramides. Obwohl diese Erhebung bereits 1615 zum Teil abgetragen worden war, standen dort noch Mühlen und Gartenhäuschen. Sie niederzureißen war für Haussmann das geringste Problem. Die Pariser betrachteten diese Aktion keineswegs bloß wohlwollend, Maler und Graphiker hielten das Ereignis in ihren Bildern fest – oft als

Zeichen des Protests. Die Avenue hatte schließlich eine Breite von 30 Metern, sie war konzipiert als Verbindung zwischen Louvre und der neuen Oper. Alle Gebäude entlang dieser Straße sind ›pur haussmanniens‹, fünfstöckig mit Balkons.

Inzwischen waren sie auf der PLACE DE L'OPÉRA angekommen und standen vor dem Métroeingang. »Dieser Platz wurde nicht gestaltet, um ein Königsbildnis zu ehren und zu inszenieren, hier feierte man die Oper, den Musentempel des Zweiten Kaiserreichs. Drum herum findet sich nichts als Haussmann, öd«, schimpfte Ariane. Anton verfolgte den BOULEVARD DES CAPUCINES gen Westen, dem sich der Boulevard de la Madeleine anschließt; sein Blick traf auf die Église Sainte-Marie-Madeleine. Er war begeistert und konnte gar nicht verstehen, was Ariane daran so schändlich fand. Sie verlor kein Wort mehr darüber. Weitere Erklärungen folgten: Das Goldene Zeitalter dieses Boulevard brach an mit der Eröffnung der Oper, des Grand Hotel, des Grand Café und des Jockey-Clubs. Auf diesem Boulevard ereilte HENRI BEYLE, den wir unter dem Namen Stendhal kennen – von Winckelmanns Geburtsort Stendal in Norddeutschland abgeleitet! –, der Tod, als er am 22. März 1842 den

16 *Die Seine am Pont d'Iéna mit Blick auf den Eiffelturm,*
   der für die Weltausstellung von 1889 errichtet wurde –
   den einen ein Ärgernis, den anderen eine Freude

17 *Speisen unter der imposanten Glaskuppel des Kaufhauses ›Au Printemps‹*
   am Boulevard Haussmann Nummer 64

18 *Eine frühe Eisenkonstruktion von Henri Labrouste:*
   der Lesesaal der Bibliothèque nationale in der Rue de Richelieu –
   ein Lieblingsort von James Joyce

Angestellteneingang des Außenministeriums auf Nummer 43 passierte. Im Haus Nummer 35 hatte der Photograph FÉLIX TOURNACHON, GENANNT NADAR, sein Atelier eingerichtet. Nummer 28 ist das ›OLYMPIA‹, eine Music Hall, in der alle großen Chansonniers und Chansonnettes aufgetreten sind, auch die Piaf und Jacques Brel. »Auch so ein Liebling von mir«, lächelte Ariane und fing laut zu singen an: »Le premier rendez-vous à l'Île Saint-Louis / et c'est Paris qui commence. / Et le premier baiser volé aux Tuileries / et c'est Paris la chance. / Et le premier baiser reçu sous un portail / et c'est Paris romance. / Et deux têtes qui tournent en regardant Versailles / et c'est Paris la France.« – »Singen können Sie ja auch, Ariane! Aber Versailles schaue ich erst beim nächsten Paris-Besuch an.«

»Das ›Olympia‹«, fuhr Ariane fort, »wurde vor kurzem völlig saniert. Bei den Bauarbeiten blieben nur noch die Grundmauern stehen. Gleich daneben wohnte die ›Mistinguett‹, die eigentlich Jeanne Bourgeois hieß, als sie 1875 geboren wurde. Eine Schauspielerin, eine Sängerin, eine Verführerin, die die Männer in die Pariser Music Halls lockte. Sie war schön und scharf. 1956 starb sie. – Im Hôtel Scribe, auf Nummer 14 also, erinnert eine Tafel an die Brüder Lumière, die an diesem Ort am 28. September 1895 im indischen Salon des Grand Café die erste Filmvorführung zeigten: Dies gilt als die Geburtsstunde des Films.

Zum BOULEVARD DE LA MADELEINE gibt es weniger zu erzählen, er folgt dem Verlauf der alten Rue Basse-du-Rempart. Diese nahm einst die Trasse der Befestigungsmauer ein, die zu Beginn des 17. Jahrhunderts hier errichtet und schon bald danach in eine Promenade umgewandelt worden war. Die Straße, es wundert Sie sicher nicht, mußte der Avenuenbauerei des Zweiten Kaiserreichs weichen. Nummer 15: Im Zwischengeschoß des Hauses wohnte Marie-Alphonsine Plessis, die 1848 durch den Roman von Alexandre Dumas Literatur gewordene Kameliendame. Sie machte in einem der ältesten Pariser Kaufhäuser ihre Besorgungen, im 1829 gegründeten ›Les Trois Quartiers‹, das auch ›Magasins de nouveautés‹ hieß, protzig gleich im Plural. Aber jetzt sollten wir in die Oper.« – »Ich wollte Sie doch zu einer

Aufführung einladen, Ariane.« – »Das können Sie immer noch, aber am Tag sieht man alles besser, besichtigen wir sie also.«

Davor aber legten sie im am Eck gelegenen ›Café de la Paix‹ eine kleine Pause ein. Anton zog ein Balzac-Zitat aus der Tasche, das er Ariane lesen lassen wollte:

»Für Paris sind die Boulevards heutzutage das, was der Canal Grande in Venedig war, was die Corsi di Servi in Mailand sind, der Corso in Rom, der Prospekt in Petersburg (eine Nachahmung der Boulevards), Unter den Linden in Berlin, der Boslaan Den Haags in Holland, Regent Street in London, der Graben in Wien, die Puerta del Sol in Madrid. Von all diesen Herzen der Städte ist keines den Boulevards von Paris vergleichbar. Der Graben, kaum so lang wie der kürzeste unserer Boulevards, gleicht einer Spießbürgerin im Sonntagsstaat. Unter den Linden ist genauso eintönig wie der Boulevard du Pont-aux-Choux. Er sieht aus wie eine Provinzpromenade, und die Stadtpalais, die an seinem Anfang stehen, gleichen staatlichen Gefängnissen. Der Prospekt ähnelt unseren Boulevards nur so wie der Straß einem Diamanten ähnelt; es fehlt dieses belebende Licht der Seele, die Freiheit ... sich über alles zu mokieren, die die Pariser Flaneure auszeichnet. Die Landessitten lassen es nicht zu, daß man zu dritt plaudert oder sich um irgendeinen Kamin schart, der zu stark qualmt. Und der Abend schließlich, der in Paris so schön ist, so aufregend, ist auf dem Prospekt eine einzige Enttäuschung ... Oh! In Paris herrscht die Freiheit des Geistes, dort ist das wahre Leben! Ein seltsames und fruchtbares Leben, ein ansteckendes Leben, ein brodelndes Leben, ein Leben wie das einer in der Sonne sich aalenden Eidechse, ein Künstlerleben und ein kurzweiliges Leben, ein Leben der Gegensätze ... Das Pariser Leben, sein charakteristisches Gepräge machte um 1500 die Rue Saint-Antoine aus; um 1600, die Gegend um die Place Royale; um 1700, die um den Pont Neuf; um 1800, die um das Palais-Royal. Erst um 1800 ließ der Boulevard erahnen, was einmal aus ihm werden sollte. Im Jahr 1860 wird sich das Herz von Paris zwischen der Rue de la Paix und der Place de la Concorde befinden.«

Nun aber ging es in diesen Edeltempel der Musik und des Tanzes. Die Stufen hinauf, und schon standen sie im Foyer. »Die Pariser Oper ist eigentlich eine Wanderoper, so oft ist sie umgezogen«, begann Ariane. »1673 spielte sie im Theater des Palais-Royal, von 1764 bis 1770 gastierte sie im Saal des Tuilerienpalasts, später wieder im Palais-Royal, dann zog sie für kurze Zeit um in das Gebäude der Opéra comique. 1828 und bis zur Eröffnung der neuen Oper im Jahr 1875 wurde in der Salle Peletier gesungen und musiziert. Und 1990 zog sie zum bisher letzten Mal um, auf die Place de la Bastille, dorthin, wo früher der Bastille-Bahnhof stand. Im Palais Garnier wird seitdem fast ausschließlich getanzt, es ist Sitz des Balletts, weshalb man das Haus auch umgetauft hat: Palais de la Danse. Lassen Sie uns die Treppen nehmen, Anton, sie sind wirklich imposant.

Diesen Bau hier verdanken wir letztlich einem Attentat auf den Kaiser am 14. Januar 1858, vor dem Opernhaus an der Rue Le Peletier. Es mißglückte zwar, doch es war bewiesen, daß die Salle Peletier zu unsicher war. Die Oper mußte auf einem freieren und gut zu kontrollierenden Platz stehen. Napoleon beauftragte Haussmann damit, im eleganten Viertel im Westen der Stadt einen Platz dafür zu schaffen. Der gerade diplomierte Architekt CHARLES GARNIER ging 1861 als Sieger aus dem anberaumten Wettbewerb hervor, an dem sich 171 Baumeister beteiligt hatten. Napoleon III. und Eugénie waren mit dem Entwurf allerdings nicht recht glücklich, weshalb die Kaiserin den jungen unbekannten Architekten einer seltsamen Prüfung unterzog. Sie wollte wissen, was denn das für ein Stil sei; ›er ist weder griechisch noch Ludwig XVI. Was also?‹ – ›Sie haben recht‹, soll Garnier geantwortet haben, ›diese Stile hatten ihre Zeit, sie sind passé. Das hier ist der Stil Napoleons III., wollen Sie das beklagen?‹ Und ehe sie noch antworten konnte, zwinkerte der Kaiser dem jungen Mann zu: ›Sorgen Sie sich nicht, sie versteht nichts davon.‹«

»Und Eugénie hat dies so einfach eingesteckt, ohne Widerspruch?« fragte Anton. »Was weiß ich, auf jeden Fall haben die

Männer die Begegnung nur bis zu dieser misogynen Pointe
überliefert. Wie auch immer, die Oper geriet wirklich zum
Symbol dieses Stils. Sie wissen ja: eklektizistisch, sehr barock
und überladen. Nebenbei bemerkt: Garnier bezog sich im Aufbau des Hauses, bei der großartigen Haupttreppe und bei der
noch weitgehend ungebräuchlichen Stahlskelettbauweise auf
seinen Fachkollegen Victor Louis und im speziellen auf dessen
Opernhaus in Bordeaux.

Am 21. Juli 1862 wurde der Grundstein gelegt, doch bis zur
Fertigstellung vergingen fast 13 Jahre – Krieg und Kommune
verzögerten die Arbeiten. Außerdem stieß man auf Grundwas-
ser, für das ein Betonbecken gebaut werden mußte, dessen Gewölbe das Gebäude tragen. Dieser See unter der Oper lieferte
GASTON LEROUX den Stoff für seinen Roman *Das Phantom der
Oper*. Am 5. Januar 1875 war es dann soweit: Maurice Mac-Mahon,
Präsident während der Dritten Republik, eröffnete mit großem
Pomp die neue Oper, die zugleich ›Académie nationale de Musique et de Danse‹ hieß, zunächst aber wegen ihrer Lage am
gleichnamigen Boulevard ›Salle des Capucines‹ genannt wurde.
Garnier selbst ernannte man noch am Abend der Einweihung
zum Ritter der Ehrenlegion; später erhielt die Oper den Namen
›Palais Garnier‹, nicht zuletzt wegen ihres prunkvollen Inneren.
49 Millionen Francs hatte man für das Ganze ausgegeben . . . « –
»Wollen Sie mir nicht noch die Zahl der Arbeiter nennen und
das Gewicht der verwendeten Farben, Ariane?« – »Spotten Sie
nur, ich habe die Zahlen parat: 90 Künstler arbeiteten an der
Ornamentik. Und es wurde alles getan, um die modernen Bau-
materialien, zum Beispiel die Eisenstützen, hinter Stein und
Marmor zu verstecken. Die Oper sollte auf keinen Fall den In-
dustriegebäuden gleichen, etwa den Hallen von Victor Baltard,
sie sollte klassizistisch prunken.«

»Sie ist riesig«, stellte Anton fest, als sie durch das Foyer gingen. »Und sehr bunt mit diesen vielen weißen, blauen, roten
und grünen Marmorverzierungen, selbst rosafarbenen Stein
hat Garnier benutzt. Wieviel Plätze hat der Zuschauerraum?« –
»Nicht mehr als 2131 und eine miserable Akustik in den Logen.

Aufstieg, Abstieg –
gesellschaftliche Bühne:
das Foyer des Pariser Opernhauses.
Holzstich, 1875

Der meiste Raum wurde für die Treppenhäuser, die Foyers, die
Vestibüle verschwendet. Doch sie waren nötig, weil die Vorstel-
lung auf der Bühne wirklich nur Vorwand war für die Selbstdar-
stellung einer bürgerlichen Gesellschaft, die den mondänen
Auftritt suchte – und hier fand er statt wie an wenigen anderen
Pariser Orten. Balzac hat es beschrieben.«

Im ersten Vestibül entdeckte Anton Büsten der Komponisten
Lully, Rameau, Gluck und Händel. Im großen Foyer erfreuten
ihn die Mosaiken, wenngleich er Ariane recht geben mußte: des
Schönen, Bunten, Opulenten zuviel. Vielfarbiger Marmor, Gemälde mit allegorischen Darstellungen, Bilderfolgen als wohl-
feile Dekoration, Skulpturen und verglaste Türen. Im Zuschauerraum dann, darüber freuten sich beide Besucher, nur noch
zwei Farben: Purpur und Gold. Über vier Ränge hoch acht
mächtige Säulen, die die große Kuppel und den tonnenschwe-
ren Lüster tragen. Und das neue, 1964 entstandene Deckenbild
von MARC CHAGALL, das auf eine Kunststoffkuppel aufgetragen
und zehn Zentimeter unter der Originaldecke angebracht worden ist. Der Maler hat sich für dieses Gemälde von neun Opern
und Balletten inspirieren lassen, darunter Mozarts *Zauberflöte*,
Wagners *Tristan und Isolde*, Ravels *Daphnis und Chloé* und Strawinskys *Feuervogel*. »Auch bunt, aber welche Heiterkeit, welche
Freude!« kommentierte Ariane.

Sie stiegen die Ehrentreppe hinab. »Schon genial gemacht ... «,
begann Anton. Doch sofort unterbrach Ariane: »Das meinen
Sie nicht wirklich! Ich finde es hier nur protzig.« – »Lassen Sie
mich doch ausreden, Ariane. Ich rede nicht von Garnier, sondern von PROUST. Denn das ist der Proustsche Ort schlechthin.
Und es ist einfach genial, wie er in seinem Roman *Auf der Suche
nach der verlorenen Zeit* die *Phädra*-Aufführung aus der ganz un-
eleganten Comédie-Française hierher verlegt in diese Oper,
einen Ort des zeitgenössischen Luxus. Sein Erzähler steigt diese
Treppen hinauf, um die Berma als Phädra zu sehen. Sie kennen
das Vorbild für die Schauspielerin Berma, Ariane?« Sie schüt-
telte den Kopf. »Sarah Bernhardt höchstwahrscheinlich, wenngleich noch zwei andere Actricen in Frage kommen. Wunder-

bar, wie Proust das Spiel der Berma beschreibt als ›ein offenes Fenster auf ein Meisterwerk‹, wie er den allmählichen Verfall der Künstlerin gestaltet und die Unbarmherzigkeit des Publikums geißelt. Proust läßt die Berma später – inzwischen gealtert und gezeichnet von einer tödlichen Krankheit – noch einmal die Phädra spielen – ich glaube in *Die wiedergefundene Zeit*. Sie gibt eine Matinee zu Ehren ihrer Tochter und ihres Schwiegersohnes, um deren Sehnsucht nach Luxus und berühmten Gästen zu stillen. Doch niemand kommt zu dieser Veranstaltung, die Proust ein ›Totenmahl‹ nennt, weil die Berma traurig und mit beängstigender Langsamkeit ein Stück Kuchen ißt, eine Speise, die der Arzt ihr verboten hat. ›Sie sah dabei aus, als gehorche sie einem Sterberitual‹, schreibt Proust. Unvergeßlich.«

Dann standen Ariane und Anton wieder auf dem Platz vor der Oper, schauten sich noch einmal um und belächelten ein wenig den dominierenden Apollon mit der Harfe. Ariane ergänzte, daß die Kuppel des Zuschauerraums ursprünglich leer war und nur für Wartungsarbeiten am Lüster genutzt wurde. 1978 baute man sie aus und richtete auf zwei Geschossen Ballettsäle ein.

Anton schlug jetzt eine Mittagspause vor: »Machen wir's proustisch, gehen wir speisen im Grand Hotel gegenüber.« Wieder Fresken an den Wänden, wieder Buntheit, wieder zuviel von allem, aber, da waren sich beide einig, in Restaurants störte Opulenz weniger als in Theatern. Ariane bat Anton, ihm etwas über Prousts Eßgewohnheiten zu erzählen, von denen sie schon gehört hatte. Sie hätte ihm keinen größeren Gefallen tun können. Anton begann mit dem Frühstück:

»Proust trank jeden Morgen zwei Tassen sehr starken Kaffee und aß dazu zwei Croissants. Er war Snob, Schlemmer, Feinschmecker – und Kostverächter gleichwohl. Er trank nur Kaffee der Marke Corcellet und ließ ihn in einem Laden im 17. Arrondissement rösten. Die Milch wurde, wie die Croissants, morgens geliefert, und seine Haushälterin Céleste Albaret wärmte übriggebliebene nie auf, sondern erwärmte stets neue. Die größte Sorgfalt aber wandte sie für das Brühen des Kaffees auf.

Nachts ließ er sich Évian-Wasser servieren, Lindenblüten und
Zucker, damit er sich – was er aber nie tat – mit dem elektrischen
Wasserkocher einen Lindenblütentee bereiten konnte. Er aß nur
eine Hauptmahlzeit. Wir wissen sogar, was er bevorzugte, denn
Proust hat seinen Arzt, den Doktor Linossier, darüber informiert: zwei Eier à la crème, einen gebratenen Hühnerflügel, drei
Croissants, einen Teller Bratkartoffeln, Weintrauben, dazu eine
Flasche Bier und Kaffee. Manchmal ließ er sich von ›Larue‹,
einem Restaurant an der Ecke Rue Royale und Place de la
Madeleine, den ›kleinen Topf‹ kommen, das waren ausge-
suchte, gekochte Stücke vom Rind und Hühnermägen. Proust
mochte nur wenige Gerichte. Vor allem Hühnerfleisch und ge-
bratene Seezunge, die Céleste bei Félix Potin kaufte. Wenn es
stimmt, was Céleste berichtete, dann ging dieser Fisch in die
Proust-Geschichte ein, als das einzige Gericht, das er wirklich
aufaß. Ein einziges Mal soll er Rouget – ein Fisch mit dem lusti-

Titelblatt für Marcel Prousts ›Le Balzac de Monsieur de Guermantes‹
mit einer Zeichnung des Autors

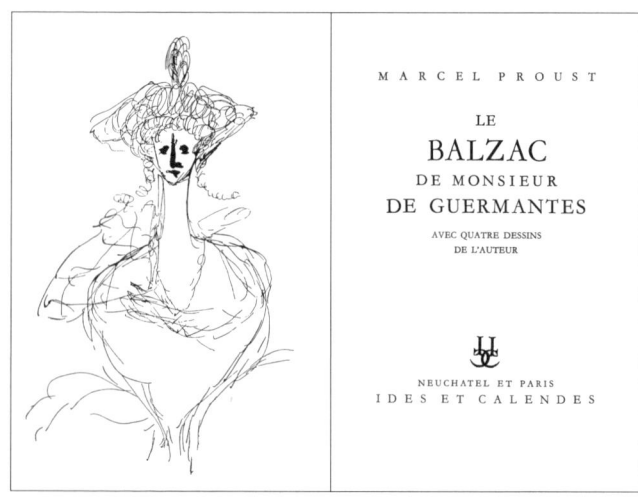

gen deutschen Namen ›Knurrhahn‹ – gegessen haben, bei ›Prunier‹; zweimal gebratenen Stint, das ist ein Fisch mit einem etwas eigenartigen, an Gurken erinnernden Geruch. Ganz verwöhnt und fixiert war er bei den Süßspeisen: Er hetzte Céleste zu ›Rebattet‹ für das Teegebäck; zu ›Bourbonneux‹ für die Brioches; zu ›Latinville‹, wenn er Appetit auf einen Schokoladennachtisch hatte; und aus dem ›Ritz‹ wollte er frische Früchte sowie Himbeer- oder Erdbeereis. Empfing er Gäste, dann ließ er üppig servieren, aß selber aber nichts und trank nie Wein, sondern ließ sich in Flaschen abgefülltes Bier aus dem ›Lipp‹ holen.«

»Sehen Sie, Anton, Sie treffen ›le monde proustien‹, die ProustWelt, hier auf Tritt und Schritt, oder sagt man's umgekehrt? Was mich wirklich überrascht, ist, daß zu seinen Hauslieferanten auch Félix Potin gehört. Heute ist der so etwas wie der deutsche Aldi, der sich jetzt auch bei uns breitmacht.« – »Muß wohl früher besser gewesen sein, zumindest die Fischabteilung.«

Ariane bedankte sich für den kleinen Vortrag. »Und jetzt fahren wir auf die ÎLE DE LA CITÉ, zur CONCIERGERIE. Sie wissen es längst, Anton, die Île de la Cité ist die Wiege von Paris, und sie war im Mittelalter das Zentrum der Stadt. Der Palast und die Kathedrale, sie gaben dem Land seinen Stolz. Aber von diesem Zentrum ist – Herrn Haussmann haben wir's zu verdanken – herzlich wenig übrig. Einige Häuser an der Nordseite von Notre-Dame, die Sainte-Chapelle und wenige Räume der Conciergerie: Das ist es. Noch ein bißchen mehr zur Geschichte, bevor wir in die Conciergerie gehen, denn was ich Ihnen jetzt sage, muß ich Ihnen nicht in den Notre-Dame-Aufsatz schreiben: Die Cité wurde ursprünglich von dem keltischen Volksstamm der Parisii bewohnt und 52 vor Christi Geburt von den Römern eingenommen, die bis ins 5. Jahrhundert hierblieben. Im Zuge der Völkerwanderung wurde diese Siedlung – Lutetia genannt – im Jahr 280 zerstört. Um 360 erhielt sie einen neuen Namen: Aus Lutetia wurde Paris. Bis zum 10. Jahrhundert gab es immer wieder Wikingereinfälle, vier in zwanzig Jahren. Sie hinterließen eine so schmerzliche Erinnerung, daß die Pariser noch bis zum 16. Jahrhundert in ihren Kirchen beteten: ›A furore

normannorum, libera nos, Domine‹ – ›Befreie uns, Herr, von
der normannischen Raserei‹. Weil sie den gefährlichen Normannen letztlich doch widerstanden, gewannen die Grafen von
Paris Einfluß und Ruhm, und der Sohn des Grafen Hugues le
Grand beanspruchte schließlich die Königskrone.

Der erste Herrscher, der die Insel veränderte, war HEINRICH
IV. Er vergrößerte sie, indem er ihr kleine Inselchen hinzufügte,
die im Westen vor der Cité lagen, nur durch einen versandeten
Seine-Arm von ihr getrennt. So entstand 1607 die schöne PLACE
DAUPHINE, dem Dauphin Louis zu Ehren, dem späteren König
Ludwig XIII. Zugleich bot Heinrich IV. auf diesem dreieckigen
neuen Platz Händlern Gelegenheit, Geschäfte zu eröffnen,

Der Pont Neuf und die Place Dauphine
auf dem ›Plan de Turgot‹ von 1739

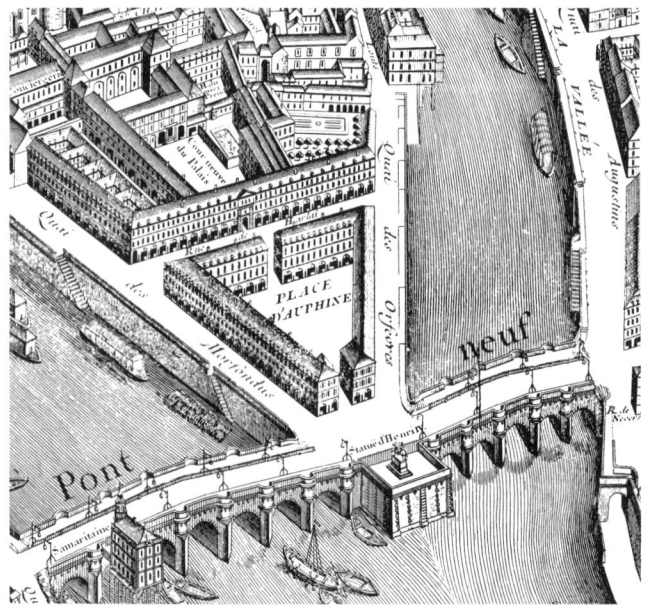

noch dazu in bevorzugter Lage, unweit vom Palast. Dieser Platz – wir werden ihn uns nach dem Besuch der Conciergerie ansehen – ist nach der Place des Vosges der zweite königliche Platz aus dem 17. Jahrhundert. Und die beiden ähnelten einander auch: Dort sind es 38, hier auf der Cité waren es ursprünglich 32 gleiche Häuser aus roten Back- und weißen Hausteinen. Im Gegensatz zur Place des Vosges ist aber von der einstigen Einheit der Bebauung fast nichts mehr zu sehen. 1874 wurde die gesamte Ostseite abgerissen, um einen besseren Blick auf den Justizpalast zu gewinnen, sagen die Haussmann-Freunde. Um einen Riesenjustizpalast zu ermöglichen, sage ich. Außer den beiden verbliebenen Eckhäusern zum Pont Neuf hin ist leider nichts mehr erhalten.« – »Es muß trotzdem ein ausgesprochen schöner Ort sein, Nerval besingt ihn in *La Main enchantée* und Anatole France in *Les Dieux ont soif*«, fügte Anton zur Freude Arianes hinzu. – »Natürlich gibt es auch ein Reiterstandbild: Heinrich IV. – nach einem Entwurf von Giovanni Bologna – steht wegen der besonderen Situation der Anlage diesmal nicht im Zentrum; man findet ihn, wenn man zwischen den beiden verbliebenen Häusern auf den Pont Neuf hinaustritt. Unterhalb dieser Statue, zur Inselspitze hin, ließ Haussmann einen kleinen schattigen Platz anlegen: den SQUARE DU VERT-GALANT. Mit ›Vert-Galant‹ war der König gemeint: Für seine Untertanen war der populäre Heinrich IV. der ›Schürzenjäger‹.«

In der Conciergerie

Sie hatten Glück: An diesem Nachmittag waren nicht allzu viele Besucher in der Conciergerie, so daß Ariane in Ruhe weiter von der Geschichte dieses Gebäudes berichten konnte: »Der Eingang, den wir gerade benutzt haben, stammt aus dem 19. Jahrhundert. Die Conciergerie ist aber ansonsten ein bedeutendes Zeugnis des ursprünglichen Kapetinger-Schlosses. Sie war das erste Pariser Gefängnis. In ihren Räumen warteten die Beschuldigten, bevor sie vorgelassen wurden zum Schwurgericht oder Berufungsgericht. Berühmtheit erlangte sie nach der Revolu-

tion von 1789.«– »Woher kommt eigentlich der Name, Ariane?«
– »Der Concierge, das wissen Sie, ist der Pförtner oder der Por-
tier; in früheren Jahrhunderten verstand man darunter den
Haushofmeister. Der königliche Haushofmeister wohnte hier,
nachdem Majestät das Schloß verlassen hatte und das Gebäude
1431 endgültig dem Parlament übergeben worden war. Es unterstand fortan der Verwaltung des Concierge; dieser war darüber
hinaus auch dafür zuständig, die Läden, die es auf dem Gelände
des Palais gab, zu vermieten.«

Sie betraten als erstes die SALLE DES GARDES, den Wachen-
saal, ein gotisches Gewölbe mit starken Pfeilern. Dann kamen
sie in den Saal der Waffenträger, die SALLE DES GENS D'ARMES,
eine vierschiffige, von einem schönen Kreuzrippengewölbe
überspannte Halle, entstanden von 1301 bis 1315 – eine faszinierende architektonische Komposition, die Anton an den großen
Saal im Papstpalast von Avignon erinnerte. In den vier Ecken
entdeckte er Feuerstellen. Bevor sie das Gefängnis besuchten,
gingen sie noch in die Küche, einen quadratischen Raum mit
vier Herden, ausreichend, um bis zu dreitausend hungrige
königliche Gäste zu verköstigen.

Zur ›RUE DE PARIS‹, einem kleinen Raum am Ende der Salle
des Gens d'Armes, erklärte Ariane: »Der Name hat nichts mit
der Stadt zu tun; der Scharfrichter zur Zeit der Revolution hieß
Monsieur de Paris. Dieser Raum hier diente als Strohlager
für diejenigen, die sich keine Einzelzelle leisten konnten. Die
Gefangenen zahlten nämlich für ihre Zellen!«

Sie gelangten in die GALERIE DES PRISONNIERS. »Dies war der
Ort der Massaker vom September 1792; hier warteten erst die
adligen Gefangenen auf ihr Urteil – Marie-Antoinette und viele
andere –, dann die Revolutionäre: Danton, Desmoulins, Saint-
Just, Hébert, schließlich auch Robespierre und Fouquier-Tin-
ville, der gefürchtete Staatsanwalt mitsamt seinem Revolutions-
gericht. Die Galerie ähnelte eher einem Durchgangsort denn
einem Gefängnis. Hier trafen Besucher auf Gefangene; hier be-
sprachen die Angeklagten mit ihren Verteidigern Strategien;
hier mischten sich Angst und Freude, hier ging es elegant zu

und zerlumpt. Und die Galerie war gewiß ein düsterer Schlauch für Intrigen aller Art. Bevor man die Gefangenen auf die Cour du Mai führte – hier warteten die Wagen, die sie zu den Tuilerien fuhren, zur Guillotine –, wurden sie von den Henkersgehilfen in der kleinen Salle de la Toilette für und auf die Exekution vorbereitet. Wollen Sie im ersten Stock das Gefängnismuseum besuchen und die Namen aller während der Revolution Guillotinierten lesen?« Anton verneinte und ging lieber zurück in die Salle des Gens d'Armes, um noch einmal die Säulen und das feine Rippengewölbe zu bestaunen.

»Jetzt schauen wir das Ganze von außen an«, kommandierte Ariane, und die beiden gingen den Quai de l'Horloge seineaufwärts entlang. Zuerst betrachteten sie den quadratischen GLOCKENTURM an der Ecke zum Boulevard du Palais, der unter Jean le Bon – Johann dem Guten – gebaut wurde, also im 14. Jahrhundert. Der Turm erhielt die erste öffentliche Uhr; Karl V. bestellte sie im Jahr 1371 bei dem berühmten Uhrmacher Henri de Vic. »Sie wurde oft repariert, ersetzt und wieder repariert – und funktioniert natürlich nicht«, berichtete Ariane nicht ohne Häme. Sie passierten an der Nordfassade der Conciergerie die TOUR DE CÉSAR, die TOUR D'ARGENT und die TOUR BONBEC. »Dieser Turm heißt so, weil in ihm die Gefangenen gefoltert wurden und selbst die störrischsten Trappisten während der Prozedur zu Plaudertaschen mutierten.«

»Eines nur möchte ich noch wissen, warum ist so wenig übriggeblieben von dem ursprünglichen Palast der Kapetinger, Ariane?« – »Wie ich schon erwähnte, mochten die Könige nicht mehr darin wohnen. Er diente fortan als Parlament, das heißt als höchster Gerichtshof des Königreichs. Zunächst berief der König die Richter, dann verkaufte Franz I. dieses Privileg, und die Ämter wurden erblich. Das Schloß stand also nicht leer, aber es wurde oft durch Feuer zerstört. 1618 brannte der Große Saal, 1630 die Turmspitze der Sainte-Chapelle, später der Rechnungshof und die Galerie der Kaufmannschaft. Die Revolution brachte, versteht sich, auch eine Revolution im Rechtswesen, dennoch blieb das Gebäude weiterhin Gericht, wurde nur umbenannt in Palais de Justice. Haussmann erweiterte das Palais erheblich – und riß ansonsten alles ab.«

Sie gingen an diesem Wehrschloß – Anton nannte es eher eine Trutzburg denn ein Palais – weiter bis zur Rue de Harlay, verweilten auf der Place Dauphine und überquerten die Seine dann auf dem Pont Neuf. Der Louvre lag nun links von ihnen, sie wendeten sich aber nach rechts und spazierten den Quai de la Mégisserie entlang bis zur Place du Châtelet. Anton hatte am Morgen gelesen, daß Janet Baker im Théâtre du Châtelet singen würde. Er bekam noch zwei Karten. Und machte mit Ariane ein Treffen für 19 Uhr aus, dann bliebe ihnen noch Zeit, den Platz etwas genauer anzusehen.

Am Châtelet

Ariane war pünktlich. »Sie wollen jetzt wissen, was das für ein Platz ist, möchten etwas über den Turm wissen und über die beiden Theater – und ich werde die Gelegenheit nutzen und wieder einmal über Haussmann sprechen. Also: Das Viertel verdankt seinen Namen dem GRAND CHÂTELET, einer Befestigung, die Ludwig VI. 1130 anlegen ließ, um den Zugang zur großen Brücke und zur Île de la Cité zu sichern. Das Châtelet ersetzte den Turm von Karl dem Kahlen, zwei Jahrhunderte zuvor erbaut, um den Angriffen der Wikinger zu trotzen. Im 16. und 17. Jahrhundert diente es – vergrößert – als Gefängnis. 1802 und 1806 wurde die Anlage abgerissen, um diesen Platz zu gestalten. Mit sehr alten Häusern bebaut, litt dieses Viertel – unter wem wohl . . . « – »Ariane!« – »Kurz: Die Umgestaltungen im 19. Jahrhundert veränderten diese Gegend gewaltig, denn dieser Platz gehört zu dem Haussmannschen Großkreuz, das gebildet wird vom Boulevard de Sébastopol-Strasbourg im Norden und dem Boulevard Saint-Michel im Süden – auf der Rive gauche, dem linken Seine-Ufer; der Rue de Rivoli im Westen und der Rue Saint-Antoine im Osten. Haussmann vergrößerte zuerst die Place du Châtelet an der Rivoli-Sébastopol-Seite. Dabei wurden viele andere Sträßchen vernichtet, übrigens auch die Rue de la

Blick auf die Place du Châtelet mit dem Pont au Change.
In der Mitte ist die Tour Saint-Jacques zu sehen, rechts das Théâtre de la Ville

Vieille-Lanterne, in der sich Gérard de Nerval erhängt hatte. Das müssen Sie dem Haussmann doch zumindest übelnehmen, Anton.« – »Tue ich, doch was hat der Kerl weiter angestellt?« – »Er verlegte den nicht sehr eindrucksvollen Brunnen, die 1806 errichtete Fontaine de Palmier, 1856 in die Mitte des vergrößerten Platzes. Allerdings wurde die Place du Châtelet dennoch nicht zum Zentrum dieses Großkreuzes, weil der Boulevard de Sébastopol den Platz keineswegs ganz halbiert. Schließlich ließ Haussmann die beiden Theater bauen, die 1862 fertiggestellt waren.«

Anton sah sich um, blickte auf das THÉÂTRE DU CHÂTELET, das Musiktheater von Paris, einen riesigen Bau, der 3000 Zuschauern Plätze bietet. Dann, gegenüber, auf das THÉÂTRE DE LA VILLE, das zunächst Théâtre Sarah Bernhardt hieß, die es 1899 kaufte und darin, wie Anton wußte, neben vielen anderen Rollen die Tosca spielte und die Kameliendame. Im Jahr 1900 wurde die Bernhardt in der Uraufführung von Edmond Rostands *L'Aiglon* hier stürmisch gefeiert. »In diesem Fall haben

Sarah Bernhardt
in der Rolle der Kameliendame,
1881

Sie recht: Dieser Platz ist dem Baron gründlich mißlungen. Aber ganz unschuldig ist auch der Architekt dieser Theater nicht. Wie heißt der eigentlich?« Ariane schaute auf ihren Zettel: »Gabriel Davioud.« – »Kann man vergessen.«

Sie gingen zur TOUR SAINT-JACQUES, dem traurigen Rest von Saint-Jacques-de-la-Boucherie, einer Kirche, in der die Metzgerinnung ihren Sitz hatte. Seit der karolingischen Epoche stand sie an dieser Stelle, an der Pilgerstraße nach Santiago de Compostela; 1792 wurde sie jedoch abgerissen, und nur der zwischen 1509 und 1523 von Jean und Didier de Félin errichtete Turm blieb erhalten. Seit 1891 dient er den Meteorologen des Observatoriums von Montsouris.

Ariane und Anton betrachteten die Skulpturen am Turm und die Statuen, die ihn bekrönten: Adler, Löwe, Rind und Mensch, die Symbole für die vier Evangelisten. Richtig begeistern konnte sich Anton nicht, ganz anders als die Surrealisten, die von der Tour Saint-Jacques – vor allem nachts – fasziniert waren. Ihn erfreute mehr die 1959 als Ehrung für Gérard de Nerval aufgestellte Stele auf dem Square Saint-Jacques. Im Café Sarah Bernhardt tranken sie einen Espresso. Und hier war es auch, wo Ariane dem Monsieur Anton aus Deutschland die hübsche Madame Franck vorstellte. Er hielt diese Begegnung für einen Zufall; Madame erwähnte nicht, daß Ariane sie eingefädelt hatte.

Janet Baker begann mit Wagners *Wesendonck-Liedern* – gerade richtig für Antons Stimmung: »Sag', welch' wunderbare Träume halten meinen Sinn umfangen?« Nach der Pause folgte Richard Strauss, *Liebeshymnus* Opus 32,3: »Mir scheint der Himmel aufzugehn, den ich von ferne nur geahnt.«

Auch Ariane und Madame Franck waren selig, als sie das Theater verließen. Beim Essen – sie liefen zum nahegelegenen Bistrot ›Benoît‹, ganz 19. Jahrhundert – schwärmte Madame Franck von Janet Bakers Händel- und Brahms-Interpretationen. Und zufrieden beäugte und hörte Ariane, daß Anton sich mit der neuen Bekanntschaft ganz vergnüglich unterhielt.

Als Anton Ariane auf die linke Wange küßte, flüsterte er: »Morgen möchte ich Wagner sehen.«

Ein Tag des 19. Jahrhunderts:
Wagner, Musée d'Orsay, Eiffelturm

Ariane hatte den Rest des Abends und die ersten Morgenstunden damit verbracht, nachzuschlagen und das Internet zu befragen, wo sie in Paris Richard Wagners habhaft werden könnte.

Am Morgen, als sie sich, wie verabredet, im ›Angélina‹ in der Rue de Rivoli trafen, schlug sie folgendes vor: »Wir könnten in die Rue du Pont-Neuf Nummer 33, wo Richard Wagner 1839 mit seiner ersten Frau Minna Planer wohnte. Hier lebte er von kärglichen Einnahmen aus Opernarrangements und schriftstellerischen Arbeiten – einige Aufsätze erschienen in der *Gazette musicale*. Nach der Fertigstellung seines *Rienzi* im November 1840 begann er dort mit den Arbeiten am *Fliegenden Holländer*. Wir könnten auch zu einem alten Hotel am Quai Voltaire fahren, zur Nummer 19, dort beendete Wagner den Text zu den *Meistersingern*. Von Dezember 1861 bis zum 1. Februar 1862 war er Gast in diesem Haus, das vorher auch schon Baudelaire beherbergt hatte, von Juli 1856 bis Dezember 1858. Später wohnte hier erst Oscar Wilde, dann Jean Sibelius. Sie sagen ja gar nichts, Anton?« – »Ich warte auf die restlichen Vorschläge.« – »Gut, ich habe noch die Rue Jacob in Saint-Germain zu bieten, Nummer 14, wo Wagner in einem Appartement im Hinterhof einige Monate verbrachte, und zwar von Mitte Oktober 1841 bis April 1842. Und natürlich die Opéra comique. Hier wurden 1860 drei Wagner-Konzerte gegeben. Oder wir könnten die verschwundene Salle Peletier suchen gehen, denn dort, in der sogenannten Grand Opéra, fand auf Einladung von Napoleon III. 1861 eine Aufführung von Wagners *Tannhäuser* statt, in französischer Sprache und mit einer Balletteinlage. Trotz großen Erfolgs beim Publikum mußte diese Inszenierung bereits nach dem dritten Abend abgesetzt werden: Wagners Gegner vom Jockey-

Club störten die Aufführung, so liest man bei den Freunden des Komponisten, ›auf skandalöse Weise‹.«

»Danke für diese fleißige Wagner-Recherche. Bevor ich verrate, wohin ich möchte, lese ich Ihnen vor, was Wagner in einer *Autobiographischen Skizze* von 1843 zu Paris so einfiel.« Anton zog aus seiner Jackentasche einen Bogen Papier: »›Meine Bekanntschaften mit Habeneck‹ – François Habeneck war Dirigent der Grand Opéra Paris und Direktor der Konzertgesellschaft des Pariser Konservatoriums, Ariane, ich mußte das auch nachschlagen – also: ›meine Bekanntschaften mit Habeneck, Halévy, Berlioz usw. führten durchaus zu keiner weiteren Annäherung an diese: in Paris hat kein Künstler Zeit, sich mit einem anderen zu befreunden, jeder ist in Hatz und Eile um seiner selbst willen. Halévy ist wie alle Pariser Komponisten unserer Zeit nur so lange von Enthusiasmus für seine Kunst entflammt gewesen, als es galt, einen großen Sukzeß zu gewinnen. Das Renommee ist alles in Paris, das Glück und der Verderb des Künstlers. Berlioz zog mich trotz seiner abstoßenden Natur bei weitem mehr an: er unterscheidet sich himmelweit von seinen Pariser Kollegen, denn er macht seine Musik nicht fürs Geld. Als ich so gänzlich ohne alle Aussichten auf Paris war, ergriff ich wieder die Komposition meines *Rienzi*. Diese Zeit war der Kulminationspunkt meiner äußerst traurigen Lage: ich schrieb für die *Gazette musicale* eine kleine Novelle: *Das Ende eines deutschen Musikers in Paris*, worin ich den unglücklichen Helden derselben mit folgendem Glaubensbekenntnis sterben ließ: ʼIch glaube an Gott, Mozart und Beethoven.ʼ‹«

»Ich glaube auch an Gott und Mozart, aber ich lasse mir von Wagner Offenbach so wenig vermiesen wie Berlioz, seine *Trojaner* finde ich gigantisch.« – »Sie sind nicht schlecht, Ariane, aber wir wollen nicht streiten. Viel lieber führe ich Sie jetzt dorthin, wo ich Wagner zu finden gedenke, wenn der Autor des Wagner-Buches nicht geschlampt hat.«

Sie gingen die Rue de Rivoli entlang Richtung Louvre und bogen dann an der Place des Pyramides rechts in die Avenue du Général-Lemonnier ein. Sie schauten kurz auf die vergoldete REITERSTATUE DER JEANNE D'ARC, ein Werk des 19. Jahrhunderts von Emmanuel Frémiet, der damit diesen Platz zu einer Pilgerstätte der traditionalistischen Rechten und der Royalisten gemacht hat. »Die Place des Pyramides«, so erklärte Ariane, »und die Rue des Pyramides, 1802 eröffnet, erhielten ihren Namen im Anschluß an Bonapartes Ägypten-Siege im Jahr 1798. Übrigens: Ganz in der Nähe kreuzt die Rue d'Argenteuil, hier starb 1614 der große Corneille.«

Die Glaspyramide vor der Fassade des Louvre glänzte im Sonnenlicht. Als sie den PONT ROYAL überquerten, errichtet nach Plänen von Hardouin-Mansart von Père Romain und Jacques IV. Gabriel zwischen 1685 und 1689 und gänzlich finanziert von Ludwig XIV., erkundigte sich Ariane, was Anton von Madame Franck hielte. Er zögerte mit der Antwort: »Sie ist ausgesprochen gebildet, sie ist charmant, sie ist hübsch, kurz: Sie ist eine Pariserin, ich würde sie gern wiedersehen. Ich habe ja ihre Telephonnummer und ihre Adresse.« – »Bonne chance, viel Glück!« kicherte Ariane. »Sie sind albern!«

»Jetzt weiß ich, wohin Sie wollen, aber ich weiß immer noch nicht, warum«, rief Ariane, als Anton die Avenue Anatole France wählte und nicht links in den Quai Voltaire einbog. Wenig später standen sie vor dem Musée d'Orsay. »Ich sage kein Wort, bevor Sie mir nicht verraten, wieso wir ausgerechnet hier Richard Wagner suchen.«

Im Musée d'Orsay

Richtig einfach gestaltete sich die Suche nicht. Aber endlich, nach vielem Nachfragen, fand Anton im oberen Stockwerk des Rätsels Lösung: Richard Wagner, gemalt am 15. Januar 1882 von Auguste Renoir, 53 mal 46 Zentimeter groß. »Finden Sie, daß ein Mann, der so aussieht, so schmallippig, verschlossen, blaß und unfrisiert, irgendeinen Grund hat, Berlioz häßlich zu finden?« fragte Ariane. –»Nein, Berlioz war auch kein Beau, hübscher als Wagner war er aber allemal, schon wegen seiner wunderbar geraden und großen Nase. Jetzt sind Sie dran, Ariane.«

Anton erwartete eine hübsch und kokett formulierte Aria-nen-Kapitulation. »Sie haben mich nicht reingelegt, ich habe vorsichtshalber alle Zettel und Karten eingepackt, die ich von den Pariser Museen angelegt habe.« Rasch fand sie die passende. »Setzen wir uns. Bevor wir uns etwas ansehen, ein bißchen Museumsgeschichte.

›Dieser großartige Bahnhof sieht wie ein Palast der Schönen Künste aus, während der Palast der Schönen Künste einem Bahnhof gleicht, ich schlage Victor Laloux, dem Architekten des Orsay-Bahnhofs, vor, die beiden gegeneinander auszutauschen, solange es noch Zeit ist‹, schrieb der Maler ÉDOUARD DÉTAILLE im Jahr 1900, vor der Einweihung beider Bauwerke. Das eine war Hotel und Bahnhof, das andere – das Grand Palais – Ausstellungsort. 86 Jahre später gab es zwar den Austausch nicht, aber der Bahnhof wurde zum Museum. Als diese Station geplant wurde, verlangte die Eisenbahngesellschaft ein Gebäude, das sich einfügen sollte in das Louvre-Tuilerien-Viertel, der Bahnhof sollte elegant und nicht zu modernistisch sein, deshalb entschied sich die Gesellschaft schließlich für den Entwurf von Laloux, einem Lehrer für Architektur an der Schule für Schöne Künste. Nach zweijähriger Bauzeit wurde sie am 14. Juli 1900 eingeweiht, pünktlich zur Weltausstellung. Und die Gare d'Orsay faszinierte nicht allein die Bahnreisenden. Laloux versteckte seine Eisen-Glas-Konstruktion hinter mehreren den Louvre-Fassaden ähnelnden Schauseiten. Im Inneren wird sie durch eine enorme Kassettendecke und aufwendige Stuckarbeiten kaschiert. Alles in allem eine beachtliche Ingenieurleistung und ein Paradebeispiel für die Architektur des Fin de siècle.

Bis 1939 diente der Bahnhof ausschließlich der Verbindung Paris – Orléans; später nur noch dem Vorortverkehr; 1973 wurden sowohl der Bahnhof als auch das Hotel geschlossen. Zeitweise waren dort das Auktionshaus Drouot-Rive gauche untergebracht und das Theater der Truppe von Madeleine Renaud und Jean-Louis Barrault, das wissen Sie sicher, Anton. Manchmal diente der stillgelegte Bahnhof auch als Kulisse, zum Beispiel für Orson Welles' Verfilmung von Kafkas *Prozeß*. Nachdem

1973 die 1851 von Victor Baltard erbauten Hallen zerstört worden waren – was nicht wenige Pariser bedauerten und ich für einen Skandal halte, Haussmann hat üble Nachfolger! –, beschloß man, dieses Monument zu schützen. Aber erst nach einer sehr kämpferischen Pressekampagne. 1977 wurde die Idee geboren, daraus ein Museum zu machen, eines für die Kunst von der Mitte des 19. Jahrhunderts bis zum Ersten Weltkrieg. Die Entscheidung fiel ein Jahr später. Dieser Gedanke lag nahe, erstens liegt der Bahnhof sozusagen im Museumsviertel, zweitens wurde das Jeu de Paume in den Tuilerien, in dem die Impressionisten bis dahin zu sehen waren, viel zu klein. Sie erinnern sich, der rechte Bau auf der Anhöhe, also auf der Madeleine-Seite?« Anton nickte.

»Mit der nicht eben leichten Aufgabe, aus einer riesigen Bahnhofshalle ein Museum zu gestalten, ohne Laloux' Werk zu zerstören, wurde die ARCHITEKTENGRUPPE ACT betraut: Pierre Colboc, Renaud Bardon und Jean Paul Philippon. Das große Hauptschiff, um ein Wort aus der Kirchenarchitektur zu benutzen – also die Halle –, sie blieb völlig unangetastet. Die Innenausstattung überließ man 1980 der Architektin GAE AULENTI. Vielen gefällt die rigorose Klarheit und Strenge der Italienerin nicht. Ich war gleich beim ersten Besuch angetan von dem griechisch-römischen Mischmasch, der sehr kalt wirkt und sehr modern und zugleich wie ein Zitat erscheint. Just dieser kühle Eklektizismus wurde und wird kritisiert, offensichtlich empfinden die Nörgler nicht den spannenden Kontrast von Aulentis Schöpfung und Laloux' Üppigkeit. Der Bahnhof als Haltestelle, als Endstation für die Kunst. Ähnliches wollte übrigens auch der Maler Gustave Courbet, der gegenüber dem Kritiker Castagnary geäußert haben soll, es wäre eine große Leistung, ›aus den großen Bahnhöfen neue Kirchen für die Malerei zu machen; ihre riesigen Wandflächen mit tausend genau abgestimmten Bildsujets zu bedecken, kurzum, mit den Heiligen und den Wundern der modernen Gesellschaft‹.

Am 1. Dezember 1986 übergab Präsident François Mitterrand den Bahnhof seiner Bestimmung. Aus dem Orsay-Bahnhof war das Orsay-Museum geworden, ein Haus für die Kunst der zweiten Hälfte des 19. Jahrhunderts und besonders für alles, was zwischen Impressionismus und Fauvismus entstanden ist. Die Fortsetzung dazu findet sich dann im Musée national d'Art moderne, das im 1977 errichteten Centre Georges Pompidou eingerichtet wurde. Das Centre Pompidou mit seiner Bibliothek sollten wir uns natürlich noch ansehen, Ihnen wird schon ein infames Rätsel einfallen, Anton, eines, das ich nicht zu lösen vermag, so daß Sie mich dort werden hinführen müssen.«

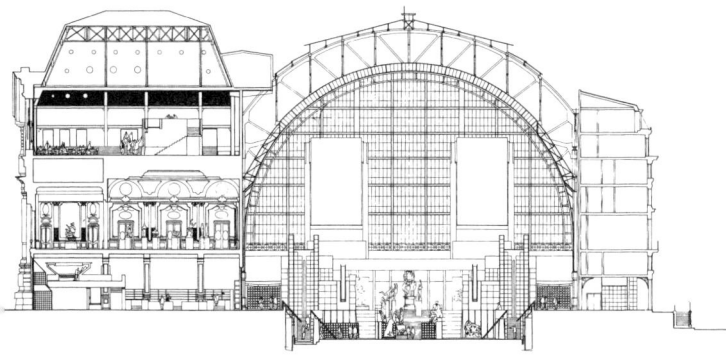

Querschnitt durch den Bahnhof,
der ein Museum wurde:
Gae Aulentis Sicht des Musée d'Orsay

Sie standen auf. »Ariane, jetzt müssen wir nicht gemeinsam durch das Museum strolchen. Die Bilder sind ja alle erklärt. Ich will Sie nicht loswerden, aber so hat jeder seine Freiheit.« Ariane war überhaupt nicht beleidigt. Sie gaben sich drei Stunden Zeit. Treffpunkt Cafeteria.

Anton schätzte die systematischen Museumsbesuche nicht, Raum für Raum. Es mochte schon sein, daß es didaktisch klug ist, den Ratschlägen der Kunsthistoriker zu folgen und die vorgeschlagene Route einzuhalten. Er tat es normalerweise nicht, ließ sich lieber von seinen ganz persönlichen Vorlieben leiten. Bevor er sich aufmachte, rief er Madame Franck an, und dann warf er vorsichtshalber doch noch einen Blick in den Führer des Museums, um zu sehen, wo was zu finden war.

Drei Besichtigungsteile wurden dort vorgeschlagen, gemäß den drei Geschossen des Hauses: Im ERDGESCHOSS war die Plastik der Jahre 1850 bis 1870 zu finden, außerdem Gemälde von Ingres, Delacroix, Daumier, Courbet, Puvis de Chavannes, Moreau und vielen anderen. Daneben waren hier die späteren Impressionisten Manet, Renoir, Monet und Degas mit ihren Arbeiten vor 1870 vertreten. Dann gab es noch Kunstgewerbe bis 1880 und Architektur bis 1900 zu sehen sowie einen speziellen Raum, der der Pariser Oper gewidmet ist. Das OBERE STOCKWERK war ganz den Impressionisten und Postimpressionisten vorbehalten, und im MITTLEREN STOCKWERK, das als letzter Teil der Besichtigung vorgeschlagen wurde, fand man Kunst- und Raumschmuck der Dritten Republik, Plastik nach 1870, Malerei der ›Salons‹ von 1880 bis 1900 und Malerei nach 1900 von Bonnard, Vallotton und Vuillard. Außerdem alle Ausprägungen von Jugendstil: französischen und belgischen Art nouveau mit den Werken von Hector Guimard, Victor Horta und Henry van de Velde, österreichischen Jugendstil von Otto Wagner, Josef Hoffmann und Koloman Moser sowie Modern Style aus Glasgow und Chicago mit Werken von Charles Rennie Mackintosh und Frank Lloyd Wright.

Anton ging los zu seiner ganz speziellen Runde. Die erste Freude im Erdgeschoß: JEAN-AUGUSTE-DOMINIQUE INGRES' *Jupiter und Antiope* aus dem Jahr 1851. Der gehörnte Gott nähert sich lüstern und zugleich vorsichtig dem nackten Weib, so als dürfe er nichts überstürzen; er zaudert und folgt dem vorauseilenden Engelsknaben nicht sofort. WILLIAM BOUGUEREAU war Antons Fall nicht. Seinen *Tanz* von 1856 fand er klebrig und süß.

Und doch war dies lange der Geschmack der Zeit: Kunstvolle Kunstfertigkeit war in der Zeit zwischen 1850 und 1870 gefragt, eine Richtung, auf die die neuen Ideen der Impressionisten wie erlösend wirkte. Bouguereau hatte wie Alexandre Cabanel, Paul Baudry, Élie Delaunay nach dem Studium an der Kunsthochschule den großen Rompreis erhalten und damit einen Aufenthalt in der dortigen Villa Medici. Dies bedeutete stets den Beginn einer glänzenden Karriere: Der Eintritt in die Akademie der Schönen Künste und die Ernennung zum Professor folgten sowie zahlreiche offizielle Aufträge.

ERNEST MEISSONIERS Napoleon-Gemälde *Der Feldzug 1814*, entstanden 1864, groß wie eine Tapete, erschien Anton bombastisch, wer schätzt heute solche gemalte Heldenverehrung? Auch Meissonier zählte zu den gefragten Künstlern, seine Arbeiten – oft in der Art der Holländer des 17. Jahrhunderts – erzielten schon zu des Malers Lebzeiten hohe Preise. Aufmerksam prüfte Anton einen nachdenklichen jungen Mann, der den Betrachter forschend ansieht: LÉON BONNATS *Selbstporträt* von 1855. – An den Gemälden von PIERRE PUVIS DE CHAVANNES ging er schnell vorüber: helle, matte Malerei, wie sie auf all den Wandgemälden zu sehen war, die Puvis de Chavannes für zahlreiche öffentliche Gebäude gemacht hatte, in Paris zum Beispiel für das Rathaus, die Sorbonne und das Panthéon. Schon im Eingangsbereich des Museums war ihm eines dieser Gemälde aufgefallen: *Der Sommer* von 1873, eines der großformatigsten Werke des Künstlers mit einem Thema, das auch auf der Dekoration des Pariser Rathauses wieder auftaucht.

Bei CHARLES-FRANÇOIS DAUBIGNY ließ er sich Zeit für die bräunlichen Gemälde *Weinlese in Burgund* und *Ernte*. Er freute sich, daß er GUSTAVE COURBETS 1850 entstandenes *Porträt von Hector Berlioz* entdeckte; es stimmte: Der Herr guckt mürrisch, aber er ist imposant und die Nase gerade, groß, lang. Begeistert war er von dem *Mann mit dem Ledergürtel*, den Courbet Mitte der vierziger Jahre schuf, vielleicht ein Selbstbildnis. Anton erblickte einen sehr verträumten Jüngling, mit einer ganz zarten, fast femininen rechten Hand. Die Gesellschaftsbilder und Genregemälde von James Tissot, Alfred Stevens, Henri Fantin-Latour langweilten ihn. Bei MANET hob sich seine Laune. Wunderbar, die stolze, nackte *Olympia*, die den Betrachter frech verführerisch und trotzdem verächtlich anblickt und den kleinen Mohrenknaben übersieht, der ihr einen bunten Strauß Blumen zu überreichen versucht. Auch der kleine Manetsche *Pfeifer*, ein rotbehoster Dreikäsehoch, machte ihm Spaß. Vor dem *Opernorchester* von EDGAR DEGAS, 1868/69 entstanden, blieb er lange stehen. Welche Gesichter! Ein schlechtgelaunter Cellist; ein trauriger Geiger, ein neugieriger zweiter Geiger, der statt zum Dirigenten auf die Bühne lugt, wo Ballerinas in rosafarbenen und blauen Tutus Neckisches tanzen. Dorthin stiert auch ein älterer Zuschauer in der linken Proszeniumsloge.

Anton bekam Appetit, es war schon kurz vor eins – und die Verabredung galt erst für zwei Uhr. Aber der Hunger verging ihm: CLAUDE MONETS Stilleben, *Ein Stück Fleisch*, war ihm zu realistisch.Von den frühen CÉZANNES konnte er sich wenig später kaum lösen: *Die erwürgte Frau* von 1872 erkürte er – trotz des bedrückenden Themas – zu seinem schönsten Cézanne.

ÉDOUARD MANETS *Bildnis von Stéphane Mallarmé* von 1876 faszinierte ihn. Der Mann ist sympathisch, gepflegt, fein und ein Lebemann, dachte Anton, aber er trinkt, ihm fielen die rote Nase und die rosigen Wangen auf – und Anton wurde bewußt, daß er schon lange nicht mehr Mallarmé gelesen hatte, was er nachzuholen sich vornahm: Mit dem *Nachmittag eines Fauns* wollte er beginnen. Bei CLAUDE MONETS heiter-lichtem Bild *Regatta in Argenteuil*, 1872, nahm er sich wenig später vor, öfter zum Segeln zu gehen. Und aller guten Dinge sind drei: Ein Picknick könnte er ja auch schon mit Madame Franck machen, sie müßte sich nicht entkleiden wie die Schöne auf MANETS berühmtem *Déjeuner sur l'herbe* aus dem Jahr 1863.

Renoir betrachtete er im Vorübergehen, blieb nur vor dem Bildnis seines Kollegen Claude Monet stehen, suchte in dem verschlossenen, düsteren Gesicht und in den dunklen Augen die Heiterkeit und Trikoloren-Buntheit von MONETS *Rue Montorgueil, Fest des 30. Juni 1878*, entdeckte in diesen Zügen aber doch viel eher Trauer. Deshalb ging Anton noch einmal zurück, um *Camille Monet auf dem Totenbett* zu betrachten – und sah Zartheit, Vergänglichkeit und Liebe.

Anton sah auf die Uhr. Er mußte sich eilen, wollte er wenigstens einmal an allem vorbeigekommen sein. Verrückt, wieviel hier gesammelt, wieviel Schönes hier zusammengetragen wurde. Sisley widmete er sich, Pissarro ließ er aus. GUSTAVE CAILLEBOTTES *Parkettschleifer* von 1875 wollte er am liebsten mitnehmen – wundervoll, dieses Licht, diese Schärfe und Transparenz. An EDGAR DEGAS vorbei, an all den Tänzerinnen und Badenden – nicht allein aus Zeitnot; nur beim *Absinth* von 1876 haltgemacht. Bohème, triste.

Der Zöllner Henri Rousseau, der Berliner Max Liebermann, der Schweizer Ferdinand Hodler... Édouard Vuillard – im Sauseschritt an allem vorüber, ein intensiver Blick nur auf ein paar Gemälde PIERRE BONNARDS, darunter das hochformatige *Mann und Frau*-Bild von 1900. Bei TOULOUSE-LAUTREC hatte er zwei Favoriten: die *Frau beim Strümpfeanziehen* von 1894 und die *Sich kämmende Frau* von 1891.

Vieles andere entging ihm, weil er nicht wegwollte von Cézannes zahlreichen Badenden und sich nicht satt sehen konnte an den späten MONET-Gemälden, an der Serie *Die Kathedrale von Rouen* aus dem Jahr 1894, auf die er sich seit dem Besuch der Orangerie, seit dem Vergnügen an den Monetschen Seerosen gefreut hatte. Anton verstand, daß dieses Schatten-Licht-Reich zum Wendepunkt in der modernen Malerei wurde; daß Mark Rothko sich auf Monet bezieht und Roy Lichtenstein, der diese Rouen-Serie neu bearbeitete. Und, so fragte er sich, sind nicht selbst die Serien von Andy Warhol, die Marilyns und die Suppendosen, Fortführungen dieses Wahrnehmungs-Zyklus, von dem im Orsay fünf Gemälde gezeigt werden? Nur fünf, leider. Bei der Ausstellung 1895 präsentierte Monet zwanzig dieser Bilder. Was für ein Fest muß das gewesen sein!

Am verschwenderischsten ging Anton mit seiner Zeit um bei VINCENT VAN GOGH. Er sehnte sich in die *Schenke am Montmartre*, wollte der *Bäuerin am Herd* beim Kartoffelschälen zusehen, stumm; wollte sich mit den anderen Paaren drehen im *Tanzsaal von Arles* und sofort van Goghs *Zimmer in Arles* beziehen, die kleine aufgeräumte Kammer, die dominiert wird von dem Holzbett zur Rechten, über dem zwei Porträts hängen; durchs Fenster strahlt die Sonne; und die lavendelblaue Tür ist geschlossen. Anton wollte sich mit dem Feldarbeiter-Paar ausruhen, ein Plätzchen für sich finden auf dem 1890 vollendeten Gemälde *Der Mittagsschlaf*. Vor allem faszinierten ihn die Gesichter, in die er sich einzugraben versuchte; er hatte Lust, sich zu versenken hinter die Stirn des *Doktor Paul Gachet*; die Gedanken zu lesen der grüngesichtigen *Arleserin*. Und er bohrte sich durch die Augenhöhlen in die Selbstbildnisse des Malers. Das eine, von 1887, in warmen Braun-Rot-Tönen gehalten, das andere, zwei Jahre später beendet, wird beherrscht von Grün und Blau. Anton verharrte staunend vor diesen Bildern: Farben sind menschliche Leidenschaften!

Er kam zu spät ins Museumscafé und war doch noch vor Ariane da. Sie hatte sich zuletzt den Art-nouveau-Schmuck angesehen, schwärmte aber weniger von Anhängern und Ketten, Email, Brillanten, Gold und Aquamarinen als vielmehr von einem Pillendöschen, das Eugène Feuillâtre um 1903 aus Silber, Kristall und Email gefertigt hatte. Sie war ganz überrascht, daß Anton die Zeit einzig und allein mit der Gemäldesammlung zugebracht hatte. »Hier gibt es auch Plastiken, Photos, Möbel – eine aufregende Stühle-Sammlung, Schmuck, Vasen, Glasfenster. Alles, Anton!« – »Verzeihen Sie, Ariane, ich habe nur zwei Augen und zwei Beine.«

Zum Mittagessen war es zu spät, darum begnügten sie sich mit einem Sandwich und überlegten, was am kurzen Nachmittag noch zu schaffen wäre. »Auf jeden Fall muß ich vor sechs auf der Place de la Bastille sein«, gab Anton zu bedenken. »Dann schließt nämlich die Kasse der Oper – und ich brauche noch zwei Karten für die *Bohème* heute abend.« – »Es reicht eine, Anton, tut mir leid, aber ich bin schon verabredet.« – »Wieso sind Sie so sicher, daß sie für Sie ist, Ariane?« Sie mußte nicht lange raten – Madame Franck war die Auserwählte.

Ariane hatte eine gute Idee: »Ich nehme an, Sie wollen in kein Museum mehr, Sie wollen nicht laufen. Also nehmen wir ein Taxi zum EIFFELTURM, fahren hinauf und schauen hinunter.« Im Taxi versorgte sie ihn mit Zahlen. »Wer mit anderen Frauen *Bohème* guckt, muß leiden:

Der Turm ist 300 Meter hoch, mit den Aufbauten der Fernsehanlage sogar fast 321. Er wiegt 7000 Tonnen und besteht aus 15 000 Metallteilen, die untereinander verbunden sind durch 2,5 Millionen Nieten. Sein Gewicht übt einen Druck von vier Kilogramm pro Quadratzentimeter aus. Selbst bei extremen Windverhältnissen schwankt die Spitze des Turmes höchstens um zwölf Zentimeter. Die Treppen haben 1652 Stufen . . . « – »Es reicht, Ariane! Ich will keinen Neigungswinkel erfahren und nicht die stündliche, tägliche oder jährliche Besucherzahl. Erzählen Sie mir lieber die Baugeschichte. Ich weiß, daß die Pariser Intellektuellen sich diesem Turmbau zu Paris heftig widersetzten.« Ariane zog wieder eine ihrer ominösen Zettelkarten aus der Handtasche, die so groß war wie Antons kleiner Koffer, der für eine Übernachtung.

»Das stimmt, Anton. Der verrückte Gedanke, so einen Turm zu errichten, kam dem Ingenieur GUSTAVE EIFFEL, der von 1832 bis 1923 lebte, als er metallene Brückenpfeiler konstruierte. Erste Entwürfe entstanden bereits 1884. Damals schlug er der Regierung der Dritten Republik seinen Plan vor. Der Turm sollte der Hundertjahrfeier der Revolution besonderen Glanz verleihen und anläßlich der Weltausstellung den Besuchern von Paris imponieren. Am 8. Januar 1887 unterzeichneten Lockroy, Minister und Generalkommissar der Weltausstellung, Poubelle, Präfekt des Département Seine – also ein Haussmann-Nachfolger – und Eiffel einen Vertrag, der den Ingenieur verpflichtete, einen Turm von 300 Metern zu errichten, der fertiggestellt sein mußte zur Weltausstellung 1899. Eiffel erhielt eine Subvention von 1,5 Millionen Francs und das Recht der Nutzung des Turmes während der Zeit der Ausstellung, gebunden an festgesetzte

Stangen, Schrauben, Gitter – das Eisengerüst für den Eiffelturm.
Holzstich nach einer Zeichnung von Poyet, 1888

Eintrittspreise. Nach diesem Ereignis sollte er, laut Vertrag, die Nutznießung behalten, und zwar ohne Bedingungen. Eiffel machte sich an die Arbeit. Und der Protest begann. Die Presse schimpfte, und den Höhepunkt der öffentlichen Erregung kann man nachlesen: Am 14. Februar 1887 veröffentlichte *Le Temps* den berühmt gewordenen ›Protest der Künstler‹, den Sie kennen, Anton. Ihn unterschrieben neben anderen Charles Garnier, der Komponist Charles Gounod, die Schriftsteller Alexandre Dumas der Jüngere, Leconte de Lisle, Sully-Prudhomme und Guy de Maupassant. Kennen Sie das Schreiben? Wenn nicht, würde ich gern daraus zitieren:

›Wir Schriftsteller, Bildhauer, Architekten und Maler, leidenschaftliche Liebhaber der bisher unversehrten Schönheit von Paris‹ – sie vergaßen Haussmanns Verschandelungen – ›wir erheben im Namen des mißachteten französischen Geschmacks, im Namen der bedrohten Kunst und Geschichte Frankreichs mit all unseren Kräften, all unserer Entrüstung Protest gegen die Einrichtung des nutzlosen und monströsen Eiffelturms mitten in unserer Hauptstadt. Wird die Stadt Paris noch länger gemeinsame Sache machen mit den barocken und merkantilen Vorstellungen eines Konstrukteurs von Maschinen, um sich unwiderruflich selbst zu entehren und zu entstellen? Denn es gibt keinen Zweifel daran, daß der Eiffelturm, den selbst das geschäftstüchtige Amerika nicht haben möchte, die Entehrung von Paris ist. Jedermann spürt es, jedermann sagt es, jedermann ist darüber zutiefst betroffen, und wir sind nur ein schwaches Echo der zu Recht beunruhigten allgemeinen öffentlichen Meinung. Wenn die Ausländer unsere Ausstellung besuchen, werden sie verwundert ausrufen: Wie – diese Scheußlichkeit haben die Franzosen gefunden, um uns eine Vorstellung von ihrem so gerühmten Geschmack zu vermitteln? Sie werden sich mit Recht über uns lustig machen, weil das Paris der erhabenen gotischen Bauwerke zum Paris des Herrn Eiffels geworden sein wird.‹

Mit einer geistvollen Antwort machte der Handelsminister Édouard Lockroy die Protestler mundtot«, fuhr Ariane fort, als sie auf der Place de Varsovie ausstiegen, vor sich den Eiffelturm,

und langsam über den Pont d'Iéna spazierten. »Lockroy entschuldigte sich für den Bau geradezu unterwürfig und dafür,
daß er ›dieses unvergleichliche Sandviereck, das man Champ-
de-Mars nennt, und das so würdig ist, Dichter zu inspirieren
und Landschaftsmaler zu entzücken‹ nicht habe retten können.
Diese fiesen, ironischen Zeilen hatte natürlich nicht der Minister
selbst geschrieben, sondern ein Sekretär namens Georges Moinaux, der später, wissen Sie's nicht . . . ?« – »Was soll ich wissen?« –
»Monsieur Moinaux ist GEORGES COURTELINE, der begnadete
Komödienschreiber, der sich über die Kleinbürger mokierte und
wunderbar spottete über staatliche Einrichtungen, die ihm
mißfielen: Militär, Polizei, das Finanzamt – und die Bürokratie
konnte er schon gar nicht leiden. Er wußte, worüber er schrieb.
Seine Antwort zwang die Eiffel-Gegner zu schweigen.
    Die Arbeiten am Turm begannen am 26. Januar 1887. Am 30.
Juni schon standen die Fundamente. Bis zur Höhe von dreißig
Metern wurden die Teile Stück für Stück schräg angesetzt. Im
März 1888 gelang es, die vier geneigten Pfeiler mit einem Gitter-
rahmen zu verbinden. Im August waren die Bogen beendet. Danach ging's fix. Im März 1889 war die dritte Etage montiert. Jetzt
mußte nur noch der eigentliche Turm, die lange Spitze, fertiggestellt werden. Am 15. April 1889, nach nur 21 Monaten, war die
Montage abgeschlossen. Mit nur 250 Arbeitern . . . « – »Bitte ersparen Sie mir die Arbeitsstunden, die Lohnkosten . . . « – »Es
gab nur einen tödlichen Unfall, das werde ich wohl noch sagen
dürfen. Am 31. März 1889 wollte Eiffel nur für seine Arbeiter und
Helfer ein kleines Fest bereiten, doch überraschend erschienen
auch der – von wem auch immer benachrichtigte – Minister-
präsident, die Direktoren der Weltausstellung und die beiden
Präsidenten des Stadtrats. Als Eiffel die Trikolore hißte, war der
Turm inoffiziell bereits eingeweiht. Am Tag der Eröffnung der
Weltausstellung, dem 7. Mai, wurde der Turm in bengalisches
Licht getaucht. Und am 15. Mai folgte die offizielle Einweihung.
Der Erfolg des Turmes war märchenhaft, Eiffels Einnahmen
gigantisch. Nein, ich nenne keine Zahlen.«
    Ariane und Anton standen unter dem Turm, zwischen den

vier Pfeilern, und starrten nach oben. »Schon ein Wunderwerk«, sagte Anton, »das haben ja dann auch die Dichter begriffen: Apollinaire und Cocteau widmeten dem Turm Gedichte.« – »Und Utrillo, Rousseau und Delaunay malten ihn. Aber die Kritiker gaben nicht ganz auf: Verlaine zum Beispiel nahm die bizarrsten Umwege, damit er dieses Monstrum nicht ansehen mußte.«

Mit dem Lift ging es nach oben. Von der dritten Etage sahen sie hinab, und Anton war selig: Paris, sein Paris, ihm zu Füßen. Ariane zeigte mit dem Finger auf das Palais de Chaillot in unmittelbarer Nähe und die Place du Trocadéro dahinter. Auf den Bois de Boulogne noch weiter im Westen. Nach Norden auf das Grand und das Petit Palais, auf die Champs-Élysées, den Arc de Triomphe, die Madeleine, die Place de la Concorde und die Kirche Sacré-Cœur, die geschmähte. Und nach Osten: Louvre, Seine, Notre-Dame, Hôtel de Ville, École militaire, Hôtel des Invalides, Panthéon.

Verzückt fuhren sie wieder hinab. Mit dem Taxi ging es nach Hause. An der Place de la Madeleine setzte Anton Ariane ab und sagte ihr noch schnell die Aufgabe für den nächsten Tag. »Ich mache es Ihnen einfach: Morgen besuchen wir wieder mal einen Enthaupteten, einige Verblichene und erinnern uns an einen Weingott.« – »Na wunderbar einfach!« maulte Ariane und umarmte Anton zum Abschied.

Der bekam zwei Karten im Parkett Mitte. Monsieur Roberto Alagna sang herrlich. Madame Franck weinte schon im ersten Akt, Anton erst im letzten, wofür er sich schon seit seiner Gymnasialzeit nicht mehr schämte. Sie aßen bei ›Bofinger‹ zu Abend. Und Anton begleitete Madame im Taxi nach Hause. Sie wohnte in der Rue de l'Université, gleich in der Nähe von Lagerfeld. Also, so schloß Anton, erste Adresse. »Das war ein wundervoller Abend, Monsieur Anton. Darf ich Ihnen vielleicht, auch als Dank, meinen Vornamen nennen und als Anrede anbieten: Ich heiße ganz altmodisch und sehr deutsch-französisch Charlotte.«

Anton konnte lange nicht einschlafen.

Zur Grablege der Könige nach Saint-Denis

Anton rief bei ›La Chaume‹ an, ließ in die Rue de l'Université Lilien liefern und lud Charlotte mit einer beiliegenden Karte für zwanzig Uhr zu ›Prunier‹ ein. Ariane traf er diesmal im Café Ladurée, Ecke Rue Saint-Honoré und Rue Royale, dort gibt es so gute Brioches. »Sie wollen nach SAINT-DENIS, Anton, zum heiligen Dionysius, der zwar den Namen des Dionysos trägt, aber im Gegensatz zum griechischen Gott wohl weder den Wein noch das Theater sonderlich liebte?« – »Stimmt!«

Sie fuhren mit der Métro 13 Richtung Norden, nach Saint-Denis – berühmt lange vor der Fußballweltmeisterschaft 1998 und dem Bau des Stade de France. Auf dem Weg in den kleinen Vorort gab Ariane wieder ein bißchen Geschichtsunterricht: »Es gibt mehrere Dionysius-Legenden, also auch mehrere Dionysiusse, wenn ich so sagen darf. Ich präsentiere Ihnen den heiligen Dionysius, Bischof von Lutetia, dem späteren Paris. Er war der erste Bischof dort und starb um 250 n. Chr. den Märtyrertod. Der Legende zufolge soll er nach seiner Enthauptung, den eigenen Kopf in der Hand, vom Montmartre bis zu dem später nach ihm benannten Ort Saint-Denis gelaufen sein. Schon im 1. Jahrhundert nach Christi Geburt existierte an dieser Stelle eine gallisch-römische Siedlung, und es ist nicht unwahrscheinlich, daß die verfolgten Christen Dionysius auf dem dortigen Friedhof begruben.

Im Jahr 475 erbaute man an diesem Ort die erste Kirche – und Saint-Denis wurde zum Wallfahrtsort. 630 ließ König Dagobert sie durch einen größeren, prächtigeren Bau ersetzen. Wieder wurde um die Reliquie eines Heiligen – Dionysius' Überreste – ein Schrein gebaut. Mehr noch: Dagobert ließ zudem Konventsgebäude für eine Benediktinerabtei errichten, die sich bald schon zur reichsten des Landes entfaltete. Und er ließ sich

hier begraben. Hugues Capet, der 997 starb, und all seine Nachfolger auf dem französischen Thron taten's ihm gleich, und so
wurde die Kirche für zwölf Jahrhunderte zur Grablege der
Könige. Doch was Sie gleich sehen werden, Anton, ist ein Werk
des 12. und 13. Jahrhunderts.

Wie kein anderer prägte ABT SUGER – er lebte von 1081 bis
1151 und ist eine der überragenden Persönlichkeiten des Mittelalters – diesen Bau und die Geschicke der Abtei. Suger, später
Berater und Minister von Ludwig VII., regierte das Land, als
der König 1149 zum Zweiten Kreuzzug aufbrach, und erhielt
von dem Regenten den Ehrennamen ›Vater des Vaterlandes‹ –
›pater patriae‹. Er wurde als Sohn eines Dieners geboren, stieg
zum Gelehrten und Politiker empor, schrieb eine eindrucksvolle Lebensgeschichte Ludwigs VI. und gründete 1109 den
Markt von Saint-Denis – die sogenannte Lendit-Messe –, was
sowohl der Abtei als auch dem Ort Ruhm und Reichtum
brachte. Diese Messe war bis ins 18. Jahrhundert eine der bedeutendsten europäischen Verkaufsschauen. Unter Abt Suger
entstanden die Fassade und die beiden ersten Joche der Kirche
sowie Chor und Krypta, und dies alles in nur acht Jahren: von
1136 bis 1144. Das Schiff aus der karolingischen Zeit blieb bei
dem Um- und Anbau erhalten, es wurde anschließend innen
neu verschalt, in den Jahren von 1145 bis 1147. Zu Beginn des
13. Jahrhunderts setzte man dem Südturm die Spitze auf, die
ich, Sie werden es gleich selber sehen, nicht als eine glückliche
Zutat empfinde. Der Nordturm wurde 1219 durch einen Blitzschlag so sehr beschädigt, daß er ersetzt werden mußte. Dieser
neue Turm war bald schon baufällig und wurde schließlich
1845 abgetragen. Deshalb nur ein Turm, aber das ist man von
französischen Kathedralen ja gewohnt. Im 13. Jahrhundert
ging man daran, Chor und Querschiff des Baus zu vergrößern
und das Schiff neu zu bauen. PIERRE DE MONTREUIL ersetzte
das karolingische Langhaus, das Sugers Westfassade und den
Chor bis dahin verbunden hatte. Während der Revolution
wurde die Kirche verwüstet und erst zwischen 1845 und 1879
von EUGÈNE VIOLLET-LE-DUC restauriert, der nach sorgfälti-

gem Quellenstudium die zu ihrer Zeit revolutionäre Architektur Sugers unangetastet ließ und mit dem Turmabriß seine Arbeit begann.

Sie werden wohl mehr Freude haben, wenn Sie allein durch den Raum schweifen, alle Grabdenkmäler sind beschriftet. Alles, das wissen Sie jetzt, stammt aus dem 13. und 14. Jahrhundert. Nur die fünf kleinen Kapellen im Norden, gleich nach der Vorhalle, wurden Ende des 14., Anfang des 15. Jahrhunderts hinzugefügt.«

An der Endstation Saint-Denis–Basilique stiegen sie aus. Anton erschrak ob der Häßlichkeit des Ortes. Von dem wohl einst netten Dorf war nichts mehr zu sehen – nur noch moderne, billige, ungestaltete Einfallslosigkeit ringsum. »Warten Sie ab, wir müssen nur noch um die Ecke – und dann sehen Sie ein Meisterwerk von wirklich überragender Bedeutung. Einen Ort, an dem die Gotik begann.« Nach wenigen Minuten standen sie vor dem dreischiffigen Bau. Dessen trutziges Aussehen gefiel Anton. Nur die graue Turmhaube störte, da mußte er Ariane recht geben. »Was bedeutet der merkwürdige Zinnenkranz der Fassade?« – »Suger erklärte ihn als ›Zier der Kirche und für den praktischen Nutzen geeignet, falls es die Umstände mit sich bringen‹. Was heißen soll, daß die Kirche offensichtlich auch als Befestigungsanlage gedacht war.«

Die schön gearbeiteten Rundbogen fielen ihnen auf und die Fensterrose, die als erste der Gotik gilt. Sie betrachteten das restaurierte Tympanon mit dem Jüngsten Gericht und die erneuerten Darstellungen von Dionysius' letzter Kommunion sowie seinem Martyrium. Sahen die Tierkreiszeichen und die Klugen und die Törichten Jungfrauen. Und sie versuchten, die Torinschrift zu enträtseln – es gelang ihnen aber nicht.

Dann betraten sie den Raum. Ariane wußte seine Maße: Mit 108 Metern Länge, 39 Metern Breite und 29 Metern Höhe ist er etwas kleiner als Notre-Dame: 130, 48, 35. Jeder ging nun seinen Weg. Anton verweilte lange in der VORHALLE mit ihrem Spitztonnengewölbe aus der Zeit Sugers. Er bestaunte die Durchlichtung des LANGSCHIFFS – eine ›Erfindung‹ der Gotik: Pierre de Montreuil ließ hier zum ersten Mal auch die Triforiumszone mit Fenstern versehen. Dann, bevor er den wundervollen Chorumgang durchschritt, ging er in die KRYPTA. Doch obwohl er diesen niedrigen Raum mit den kurzen dicken Säulen bewunderte; obwohl er fasziniert war von diesem unterirdischen Grab, in dem Königinnen und Könige, Dauphins und nähere sowie weitere Mitglieder der Königsfamilie liegen, alle namentlich aufgelistet; obwohl er lange in der kleinen Kapelle aus dem

Viollet-le-Duc in der Kathedrale von Saint-Denis. Er war es,
der sich der Restaurierung des Gotteshauses im 19. Jahrhundert annahm

11. Jahrhundert verweilte, es zog ihn geradezu magisch in den CHORUMGANG. Mit ihm also wurde 1144 gleichsam die Gotik initiiert, ein neuer dynamischer Stil, in dem das Licht regierte. Er war überraschend zierlich. Suger ließ als erster Spitzbogen, Kreuzrippengewölbe und sogenannte Dienste, also Säulchen als Stützen der Gurten und Rippen des Kreuzrippengewölbes, bauen. Entsprechend den von ihnen getragenen Gewölbebogen waren sie zunächst noch mit Basis und Kapitell versehen. So mußten nicht mehr die Wände die Last der Gewölbe tragen, und große Öffnungen für Fenster wurden möglich: Licht!

Der helle Raum, der alle Erdenschwere verloren zu haben scheint, ließ Anton lange nicht los. Immer wieder schaute er in die Höhe und auf die Kapitelle, entdeckte in der Scheitelkapelle ein besonders schönes Fenster mit einer Darstellung der Wurzel Jesse und eine geschnitzte romanische Madonna. Dann erst betrachtete er die Königsgräber, die seit der Revolution alle leer stehen; die Gebeine der Herrscher sind in der Krypta untergebracht. Er sah von der einfachen gravierten Grabplatte bis zum triumphbogenartigen Mausoleum alle Arten von Grabmälern, sah liegende Paare, betende Paare und Kindergrabmäler, wie das klitzekleine für »eine nicht identifizierte Prinzessin«, mit einem steinernen Spielzeuglöwen zu ihren Füßen. Durch den langen Zeitraum, in dem sie entstanden waren, glaubte Anton gar, einen kleinen Überblick über die Entwicklung der französischen Skulptur zu bekommen. Und doch berührten ihn diese Kunstwerke weit weniger als das Kreuzrippengewölbe. Nur einmal verweilte er: vor dem Renaissance-Grabmal – einem der prächtigsten der Zeit – für Ludwig XII. und Anne de Bretagne. Oben auf dem arkadengeschmückten Gehäuse knien die beiden Mächtigen, betend und in prunkvolle Gewänder gekleidet, unten, auf dem Sarg, liegen sie nackt und bloß.

In der Vorkirche trafen sie sich wieder. Anton war beeindruckt und froh, daß sie den doch ziemlich weiten Weg in die Peripherie der Stadt unternommen hatten. Und Ariane freute sich, ihm noch etwas erzählen zu können: »Haben Sie sich nicht gefragt, warum Napoleon hier nicht liegt? Es wäre doch ein Zeichen gewesen, ihn hier zu bestatten, oder? Die Einwohner von Saint-Denis haben sogar eine Petition eingereicht mit dem Wunsch, dem Kaiser hier die letzte Ruhestätte einzurichten. Doch daraus wurde aus vielen Gründen nichts. Im Zweiten Kaiserreich flammte die Diskussion noch einmal auf, zumal die Arbeiten am Invalidendom nicht beendet waren. 1858 dachte dann Napoleon III. ernsthaft darüber nach, den dynastischen Charakter des Regimes durch eine Grablegung in Saint-Denis zu demonstrieren: der Adler neben der Lilie. Aber der Invalidendom war fertig. Es gab keinen Grund mehr für diesen Schritt.«

Auf dem Weg zur Metro fragte Anton: »Wann bekomme ich eigentlich Ihren Louvre-Aufsatz, Ariane?« – »Ich brauche einen freien Tag. Mindestens einen.« – »Sie können das ganze Wochenende haben. Morgen und übermorgen müssen Sie mich nicht sehen, aber trotzdem für mich arbeiten.« – »Sklaventreiber!«

Anton war selbst überrascht von seiner schnellen Entscheidung. Denn erstens sind Sonntage in allen Großstädten dieser Welt fad, und außerdem war er auch sonst nicht gern allein. Vielleicht verbringe ich das Wochenende mit Madame, dachte er.

Anton wünschte ein arbeitsreiches Wochenende, Ariane ihm boshaft ein langweiliges und einsames. »Eh ich's vergesse: Eine Aufgabe habe ich auch, war für morgen geplant, jetzt also für Montag.« Er übergab Ariane ein Couvert. Sie las den Brief auf dem Weg nach Hause.

»Liebe Ariane – wir werden politisch. Ich möchte den Ort sehen, wo dies geschrieben wurde: ›Paris ist eine sehr unbequeme Stadt, wenn man dort mit bescheidenen Mitteln leben muß, und sehr ermüdend. Aber um kurze Zeit dort zu sein, auf Besuch oder auf eine Tour, gibt es keine Stadt, die fröhlicher ist. Das hat mich auf ganz neue Ideen gebracht.‹ Ein kleiner Tip: Fragen Sie sich, wie man die Schmerzen der armen Autorin oder des mittellosen Autors lindern könnte. Ihr Anton.« – »Er wird langsam unverschämt«, dachte Ariane, und sich selbst befragend, warum sie Anton heute gram war, mußte sie sich eingestehen, daß sie nicht eifersüchtig war auf Madame Franck, sondern nur gern mit Anton zu Abend gegessen hätte.

Auf dem Anrufbeantworter fand Anton eine Nachricht: »Hier spricht Charlotte – haben Sie Dank für die wundervollen Blüten und für die Einladung heute abend. Ich warne Sie nur schon: Falls Sie noch keine Pläne haben fürs Wochenende, nehmen Sie sich bitte nichts vor. Ich bringe einen Vorschlag mit zu ›Prunier‹.« Anton war aus dem Häuschen wie schon lange nicht mehr – und zwanzig Minuten zu früh in der Avenue Victor-Hugo 16.

Als die Proustschen Rougets bestellt waren, über die sie bei ihrer ersten Begegnung gesprochen hatten, erkundigte sich Charlotte, was er heute mit Ariane unternommen habe. Er berichtete von der Basilika. »Hat Ariane auch darüber gesprochen, daß dieser Sakralbau der früheste gotische ist; daß dieser Saint-Denis-Stil auf den Augustinischen Glaubenslehren basiert; daß der Abt Suger eine außerordentlich spannende und komplexe Persönlichkeit war? Nein? Möchten Sie einen kleinen Nachtrag?« Anton nickte.

»Während es Suger in seinen literarischen Arbeiten sowohl an Phantasie als auch an systematischer Argumentationsstrenge mangelte, verfolgte er bei seinen Entwürfen für die Basilika ein originelles und einzigartiges Kunstprogramm. Zu der Zeit, als Abt Suger die Veränderungen und Verschönerungen vornahm, das Westportal bauen ließ und die Glasfenster, herrschte zwischen dem Zisterzienser BERNHARD VON CLAIRVAUX und den anderen Orden ein Kampf: Bernhard litt keinen Schmuck in den Klöstern, sondern forderte Leere und Einfachheit. Suger wollte das Gegenteil. Als Papst Innozenz II. 1131 dem Kloster Saint-Denis einen offiziellen Besuch abstattete, um an den liturgischen Feierlichkeiten in der Heiligen Woche, also der Osterwoche, teilzunehmen, war der Pontifex begeistert von all der Pracht, von den verwendeten Materialien, von Gemmen, Perlen, Silber und Gold, vom Farbenreichtum in der Basilika. Kurz darauf reiste der Papst weiter in das Kloster von Bernhard von Clairvaux und fand einen Ort der Ehrfurcht und der Einsamkeit, er sah im Oratorium nichts als leere Wände. Künstlerische Askese war eines der fundamentalen

19 Mittelalterliche Tapisseriekunst: Detail aus der sechsteiligen Teppichfolge
    ›Die Dame mit dem Einhorn‹
20 Barock auf seinem Höhepunkt: die Figur des Merkur,
    die Antoine Coysevox für das Lustschloß von Ludwig XIV. in Marly schuf.
    Das Original befindet sich heute im Louvre
21 Georges da La Tour, Detail des Gemäldes ›Die heilige Magdalena
    mit dem Nachtlicht‹, 1642-44, Musée du Louvre
22 Blick in das Treppenhaus des Hôtel Salé, das seit 1985
    das Picasso-Museum beherbergt

Merkmale der Zisterzienser, die den Gebrauch von Kunst und Kunstgegenständen in der Liturgie auf ein ganz bescheidenes Maß reduzierten. Gold hatte Bernhard als judaisierend verdammt und die goldglänzenden Reliquien und Kultbilder als Trick verdächtigt, um Gläubigen Geld abzunehmen. Auch farbige Glasfenster waren bei den Zisterziensern verboten. Gemälde und Skulpturen wurden aus den Klöstern verbannt.

Suger wehrte sich gegen die Reformen. Er vereinfachte weder die Liturgie, noch verzichtete er auf Luxus. Im Gegenteil: Er vergrößerte und verlängerte die Liturgie sogar noch und versuchte, die durch Gewohnheit entstandene Praxis, in Saint-Denis die Könige zu bestatten, in ein Klosterrecht zu verwandeln, also in ein Privileg. Er vermehrte das Klostervermögen, und er unternahm vieles, um noch mehr Pilger ins Kloster zu locken und damit Geld zu verdienen. Dies verwandte er aber nicht nur für den Bau, er verbesserte auch die Qualität der Speisen. Er ließ, das ist beurkundet, den Mönchen Jahr für Jahr immer besseres Essen auftischen. Sie sehen den Gegensatz, Anton.

Im 20. Jahrhundert begannen die Forschungen, Sugers schriftliche Werke – die drei wichtigsten sind *Ordinatio*, *De Consecratione* und *De Administratione* – mit den Kunstwerken der Kirche in Beziehung zu setzen, Widersprüche zu klären und das Verhältnis Sugers zu Bernhard von Clairvaux zu beleuchten. Soviel ist jetzt wohl unbestritten: Bernhard wandte sich gegen jedwede Form der Rituale und setzte gegen den Ritualismus seine Vergeistigung. Er wetterte gegen Reichtum und die Verwendung kostbarer Materialien. Und – die schärfste Kritik – er verbot alle bildnerischen Darstellungen, die nur unterhielten, ablenkten vom Lesen, vom Beten, vom Meditieren. Den Einwand, daß die Darstellungen den Ungebildeten wie ein Bilderbuch die biblische Geschichte erklärten, ließ er nicht gelten, schließlich, so argumentierte er, wären Klöster Mönchen vorbehalten und keine öffentlichen Gebäude. Suger benutzte bei seiner Rechtfertigung zunächst nur sehr bekannte Argumente: Gott und die Heiligen müsse man mit den größten Kunstwerken ehren. Bernhards Beschränkung, Gott wäre zufrieden mit reinen Herzen und einer gläubigen Gesinnung, widersprach er heftig. Je teurer die Materialien, desto größer die Ehrung, war sein Gegenentwurf. Mögen Sie noch mehr wissen, Anton?« Natürlich wollte er.

»Also hören Sie weiter, was ich Spannendes in einer jüngst publizierten Princeton-Dissertation gefunden habe: Die Klarheit, die Sie in Saint-Denis bemerkt haben werden, die geometrischen Formen, die komplexe Auslegung der Bibel in den Darstellungen und die Helligkeit, die Flut von Licht, führten die Forscher auf die Fährte von Dionysios-Areopagita, den man eine Zeitlang verwechselte mit unserem Pariser Saint Denis. Ich habe dessen Schriften nicht gelesen, weiß aber aus der Beschäftigung mit Suger, daß dieser altkirchliche Schriftsteller von einem himmlischen Jerusalem auf Erden sprach und ein Mystiker des Lichts war. Und daß er Hugo Ball, einem der Begründer des Dadaismus, zu dem Wort DADA verhalf. D. A. Dionysios Areopagita, so schrieb Ball, habe zweimal seine Seele berührt. Wahrscheinlich faszinierte sowohl Ball als auch Suger der Gedanke, daß man zum Immateriellen, zum Geistigen geführt werde durch das Materielle.

Doch zurück zu Suger. Da auffiel, daß zwischen seinen Schriften und diesem Bauwerk eine Riesenkluft an Originalität, Intellekt und theologischer Argumentationsschärfe klaffte, suchte man nach jemandem, der Suger beraten haben mochte. Und fand HUGUES DE SAINT-VICTOR, also Hugo, einen scholastischen Theologen, Philosophen und Mystiker, der von 1115 oder 1120 an Augustiner-Chorherr im Pariser Kloster von Sankt Viktor war. Ihm verdankte Suger wahrscheinlich sein Wissen und wohl auch das ästhetische Programm für die Basilika. So wie er nach Künstlern und Handwerkern suchte, so suchte er für sein Werk und vor allem für die Rechtfertigung seines Tuns einen der bedeutendsten Theologen seiner Zeit. Hugo, der ein Befürworter des geistigen und intellektuellen Gebrauchs von Kunst in der Religion und im Gottesdienst war, nützte dem Abt natürlich auch bei seiner Auseinandersetzung mit seinen Gegnern, zumal Hugo zugleich von den Reformbewegungen geschätzt wurde. Suger war also ein geschickter Ausbeuter von Ideen und

Christus als Weltenrichter.
Ein Detail des Portals über dem westlichen Haupteingang
von Saint-Denis

Fertigkeiten anderer. Dank des klügeren Kollegen konnte sich in dieser Kirche etwas Neuartiges behaupten: ein Kunstprogramm für die des Lesens Kundigen und die Analphabeten, für die Mönche und die Pilger. Das, was die Ungebildeten nicht verstehen konnten, die feinen Anspielungen auf den Herrn D.A., aber auch auf Augustinus, den Hugo in einem großen Werk interpretierte, bescherte ihnen dennoch eine sinnliche Bereicherung, Freude an der Kunst und Freude am Glauben. Sugers Kunstprogramm war also eine Synthese von vorhandenen oder gerade erst erprobten Stilmitteln, denn die Architektur war so wenig neuartig wie die Glasfenster oder wie der Gebrauch der Typologie – aber hier wurden sie zusammengeführt und zu einem zusammengehörenden Ganzen. Hier gelang die Synthese. Es entstand eine komplexe Kunst, die sich an die Menschen wandte und an Gott und beiden gefallen sollte. Zugleich sprach sie beide Gruppen an – Mönche und Laien – und vermochte letztere an die Kirche zu binden. So wurden vereint, die nach mönchischem Verständnis die Gesellschaft bilden: die Mönche und die Nichtmönche.«

»Aber, Charlotte, was ist so anders in Saint-Denis?«

»Erinnern Sie sich an den Zinnenkranz? An den großartigen Eingang? Die Fassade ist zu interpretieren als Himmelstor, als Abbild des Vorbaus von König Salomons Tempel, wie er im Alten Testament beschrieben wird: dreigeschossig mit Zinnen. Und das Himmelstor verweist wiederum auf D. A. Das ist eine Besonderheit. Eine andere ist die außergewöhnliche Ikonographie. Zum Beispiel sitzt Christus, denken Sie an die Darstellung des Jüngsten Gerichts auf dem Westportal, nicht ganz in der Mandorla, sondern sie umgibt ihn erst ab der Hüfte. Er ruht auf einem Thron, vor einem Kreuz, die Arme ausgebreitet, in den Händen Schriftrollen. Das ist völlig neu, einzigartig. Vieles andere auch, die Darstellung der Passion, das Lamm und das Kreuz.«

»Kennen Sie etwa auch die Torinschrift? Wir waren zu dumm, sie zu entziffern oder gar zu verstehen.«

»Suger spielt darin an auf seine und Hugos Philosophie – oder besser dessen theologische Ideen. Sie gehen davon aus, daß es im Glauben einen Aufstieg vom Materiellen zum Geistigen gibt. Suger bittet den Betrachter, das edle Kunstwerk zu nutzen, um das wirkliche Licht, das wahre Licht, also Jesus Christus und Gottvater, zu schauen und zu erkennen. Durch die goldene Pforte des Vorbaus gelangte man ins Licht und in die Farbenpracht; und in der Inschrift gibt Suger seiner Hoffnung Ausdruck, daß der träge Geist des Besuchers sich durch das Stoffliche emporhebe zum Wahren. Sugers Lichttraum versprach Heilung für den zuvor ins Irdische verstrickten Geist, der aufgerichtet werden sollte allein durch den Anblick von Schönheit. Dieser Aufstieg vom Irdischen zum Überirdischen, von der Materie zum Geist, zeigt sich auch in den Fensterbildern. Ich weiß nicht, ob Sie Paulus mit dem Getreidesack aufgespürt haben? Der Apostel trägt Getreide zur Mühle, aus dem Korn des Alten Testaments soll das feine Mehl des Neuen Testaments gemahlen werden. – Aber jetzt habe ich Hunger.«

Bevor Charlotte ihren Vorschlag für das Wochenende verkündete, kam sie nach dem Dessert nochmals auf Saint-Denis zurück. »Gewiß waren Sie in der Krypta und dachten sicher, daß

sie viel älter sein muß als das Sanktuarium darüber, stimmt's?«
Anton bejahte die Frage, verstand sie aber eigentlich nicht, denn
er hielt es für das Normalste, daß die Krypta älter ist als die
Kirche darüber – nicht nur in diesem Fall.

»Sie irren, Anton. Der Bauabstand in diesem Fall beträgt
höchstens ein Jahr. Die architektonischen Unterschiede lassen
sich also nicht mit einer wie auch immer gearteten Entwicklung erklären. Hier handelt es sich um eine von Suger absichtlich gebaute Inszenierung des Kontrastes von Altem und
Neuem. Gut, die Mauern und die Säulen in der Krypta sind auch
aus statischen Gründen so dick, aber die Plumpheit ist übertrie-
ben, und sie wird dem Besucher überdeutlich vorgeführt.

Und zuletzt noch was zum Schmunzeln. Sugers Adlatus, er
hieß Wilhelm, hat seinen Abt witzig und prägnant beschrieben.
Er teilt zum Beispiel mit, daß Suger im Gegensatz zu anderen
Äbten nach dem Amtsantritt nicht dicker geworden sei; und er
beschreibt die anderen, die vorher dünn, nach der Weihe aber
an Bauch und Unterleib, um nicht zu sagen: am Herzen, fett
geworden seien.

Aber jetzt zum morgigen Programm: Ich möchte mit Ihnen
einen Ausflug nach La Villette machen. Das wird ein Spaziergang durch einen Park, entlang des Canal Saint-Denis und vorbei an Konservatorien und der riesigen Cité des Sciences et de
l'Industrie. Ein Unterseeboot können Sie auch noch besichtigen. Und am Sonntag würde ich Sie gern durch die Skulpturenabteilung des Louvre führen – es ist meine liebste.«

Anton brachte Madame Franck wieder im Taxi nach Hause,
wobei sie auf ihren Wunsch bis zur Place Saint-Germain fuhren,
um dort noch einen Tee in den ›Deux Magots‹ zu nehmen. Er
trank wie sie einen Verveine – beruhigenden Eisenkrauttee. Und
wunderte sich im stillen über seine Bestellung.

Neue und alte Museen:
La Villette und Louvre

Auch mit Charlotte traf sich Anton im ›Ladurée‹ – an der Ecke Rue Royale / Rue Saint-Honoré. Während sie Brioches und Croissants aßen, begann, nicht weit entfernt von ihnen, Ariane mit dem Louvre-Aufsatz. Sie überlegte kurz, ob sie zuvor einige persönliche Bemerkungen vorausschicken sollte, eine Anrede wie beim Haussmann-Aufsatz, ließ es dann aber und schrieb auf die erste Seite bloß »Der Louvre«. Darunter setzte sie: »Die wichtigsten Daten seiner Geschichte. Fakten und Zahlen!« Sie beschloß, den Aufsatz systematisch nach Daten zu ordnen, und begann auf der zweiten Seite mit der Zahl 1190.

Anton wollte mit dem Taxi nach La Villette, zu dem großen Areal im Nordosten der Stadt, auf dem 1986 ein Freizeitpark sowie ein Wissenschafts-, Technik- und Industriemuseum – die CITÉ DES SCIENCES ET DE L'INDUSTRIE – entstanden sind. Charlotte hielt dies für eine unnötige Geldausgabe, zudem für die langsamere Variante des Hinkommens. Also liefen sie bis zur Station Opéra und nahmen von dort die Métro bis zur Porte de la Villette im Norden des Parks.

Charlotte machte es anders als Ariane. Sie begann nicht schon in der Métro mit den Erklärungen – während der Fahrt kamen sie unter anderem auf PROUST zu sprechen und unterhielten sich über sein Liebesleben, über seine jugendlichen Verliebtheiten und seine späteren Liebschaften, denen er sich nach dem Tod der Mutter, der seine Vorlieben verheimlicht hatte, geradezu hemmungslos hingegeben hat. Am bekanntesten wurde wohl das Verhältnis mit dem Hotelangestellten Léon, einem Schützling seines Freundes Reynaldo Hahn, damals Student, noch nicht Komponist und Operndirektor. Die anderen Jungs – nicht eben wenige – machte Proust zu Sekretären.« »Und Frauen, Charlotte, gab's die nicht in seinem Leben?« –

»O doch. Ich glaube aber eher André Gide, der Proust – nicht eben schmeichelhaft – für den ›Großmeister der Verstellung‹ erklärte und der Nachwelt ein Geständnis des Dichterkollegen weitergab: Frauen, so habe Proust ihm anvertraut, habe er ›immer nur geistig geliebt, und die Liebe stets nur mit Männern erfahren‹.« Anton hielt das für eine seltsame und gefährliche Trennung von Geist und Körper.

Porte de la Villette: Sie stiegen die Treppen der Métrostation hinauf und befanden sich auf der Esplanade de la Rotonde mit Blick auf das modernistische Gebäude des Wissenschaftszentrums.

»Mit der Planung von La Villette wurde 1979 begonnen. Auf dem 55 Hektar großen Gelände stand früher der zentrale, aus vielen Gebäuden bestehende Schlachthof von Paris. Staatspräsident Valéry Giscard d'Estaing ging es darum, den Franzosen und den Besuchern aus aller Welt die Errungenschaften von Wissenschaft, Technik und Industrie in einem Komplex zu dokumentieren und zu präsentieren. Wie hoch er diese Leistungen einschätzte, zeigt die Größe des Gebäudes: Das Wissenschaftszentrum ist viermal so groß wie das Centre Pompidou mit all seinen Ausstellungs- und Bibliotheksräumen. Wie Sie sehen, Anton, baute der Architekt ADRIEN FAINSILBER, der siegreich aus dem Wettbewerb von 1980 hervorgegangen war, kein Museum im klassischen Sinn, sondern ein Forum mit mehreren Hallen, offenen und transparenten. Er verwendete Glas, Granit und Stahl und integrierte geschickt Wasser, Licht, sogar Blumen und Bäume. Fainsilber nennt den Komplex eine ›Cité‹. Wollen Sie hineingehen, an Computern spielen? Fauna und Flora bestaunen? Ins Planetarium?« Anton wollte lieber mit Charlotte weiter durch den PARC DE LA VILLETTE spazieren und alles über diese schöne Anlage erfahren.

»Der im Osten angrenzende Park wurde von dem Schweizer Architekten BERNARD TSCHUMI angelegt und offenbart sich mit seinen Lehrpfaden als schöne Weiterführung und Ergänzung des Museums. Und diese glänzende Kugel, in der sich der blaue Himmel von Paris spiegelt, ist die GÉODE. Sie hat imponierende

Ein neuer Raum für
neuen Klang.
Christian de Portzamparc
entwarf zusammen mit
dem Komponisten
Pierre Boulez die
Cité de la Musique
im Park von La Villette

36 Meter Durchmesser und scheint in dem quadratischen Was-
serbassin vor der Cité zu schwimmen. Unter dieser kunstvollen
und teuren Hülle verbirgt sich ein Omnimaxkino, in dem der
Besucher zu einem Weltraumflug starten oder auf den Meeres-
grund hinabtauchen kann.« Anton wollte wissen, was ein Omnimaxkino ist, aber er gab, höflich wie er war, seiner Neugier
nicht gleich nach, da fragte schon Charlotte: »Sie wissen, was so
ein Kino ist? Erstaunlich, ich wußte es nicht.« – »Ich traute mich
nicht zu fragen, seit Suger bin ich ein wenig verunsichert, Charlotte, kurz: Ich halte mich momentan für besonders dämlich.«
»Sie übertreiben galant, Anton. Ich erkläre Ihnen dieses Wun-
derding, so gut ich kann: Das projizierte Bild auf der Leinwand
ist neunmal so groß wie in einem normalen Kino. Und da das
Sehfeld des menschlichen Auges, das etwa 140 Grad beträgt, die
180-Grad-Projektionsfläche nicht zu erfassen vermag, bekommt
der Besucher den Eindruck, Mitspieler im Film zu sein. Wollen
Sie hinein?« Anton wollte immer noch lieber weiterspazieren. Sie
kamen an dem von Charlotte schon erwähnten Unterseeboot
vorbei; und sie erklärte, daß Tschumi die 25 knallroten Pavillons
– ›Folies‹ genannt wie die Lustschlösser des 18. Jahrhunderts –
zur Stukturierung eingesetzt hat und zur Auflockerung. »Sie
sind jeweils dreigeschossig und zehn mal zehn Meter groß. Darinnen findet man mal ein Kino, mal ein Restaurant, ein Café, ein
Informationszentrum oder ein Kinderspielhaus. Einige Folies
sind Brücken oder Aussichtstürme.«

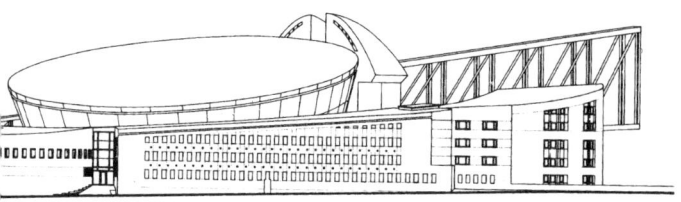

Sie überquerten den Canal de l'Ourcq, der das Gelände etwa in der Hälfte durchfließt, und waren bald an der GRANDE HALLE, einem riesigen, aber doch graziös wirkenden Gebilde aus Gußeisen und Glas. »Das ist die ehemalige Rinderhalle von 1867, gebaut von JULES DE MÉRINDOL und meiner Meinung nach eines der elegantesten Beispiele für Eisenarchitektur. Hier finden heute Messen statt, Konzerte, Theateraufführungen. Ich selbst habe hier während des Pariser Herbstfestivals wundervolle Gastspiele der Japaner gesehen: Kabuki- und No-Spiele.«

Bevor sie im Süden in der Métrostation Porte de Pantin verschwanden, sahen sie sich noch zur Rechten die CITÉ DE LA MUSIQUE an, die gebaut wurde, um das traditionelle, 1795 durch den Nationalkonvent ins Leben gerufene Musikkonservatorium in der Rue de Madrid zu entlasten. Gegenüber liegt der 1995 fertig gewordene Musiksaal, ein Saal von und für den Komponisten und Dirigenten Pierre Boulez, der auch bei der Planung als Berater mitwirkte. Auf Charlottes Vorschlag hin gingen sie hinein, und Anton war angetan von der ›musikalischen Straße‹, die sich als überdeckte, langsam sich verjüngende Spirale – bestückt mit Ausstellungsstücken, Büchern, Notenblättern, Photos – um die ovale Mitte, den Konzertsaal, windet. »Im Saal haben 800 bis 1200 Zuhörer Platz; es kommt darauf an, wie man das Orchester plaziert, frontal oder zentral. Wie Sie sehen, Anton, hat der Architekt CHRISTIAN DE PORTZAMPARC mit diesem Gebäude seinen Beitrag geleistet zu dem damals modischen

Dekonstruktivismus in der Architektur. Das aber interessiert die spielenden Kinder so wenig wie die Eltern und Großeltern, die hier am Wochenende Picknick machen. La Villette ist ein Wissenschafts- und Kunstzentrum, vor allem aber ein Volkspark. Und wegen dieser Mischung mag ich diesen Ort.«

Für das Mittagessen hatten sie sich so geeinigt, daß Anton einlud und Charlotte den Ort bestimmte. Ganz in der Nähe der Place des Victoires aßen sie fette Würste aus dem Périgord mit Linsen und tranken einen einfachen Bordeaux. »Kein leichtes Mahl, ich weiß, Anton, aber mir schmeckt es hier immer besonders gut. Und am Nachmittag haben wir ja kein Programm. Sie müssen mir versprechen, daß Sie diesen Ort niemandem verraten, sonst kommt man gar nicht mehr rein.«

Anton faßte sich ein Herz und bat für den Nachmittag um den Besuch der Skulpturenabteilung, wenn Madame nichts Besseres vorhabe. Denn dann könnten sie morgen vielleicht noch etwas anderes unternehmen. Charlotte war einverstanden und ließ sich daraufhin eine andere Entschuldigung für dieses Gericht einfallen, das Bauarbeiter sättigen würde: »Für die nötige Leichtigkeit sorgen gleich Edmé Bouchardons *Cupido* und Antonio Canovas *Eros*! Und für die Figur lange Wege und viele Treppen.«

Sie liefen durch den Garten des Palais-Royal in den Louvre. Anton wollte wissen, was Charlotte von den schwarzweiß gestreiften, verschieden hohen Säulen hielt, die DANIEL BUREN 1986 in dem Ehrenhof installierte und die den Touristen als Hocker dienen oder als Sockel, um sich darauf photographieren zu lassen. Ihre Antwort war nicht eben direkt: »Allemal schöner als der Parkplatz, den es zuvor hier gab.«

Louvre: Skulpturenabteilung

Die Skulpturenabteilung des Louvre profitierte von der Erweiterung des Museums außerordentlich: Um zwei glasüberdachte Innenhöfe des Richelieu-Flügels, die COURS MARLY UND PUGET, gruppieren sich im Erdgeschoß nun 33 Säle mit Werken der französischen Plastik, die italienische und spanische Skulptur ist im Zwischengeschoß des Denon-Trakts zu finden. Charlotte führte Anton als erstes in die beiden Lichthöfe, in denen die Monumentalplastik des 17. und 18. Jahrhunderts – darunter ANTOINE COYSEVOX' und GUILLAUME COUSTOUS berühmte *Pferde von Marly* – einen Auftritt hat, wie er stärker kaum vorstellbar ist: eine Inszenierung auf unterschiedlichen Plattformen, die sich zu einem atemberaubenden Tableau bündelt.

Ansonsten zeigte sie ihm nur die wichtigsten Plastiken. Auch diese Abteilung ist ja, wie alles im Louvre, riesig, und man läuft stets Gefahr, die Fülle der Exponate zu unterschätzen und schon am Anfang der FRANZÖSISCHEN SKULPTUR zu viel Zeit zu verbringen: bei den romanischen, noch ganz den Gesetzen der Architektur unterworfenen Werken und bei den gotischen. Bei historisch wie lokalpatriotisch so bedeutsamen Arbeiten wie dem großen Kapitell aus der Abtei Sainte-Geneviève in Paris, das den Propheten *Daniel in der Löwengrube* zeigt. Oder den Arbeiten aus anderen Regionen Frankreichs, die ganz eigene Kunstformen entwickelten – üppig dekoriert im Languedoc, dem gallorömischen Stil nachempfunden in der Provence oder mit Lust am Fabulieren gestaltet in Burgund. Natürlich gibt es aus Frankreich auch die Werke der Künstler des 16. bis 18. Jahrhunderts: Jean Goujon und Germain Pilon, die Meister der Renaissanceplastik, und der kraftvoll dramatische Provenzale Pierre Puget, einer der wenigen echten Anhänger des Barock. Man findet Antoine Coysevox und seine Neffen, Nicolas und Guillaume Coustou, aus dem ›grand siècle‹ Ludwigs XIV., die in ihren Porträtplastiken bereits die Zartheit des Rokoko ankündigen, sowie Jean-Antoine Houdon, den Büstenplastiker, der mit formaler Genauigkeit und Mut zum technischen Experiment die Persönlichkeit seiner Modelle herausarbeitet.

Hinzu kommt aus ITALIEN die Skulptur des 13. bis 18. Jahrhunderts von Nino Pisano, della Quercia, Donatello, Verrocchio della Robbia, Duccio und so weiter. Nicht zu vergessen die DEUTSCHE PLASTIK mit ihren Hauptwerken aus dem 15. Jahrhundert wie die *Madonna von Isenheim* und die *Verkündigungsmadonna* von Tilman Riemenschneider.

»Wir laufen uns jetzt also die Wurst und die Linsen wieder ab. Es wird kein Spaziergang, eher eine Wanderung.« Anton erklärte sich mit allem einverstanden und äußerte nur eine Bitte: ein chronologisches Besichtigungsprogramm. »Ich kenne mich – mit einer Ausnahme – bei der Plastik überhaupt nicht aus.« – »Die Ausnahme?« – »Michelangelo.« – »Den kriegen Sie auch zu sehen.« Anton verriet nicht, daß er den beiden *Sklaven* schon einen Besuch abgestattet hatte.

Zuerst führte Charlotte zu einer bemalten hölzernen Christusfigur, die offensichtlich ursprünglich an einem Kreuz hing und wohl zu einer größeren Kreuzigungsgruppe gehörte, aus dem Spanien des späten 12. Jahrhunderts. Dann zeigte sie ihm den steinernen Kopf einer Frau mit einer seltsamen Kopfbedeckung – einem kronenähnlichen Hut –, entstanden wohl in Reims im zweiten Viertel des 13. Jahrhunderts. Die nächsten Stationen waren: ein lächelnder *Karl V.*, zu dessen Lebzeiten geschaffen, also Mitte des 14. Jahrhunderts, und eine Zeitlang André Beauneveu zugeschrieben; ein sehr kleiner, bloß 46 Zentimeter großer *Heiliger Stefan*, bemaltes Holz, Ende des 15. Jahrhunderts, wohl von Antoine de Moiturier; eine Terrakotta-Büste von *Louise von Savoyen* aus derselben Zeit – sie schmückte einst die Fassade des Château de la Péraudière in der Touraine. Schließlich kamen sie zu Michelangelos *Sklaven*. Sie waren 1513-15 für das Grabmal von Papst Julius II. entstanden, das niemals fertig wurde, und gelangten – nach mehrmaligem Besitzerwechsel – 1794 in den Louvre.

Danach wurde und blieb es französisch: Charlotte liebte den schlafenden *Charles de Maigny*, eine Grabstatue von PIERRE BONTEMPS, einem Künstler des 16. Jahrhunderts, dem Anton schon in der Basilika von Saint-Denis begegnet war, beim Grabmal für Franz I. Was sie allerdings an der Bronzebüste von JACQUES SARRAZIN fand, einem 1643 entstandenen Porträt *Ludwigs XIV.* als Kind, konnte er nicht verstehen. Er fand es geschmäcklerisch und zuckrig, sie hervorragend gearbeitet und süß. »Immerhin eine Übereinstimmung«, freuten sich beide.

Bei JEAN-BAPTISTE PIGALLES *Merkur*, wahrscheinlich 1739 vollendet, waren sie sich wieder einig. Die 56 Zentimeter hohe

Statuette aus weißem Marmor hatte Grazie, Charme und eine frappierende Leichtigkeit. Dann lotste ihn Charlotte zu BOUCHARDONS marmornem *Cupido*, einem zarten Knaben, geschaffen 1750, und zum *Sterbenden Gladiator* von PIERRE JULIEN. »Das ist ein wenig bekannter Künstler der französischen Neoklassik«, erklärte sie.

Danach kamen Charlottes Lieblinge. Zuerst betrachteten sie eine Marmorgruppe von ANTONIO CANOVA: *Amor und Psyche* aus dem Jahr 1793. Dargestellt ist jener spannende Moment, da Psyche durch einen Kuß von Eros wieder zum Leben erweckt wird. Der langbeinige Knabe nähert sich der Schönen von hinten, den einen Arm unter ihren Brüsten, mit dem rechten die Wange und den Hals der Frau kosend. Sie blickt zu ihm auf und nimmt zaghaft, doch entschlossen und verliebt den Kopf des Flügelwesens zwischen die Hände.

Gegen dieses Meisterwerk des endenden 18. Jahrhunderts kommt ANTOINE-DENIS CHAUDETS *Cupido* von 1802 zwar nicht an, dennoch ist an dem hockenden Jüngling, der mit einer Rose einen Schmetterling zu fangen sucht und Lust und Begehren, vielleicht sogar die Freude und den Schmerz der Liebe versinnbildlicht, der gespannte Körper zu bewundern: Nur mit den Zehen berührt der Knabe den Boden, so als wollte er sogleich wieder fortfliegen mit seiner Beute.

Zuletzt dirigierte Charlotte den Theaterliebhaber Anton vor eine große Marmorstatue. Und er bestaunte den sitzenden *Corneille*, 1776 geschaffen von JEAN-JACQUES CAFFIERI. Der Dichter arbeitet, wie die Blätter in seiner linken, die Feder in seiner rechten Hand beweisen. »Er guckt arg grimmig«, meinte Anton. »Vielleicht«, gab Charlotte heiter zu bedenken, »antwortet er gerade auf das Gutachten der Académie Française, die ästhetische und moralische Bedenken gegen sein Drama *Der Cid* vorbrachte. In solchen Momenten grinst niemand. Die Figur stand übrigens für lange Zeit im Institut de France.«

Am späten Nachmittag trennten sie sich voneinander. Charlotte bat Anton um das Sonntagsprogramm und entschuldigte sich, daß sie am Abend schon etwas vorhatte.

Zu Hause angekommen, freute sich der müde Paris-Wanderer, Arianes Louvre-Aufsatz im Briefkasten zu finden. Auf dem Couvert hatte sie flüchtig vermerkt: »War schneller als Sie. Hier das Gewünschte. Schönen Sonntag. Gruß A.« Fleißig und beleidigt, dachte Anton – und begann wenig später zu lesen.

Der Louvre

Die wichtigsten Daten seiner Geschichte. Fakten und Zahlen!

1190 Unter der Herrschaft Philipps II. August (1180-1223) Errichtung des Donjon, also des Wehrturms und der Festung des Louvre. Wie Sie schon wissen, Anton, lebte der König in seinem Palast auf der Île de la Cité. Der Donjon sicherte also nur den Zugang zur Insel. Diese Wehranlage befand sich im südwestlichen Teil der heutigen Cour Carrée.

1214 In dem fertiggestellten Turm werden der Staatsschatz, die Archive und die königliche Gerätekammer untergebracht. Der Turm dient zugleich als Gefängnis, was mich an die vielen Tower-Morde in Shakespeares Königsdramen erinnert.

1365-1379 Karl V. (1364-1380) läßt die Festung zu einer Wohnburg umbauen und nach Osten und Norden vergrößern. Der Wehrturm ist jetzt von Gebäuden umschlossen. Im Turm findet nun des Königs Bibliothek Platz. Der König residierte zwar ab und an in diesem Palast, aber der eigentliche Sitz des Hofes war im Hôtel Saint-Paul, also im Osten der Stadt.

Ende 15. bis Anfang 16. Jahrhundert Die Könige residieren im Loire-Tal.

1527 Franz I. beschließt, den Louvre zu seiner Residenz zu machen. Der Wehrturm wird geschleift. Aber erst 1546 erteilt der König dem Architekten Pierre Lescot den Auftrag, einen neuen Louvre zu bauen. Lescot führt den an der Loire bereits durchgesetzten Renaissancestil in Paris ein. Als Franz I. 1547 stirbt, sind die ersten Mauern errichtet. Die vom König angelegte Gemäldesammlung bleibt aber trotz der folgenden Louvre-Anbauten und -Vergrößerungen bis Mitte des 17. Jahrhunderts im Schloß von Fontainebleau.

1547-1549 Heinrich II. läßt den Lescot-Flügel fertigstellen, also den südlichen Teil des Westflügels der jetzigen Cour Carrée. Die Innendekoration gestaltet der Bildhauer Jean Goujon. Außerdem wird der Pavillon du Roi gebaut, er stand dort, wo jetzt die ›Salle

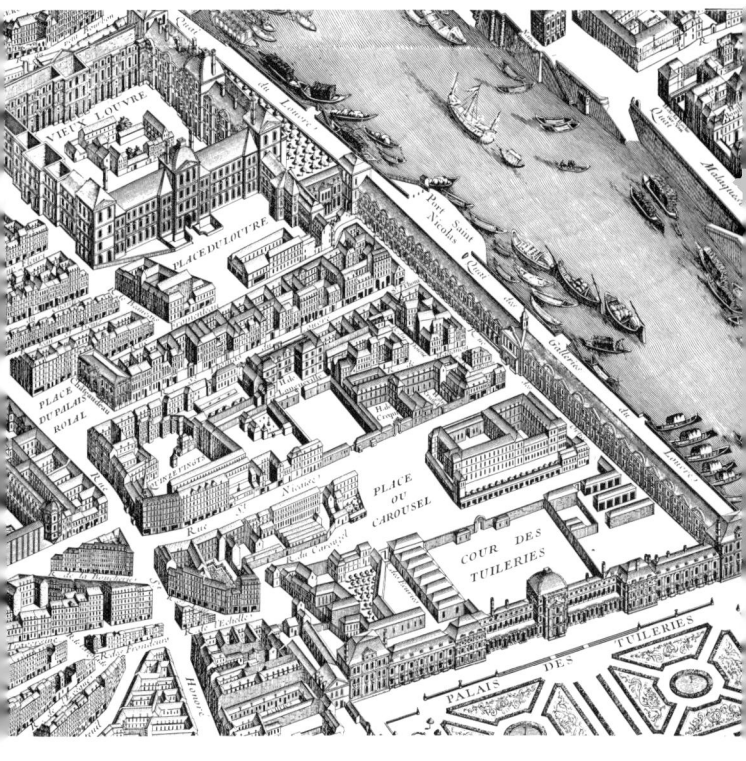

Der Louvre im Zustand des frühen 18. Jahrhunderts.
Aus dem ›Plan de Turgot‹, 1739

des Sept Cheminées‹ ist, der Saal
der sieben Kamine.
1559-1574 Unter den Königen
Franz II. (1559-1560) und Karl IX.
(1560-1574) werden die Südge-
bäude der Cour Carrée errichtet.
1564 Katharina de' Medici beauftragt Philibert de l'Orme (manchmal auch Delorme geschrieben),

ihr außerhalb der Stadtmauern
auf dem Gelände der Ziegeleien
ein Lustschloß zu errichten.
1566 Um den Louvre mit diesem
neuen Schloß zu verbinden, plant
Katharina de' Medici eine lange
Galerie entlang der Seine, die
Petite Galerie. Man beginnt mit
dem Bau im Osten, zunächst

aber wird er nicht vollendet. Der Louvre wird eine ewige Baustelle, wie der Kölner Dom.

1574 Der Tuilerienpalast steht.

1595-1600 Unter Heinrich IV. (1589-1610) wird 1604 die Kleine Galerie endlich fertiggestellt und bis 1608 aufgestockt mit der sogenannten Großen, der Grande Galerie, ausgeführt von Louis Métezeau und Jacques II Androuet du Cerceau. Mit diesem parallel zur Seine gebauten Trakt besteht jetzt eine Verbindung zum Tuilerienpalast. Während der Regierungszeit von Maria de' Medici wird am Louvre nicht viel verändert, man schmückt nur die Zimmer der Königinmutter aus, im Erdgeschoß der Cour Carrée gelegen.

1624-1654 Unter Ludwig XIII. (1610-1643) errichtet Jacques Le Mercier den Pavillon de l'Horloge, der an den Lescot-Flügel anschließt und dazu noch ein sich nach Norden erstreckendes symmetrisches Abbild dieses Flügels ist.

1641/42 Nicolas Poussin malt das Deckengewölbe der Großen Galerie aus, und zwar mit Themen aus der Geschichte des Herkules.

1643 Nach dem Tod Ludwigs XIII. bezieht Anna von Österreich zunächst das Palais-Royal, kehrt aber, aufgeschreckt durch den Adelsaufstand, 1651 mit ihrem Sohn, dem jungen Ludwig XIV., in den Louvre zurück.

1655-1657 Der Italiener Giovanni Romanelli dekoriert die Ge-

Fassade von Pierre Lescot in der Cour Carrée, 1553.
Stich von Jacques Ier Androuet du Cerceau

mächer der Anna von Österreich im Erdgeschoß der Kleinen Galerie.

1659-1664 Louis Le Vau errichtet den Nord- und Südflügel der Cour Carrée.

1661-1670 Nach dem Brand der Galerie des Rois, der Königsgalerie, errichtet Le Vau dort die Apollo-Galerie.

Nicht nur in den Louvre steckte man Geld und Zeit, nicht nur hier wurde an- und umgebaut, dekoriert und gemalt, auch der Tuilerienpalast wurde von 1664 bis 1666 erweitert und verändert. Wieder war Le Vau im Geschäft und mit ihm der Architekt François d'Orbay.

1667-1670 Le Vau, d'Orbay und Claude Perrault errichten die Kolonnaden und die Ostfassaden des Palastes. Vor die Südfassade wird von Le Vau eine neue, den Stil der Kolonnaden aufnehmende Verblendung gebaut.

1674 Abbruch der Bauarbeiten am Louvre.

1678 Umzug des Hofes nach Versailles. Das dortige Schloß bleibt bis 1789 Residenz des Herrschers und des Hofes. Die bedeutende Gemäldesammlung des Königs ist zu Anfang der Regierungszeit Ludwigs XIV. sowohl im Louvre als auch im angrenzenden Hôtel de Grammond untergebracht. Danach wird sie auseinandergerissen und auf die verschiedenen Residenzen verteilt.

1725 Der Louvre beginnt sich zu einem Museum zu entwickeln. Die Ausstellung der Académie Royale de Peinture et de Sculpture findet im Salon Carré des Louvres statt. Daher stammt übrigens die Bezeichnung ›Salon Carré des Louvres‹ für die folgenden Kunst-, Buch- und Autoausstellungen. Bis 1848 ist diese Akademie Gast im Salon Carré.

1754 Jacques-Ange Gabriel baut die zweite Etage der Cour Carrée um.

1755-1774 Die alten Trakte, die den Weg zur Cour Carrée und den Kolonnaden versperren, werden abgerissen.

1774 Ludwig XVI. (1774-1792) bestimmt den Comte d'Angivillier zum Oberintendanten der königlichen Bauten. Es entstehen erste Pläne, die Große Galerie – in der Pläne und Modelle der königlichen Festungen aufbewahrt werden – zu einem Museum umzubauen.

1784 Elf Jahre, nachdem man die Große Galerie ausgeräumt hat, wird Hubert Robert, Konservator der königlichen Sammlungen, damit beauftragt, ernsthafte Vorbereitungen für ein Louvre-Museum zu treffen.

1789 Im Jahr der Revolution erhält der Salon von oben einfallendes Licht.

1791/92 Die königliche Sammlung wird verstaatlicht. Eine Künstlerkommission beschäftigt sich mit der Vorbereitung und der Eröffnung eines Museums, wobei auch die beschlagnahmten Kunstwerke der Kirchen, Klöster und adligen Emigranten präsentiert werden sollen.

1793 Eröffnung des Musée Central des Arts.

1800 Napoleon I. (1799-1815) zieht in den Tuilerienpalast ein.

1802-1815 Das Museum, das von 1803 an den Namen ›Musée Napoléon‹ trägt, wird von Dominique Vivant Baron Denon als Direktor geleitet; dessen Name wurde für den südlichen Museumstrakt gewählt, jenem, in dem Sie das griechische Theater suchten, Anton.

1806 Die Architekten Charles Percier und Pierre François Léonard Fontaine erbauen als ein monumentales Eingangstor zu den Tuilerien: den Arc de Triomphe du Carrousel.

1810-1814 Dieselben Baumeister errichten den Nordflügel des Palastes an der Rue de Rivoli. Es folgen 13 Jahre, die für den Louvre-Bau bedeutungslos sind, nicht aber für die Sammlung. Denn nach der Waterloo-Niederlage kehren die von den Verlierern abgetretenen, requirierten, man kann auch sagen: geraubten Kunstwerke in ihre Ursprungsländer zurück. Mit Ausnahme von etwa hundert Gemälden italienischer Meister.

1827 Im Südflügel der Cour Carrée wird unter Karl X. (1824-1830) das ›Musée Charles X‹ eröffnet.

1838 Im Louvre wird von Louis-Philippe (1830-1848) das ›Spanische Museum‹ eröffnet, und zwar im Kolonnaden-Flügel.

1848 Während der Zweiten Republik, die nur drei Jahre währte, von 1848 bis 1851, wird beschlossen, den Louvre zu einem ›Volkspalast‹ für Künste und Wissenschaften umzubauen und zu restaurieren. Félix Duban restauriert den Salon Carré und die Apollo-Galerie, für die bei Eugène Delacroix ein Gemälde in Auftrag gegeben wird. Und Victor Hugo unterstützt den Plan mit einer emphatischen Rede: »In der Kapitale eine Art hauptstädtischen Schwerpunktes, ein Bauwerk der Intelligenz zu schaffen; den Geist dort einziehen zu lassen, wo das Königtum zu Hause war. Eine Macht durch die andere ersetzen. Wo der Glanz des Thrones leuchtete, den des Genies erstrahlen lassen. Der Größe der Vergangenheit das folgen lassen, was die Größe der Gegenwart ausmacht und die Schönheit der Zukunft ausmachen wird. In dieser Metropole des Geistes den Namen des Louvre bewahren, der Souveränität und Ruhm bedeutet: Das ist es, meine Herren, ein Ideal hehr und schön. Paris wieder zum Leben erwecken, Paris verschönern,

›Der Wagen des Apollo‹,
Entwurf von Eugène Delacroix für das Gemälde,
mit dem er 1851 die Apollo-Galerie schmückte

den hohen Gedanken der Zivili-
sation, den diese Stadt verkörpert, noch steigern, riesenhaft.
Unternehmen aller Art allen
Klassen von Arbeitern anbieten,
vom Handwerker bis zum Künstler, den einen Brot geben, den andern Ruhm, das Volk mit einer
Idee füllen und gleichzeitig
ernähren, wenn die Friedenshas-
ser es auch mit Leidenschaften
aufzustacheln versuchen – ist das
nicht ein nützlicher Gedanke?«
Sie wissen, Anton, daß der Juni-
Aufstand sowohl im monarchisti-
schen als auch im aufständischen
Lager viele Opfer kostete – 15 000
Tote. Das ist die traurige Nachricht, die gute: Der Umbau des
Louvre stellte auch eine Arbeits-
beschaffungsmaßnahme dar, um
die Zahl der Arbeitslosen, die in
dieser Umbruchzeit täglich stieg,
zu verringern.
1851 Louis Napoléon Bonaparte,
der spätere Napoleon III., der
Haussmann-Kumpan, eröffnet
die neugestalteten Räume.
1852 Haussmann beginnt abzu-
reißen, was ihn stört. Zuerst die

Bautrakte zwischen dem Louvre und den Tuilerien.

1852-1857 Der Neue Louvre wird gebaut; von Louis Visconti und Hector Lefuel. Dabei werden die beiden Paläste im Norden durch einen Gebäudekomplex verbunden, der das Viereck schließt. Da die Architekten zudem auf jeder Seite der Cour Napoléon neue Flügel anfügen, entstehen große Innenhöfe, die wiederum Voraussetzung sind für Säle mit einfallendem Licht.

1861-1870 Wiederaufbau des ›Pavillon de Flore‹ und des Ostflügels der Großen Galerie. Auf der Seine-Seite werden die Durchgänge zu den Innenhöfen, die sogenannten Guichets, angelegt.

1871 Während der Pariser Kommune verwaltet ein hochbesetzter Rat von Konservatoren das Museum. Ihm gehören neben anderen Gustave Courbet und Honoré Daumier an. Im selben Jahr brennen die Tuilerien ab; 1882 trägt man die Ruinen ab. So ist heute der Blick möglich, den Sie und ich so schätzen: Vom Louvre zum Arc du Carrousel, zum Arc de Triomphe und bis zur Grande Arche de La Défense. Noch nicht erwähnt habe ich bisher, daß nur ein sehr kleiner Teil der Räume Museum war, der Großteil des ehemaligen Palastes diente zur Unterbringung von Ministerien.

1895 Gründung der ›Réunion des musées nationaux‹, der Vereinigung der nationalen Museen.

1929 Ausmalung der Großen Galerie nach den Plänen von Hubert Robert. Zugleich werden unter der Leitung des Direktors der Museen, Henri Verne, die Sammlungen neu geordnet.

1945 Man beginnt die Sammlungen, die während des Zweiten Weltkriegs evakuiert worden waren, in den Louvre zurückzubringen.

1953 Georges Braques dreiteiliges Werk *Die Vögel* schmückt nun statt Merry-Joseph Blondels 1822 entstandenem Deckengemälde die Salle Henri II.

1961 In der zweiten Etage der Cour Carrée werden die Gemäldesammlungen des 19. Jahrhunderts eröffnet.

1968-1972 Vier Neueröffnungen: Grande Galerie, Salon Carré, Galerie Mollien und Galerie Daru.

1969 Eröffnung der Säle im Pavillon de Flore, in dem zuvor einige Abteilungen des Finanzministeriums untergebracht waren.

1981 Man beschließt, dem Louvre auch den Flügel zwischen der Cour Napoléon und der Rue de Rivoli zu überlassen, der bis dahin ebenfalls vom Finanzministerium okkupiert war.

1983 Der chinesisch-amerikanische Architekt Ieoh Ming Pei wird beauftragt, das Museum neu zu gestalten. Sein Vorschlag:

Hubert Robert, ›Ansicht der Großen Galerie des Louvre‹,
1796, Musée du Louvre

neuen Raum unter der Cour Napoléon zu schaffen, um so dem Museum einen zentralen Punkt zu geben, einen Ausgangs- und Treffpunkt. Der Hauptein- gang, den dank der 1989 fertigge- stellten gläsernen Pyramide nie- mand übersehen kann, erlaubt seit 1993 einen unterirdischen Zu- gang zum ganzen Museum. Von

dort erreicht man jetzt die drei
Trakte des ›Grand Louvre‹:
Richelieu, Sully und Denon.
1993 Der Richelieu-Flügel an der
Rue de Rivoli wird eingeweiht,
hier befinden sich auch die
Wohn- und Repräsentations-
räume Napoleons III., die Sie sich
nicht entgehen lassen sollten, Anton. Sie werden staunen und sich

auf eine Bühne versetzt fühlen,
auf der Jacques Offenbachs
Pariser Leben gegeben wird oder
Johann Strauß' *Die Fledermaus.*
1997 Im Sully-Trakt, also in den
nach Osten weisenden Sälen um
die Cour Carrée, wird die neuge-
ordnete Ägyptische Abteilung
eingeweiht.

»Womit wir bei Ihrem ersten Paris-Tag mit mir angelangt sind.
Beim *Schreiber.* Das Fräulein Schreiberling dankt für die Aufmerksamkeit und wünscht eine gute Nacht. Ariane.«

Anton war zufrieden. Wenn Sie bei Notre-Dame genauso
ausführlich ist, dann spendiere ich ihr einen Seidenschal, sogar
von Yamamoto, dachte er. Sekunden später fragte er sich aber,
ob nicht Charlotte die bessere Wahl wäre, schließlich wußte sie
von der Basilika in Saint-Denis weit mehr als Ariane. Er schlief
ein, ohne sich entschieden zu haben.

Charlotte erzählte einer Freundin von Anton. Sie mochte
ihn, und ihr gefiel besonders, daß er ihr die deutsche Literatur
näherbrachte. Heute hatte er ihr zum Beispiel ein kurzes Zitat
aus einem Gespräch Goethes mit Johann Peter Eckermann, seinem Vertrauten und Sekretär, gegeben, eine Eloge auf Paris:
»Donnerstag, der 3. Mai 1827: Nun aber denken Sie sich eine
Stadt wie Paris, wo die vorzüglichsten Köpfe eines großen Reiches auf einem einzigen Fleck beisammen sind und im täglichen Verkehr, Kampf und Wetteifer sich gegenseitig belehren
und steigern, wo das Beste aus allen Reichen der Natur und
Kunst des ganzen Erdbodens der täglichen Anschauung offen
steht; diese Weltstadt denken Sie sich, wo jeder Gang über eine
Brücke oder einen Platz an eine große Vergangenheit erinnert,
und wo an jeder Straßenecke ein Stück Geschichte sich ent-
wickelt hat!« – Das war ihre Stadt, und sie war stolz auf sie.

Rodin, Hugo, Berlioz oder
Von der Eitelkeit mancher Künstler

Anton hatte sich seinen Wecker gestellt, denn er wußte, daß ihm etwas einfallen mußte für Charlotte. Erst dachte er an einen Ausflug. Nach Fontainebleau zum Beispiel oder nach Versailles. Aber es war viel zu schönes Wetter, um lange mit dem Auto rumzukurven oder im Zug zu schwitzen. Er blätterte in seinem Reiseführer, fand aber nichts, wohl auch, weil er nicht ernsthaft nachschlug. Drum versuchte er sein Glück in seinem Zettelkasten, denn er hatte natürlich die viele Jahre lang gesammelte Kartei mit den Namen von Dichtern, Komponisten und Malern mit nach Paris gebracht. Einziges Kriterium für die Aufnahme war stets gewesen: Sie müssen in Paris gelebt haben, ob nur eine Nacht oder ein Leben lang.

Er fand einen Dichter, dem an diesem Sonntag mit Charlotte zu begegnen ihm Freude machen könnte, zudem machte er – und jetzt war sein Paris-Führer doch noch zu etwas nutze – im Register einen Ort ausfindig, der an einem solchen Sonnentag ideal war. In seinem Restaurantführer schaute er noch nach einem passenden Lokal, was sich als schwierig herausstellte. Die Auswahl war gering: Sonntags arbeiten Pariser Köche nicht gern. Bevor er Charlotte anrief, überlegte er sich, wo sie einander treffen könnten. Erst wollte er die Métrostation Varenne vorschlagen, doch dann hätte sie womöglich gleich erraten, wohin er sie führte. Deshalb wählte er École militaire, das würde sie in die Irre führen.

Charlotte freute sich über Antons Fleiß, versprach um 11 Uhr dort zu sein. Er reservierte einen Tisch für halb zwei, damit sie genug Zeit hätten für seine Unternehmung zuvor. Und sogar für den Nachmittag hatte er einen Plan. Ein Vorhaben, das sich ganz aus dem vormittäglichen Vergnügen ergeben würde. Und am Abend ein Konzert? Vielleicht hatte Charlotte ja nichts vor? Er hoffte es.

»Sie wollen mit mir das UNESCO-GEBÄUDE ansehen und dann an der École militaire vorbei, durch den Parc du Champs de mars bis zum Eiffelturm und dann oben mit mir essen, stimmt's?« – »Nein, ich sehe, mein Ablenkungsmanöver hat funktioniert.« – »Das freut mich, denn offen gestanden weiß ich nicht, was Paris-Besucher so fasziniert an dieser UNESCO-Gemeinschaftsarbeit aus den Jahren 1953 bis 1958. Allerdings waren namhafte Architekten daran beteiligt: Der ehemalige Bauhaus-Lehrer Marcel Breuer, der für seine Stahlbetonkonstruktionen berühmte Italiener Pier Luigi Nervi und der Elsässer Bernard Zehrfuss schufen das Sekretariatsgebäude, das sich durch seine Y-Form sehr geschickt dem Platz vor der École militaire anpaßt. Auch das Ziehharmonikadach des zweiten Hauses ist interessant. Der Dekor im Inneren des Hauptgebäudes stammt unter anderem von Picasso, Miró, Hans Arp und Le Corbusier, es sind dies aber alles keine richtig aufregenden Werke. Allein der JAPANISCHE GARTEN, angelegt von Isamu Noguchi, entlang der Avenue de Ségur, ist wirklich sehenswert: eine Parklandschaft mit Felsen, einem Bach, einem See und einer Brücke. Wenn Sie sehr viel Zeit haben, Anton, schauen Sie sich's an, aber dieser Komplex ist beim ersten Paris-Aufenthalt gewiß kein Muß.«

Anton führte Charlotte die Avenue de Tourville entlang, die glänzende Kuppel des Invalidendoms zur Linken, bog dann links

23 *Auf der Île de la Cité: Einladender Hinweis am Hotel Henri-IV*

24 *Das prachtvollste Bahnhofsrestaurant der Welt:*
    das ›Train Bleu‹ im Gare de Lyon

25 *Auf der Rive gauche: das ›Petit Zinc‹ in Saint-Germain*

in den Boulevard des Invalides ein. »Jetzt weiß ich's: Wir gehen ins RODIN-MUSEUM – ins Hôtel Biron – und flanieren durch den kleinen schönen Park!« frohlockte Charlotte. »Erraten! Ich hoffe natürlich, daß Sie mir auch einiges erklären können.« –»Ein bißchen weiß ich Bescheid. Dieses kleine Rokokopalais ließ sich der Perückenmacher Abraham Peyrenc de Moras 1728 errichten, gebaut wurde es von dem Architekten Aubert, der Vorname fällt mir vielleicht noch ein, tut mir leid. Danach mietete es die Herzogin von Maine, und schließlich kaufte es der Marschall Biron, nach dem es heute noch benannt ist. Dann wurde es nacheinander Ballhaus, russische Botschaft und Herz-Jesu-Kloster. 1911 erstand der französische Staat das Anwesen und stellte es verschiedenen Künstlern zur Verfügung. Hier wohnten Henri Matisse, Jean Cocteau, Isadora Duncan. Und Rainer Maria Rilke, der von 1905 bis 1906 Rodins Sekretär war, 1908 hier das Atelier seiner Frau Clara Westhoff übernahm und Rodin nachzog, mit dem er sich 1913 überwarf. Rodin vermachte sein Gesamtwerk dem Staat, der sich mit diesem Museum für ihn revanchierte. Bereits 1919, zwei Jahre nach dem Tod des Künstlers, wurde es eröffnet. Übrigens, Anton, Auberts Vorname ist Jean.«

Anton erzählte während des Rundgangs, daß er Rodin zwar als den größten Bildhauer des 19. Jahrhunderts anerkenne, selbst aber nicht eben ein Fan von ihm sei. Charlotte versuchte, ihm Rodin anhand eines Themas näherzubringen, das in dessen Werk ständig wiederkehrt: Eros und Kreativität – wunderbar so auch im Titel einer Ausstellung formuliert, die sie Anfang der neunziger Jahre in Deutschland gesehen hatte. Rodin verkörpere – habe sie damals gelesen – weitgehend den Begriff des modernen Künstlers, wie ihn Baudelaire und Nietzsche sahen: sein Genie gründe auf Erfindungskraft, Leidenschaft und einer auch vor Schocks nicht zurückschreckenden Originalität.

Sie unterhielten sich während des Rundgangs über Rodins enormen Einfluß auf die Zeitgenossen und Nachfolger, seine michelangeleske Kraft, seinen Impressionismus von Licht und Schatten auf den Oberflächen. Amüsiert blieben sie vor dem

Auguste Rodin, Studie zum ›Balzac‹.
Eine zwischen 1891 und 1898
entstandene Tuschezeichnung aus dem Musée Rodin

Balzac stehen, eine von über 50 Studien und Vorstufen für die 1897/98 geschaffene große Skulptur: Der nackte Dichter auf lustvollem Trip in größter sexueller Erregung. Kein Wunder, daß die Darstellung von Balzac im Mantel, die sie dann sahen, seinerzeit einen Skandal ausgelöst hatte – so erzählte Charlotte. Denn die Zeitgenossen wollten erkennen, daß dieses Monument im Mantel den masturbierenden Balzac verstecke. Daß Rodin an nackten Körpern seine Freude hatte, mehr noch an Frauen als an Männern, beweisen viele seiner Zeichnungen und Plastiken.

Faszinierend an Rodin ist vor allem das Fragmentarische, das Skizzenhafte, das Unfertige – eine Michelangelo-Qualität. Zwei solche Arbeiten stehen draußen im großen Garten neben den berühmten Werken *Die Bürger von Calais* oder *Der Denker* oder *Das Höllentor*, an dem Rodin nicht weniger als zwei Jahrzehnte arbeitete: Es sind die Skulpturen des *Victor Hugo* von 1919 und des *Balzac*, der in Paris auch am Boulevard du Montparnasse / Carrefour Vavin steht. Diese Arbeit betrachtete Rodin als die Summe seiner künstlerischen Bemühungen: »Das ist das Ergebnis meines ganzen Lebens, ja der Angelpunkt meiner Ästhetik. Vom Tag an, als ich ihn konzipiert hatte, war ich ein anderer Mensch. Meine Entwicklung war radikal: Ich hatte zwischen den großen, verlorengegangenen Traditionen und meiner eigenen Zeit eine Verbindung hergestellt, die ich jeden Tag enger knüpfe.«

Sie setzten sich in das kleine Museumscafé und sprachen, die Postkarten betrachtend, die Anton sich gekauft hatte, über die Arbeiten der Camille Claudel. Sie war von 1885 bis 1895 Geliebte, Muse und Mitarbeiterin des Künstlers, von ihm porträtiert in den Werken *L'aurore* und *La France*. Die Vereinsamte verbrachte die Jahre von 1913 bis zu ihrem Tod 1943 in der Nervenheilanstalt. Ihr Werk wurde erst 1984 durch eine Retrospektive wiederentdeckt, es bezeugt hohe Begabung und handwerkliche Qualität. Wenn es auch unter dem Einfluß des übermächtigen Rodin stand, haben doch einige Arbeiten und zumal die Kleinplastiken einen eigenen Duktus. *La valse*, meinte Charlotte, sei dafür ein gutes Beispiel. Und Camille Claudel gestaltete anrührend Trauer, zum Beispiel in *L'âge mûr*.

Bevor sie das Museum verließen, sahen sich Charlotte und Anton noch einmal ein Gemälde an, das sie begeistert hatte. Im 13. Saal, im ersten Stockwerk, hatten sie van Goghs 1887 vollendetes *Bildnis des Père Tanguy* gefunden. Es war eines der Gemälde, die sich in Rodins Besitz befanden. Anton bewunderte die Schönheit, den Ernst, die Menschlichkeit und Wahrhaftigkeit dieses Bildes. Ihn begeisterten die vielen Pinselstriche der blau-grünen Jacke; die Augen, die den Betrachter nicht ansehen, sondern nach innen zu schauen scheinen – ihr Blick ist nach unten gerichtet, träumerisch. Im Hintergrund viele bunte kleine Bilder. Père Tanguy – vielleicht in einem Atelier, vor einer Tapete, in einem Museum? Japanisches Kabuki und provenzalische Hitze. Rodin muß van Gogh geschätzt haben, er besaß von ihm auch noch *Les Moissonneurs* und *Le Train bleu* – ebenfalls im Hôtel Biron zu bewundern. Außerdem Monets *Paysage de Belle-Isle*.

»Und jetzt, Anton?« fragte Charlotte, als sie wieder auf der Straße standen. »Ich habe einen Tisch bestellt, wir haben aber noch ein wenig Zeit. Lassen Sie uns zu Fuß gehen, wenn es Ihnen nichts ausmacht.« Sie nahmen die Rue de Varenne in östlicher Richtung, dann die Rue de Bellechasse bis zum Boulevard Saint-Germain. Wenig später saßen sie bei Tisch im ›Chez Monet‹ in der Rue Cherche-Midi. Und Anton verkündete das Nachmittagsprogramm: »Haben Sie Lust, mich ins Haus von Victor Hugo zu begleiten, Charlotte?« Sie hatte, denn seit Ewigkeiten war sie nicht mehr dort gewesen.

Mit der Métro ging es ins Marais. Sie stiegen Saint-Paul aus, und Charlotte machte mit Anton einige Umwege. Sie wollte ihm ein bißchen vom literarischen Leben dieses Quartiers berichten: »Hier, in der Rue Michel-le-Comte Nummer 28 wohnten die Neckers, Sie wissen: JACQUES NECKER, der Bankier, Politiker und Finanzminister Ludwigs XVI. Seine Frau führte einen Salon, in dem sie die Enzyklopädisten empfing, also auch Denis Diderot. Der deutsche Schriftsteller Melchior Grimm, der von 1748 bis 1790 in Paris lebte, verkehrte ebenfalls hier, von ihm gibt es einen berühmten Briefwechsel über das französische Geistesleben, an dem Diderot mitwirkte. Madame de Staël wurde hier geboren, sie war die Tochter von Necker und dessen Schweizer Ehefrau Suzanne Curchod de Nasse – auch sie war eine Schriftstellerin.

Nach der Revolution verlor dieses noble Viertel all sein Renommee, es wurde ein Industrie- und Geschäftsviertel. BALZAC und EUGÈNE SUE fanden hier das Material für ihre Werke. Der Autor von *Die Geheimnisse von Paris* brachte seinen unsterblichen Monsieur Pipelet in der Rue du Temple Nummer 17 unter.

Und ALPHONSE DAUDET schrieb seinen Roman *Fromont jun. und Risler sen.* im Hôtel Lamoignon, in der Rue Pavée Nummer 24.« Staunend folgte Anton Charlottes Worten und dem Weg durchs Marais.

In der Rue des Archives machte sie ihn darauf aufmerksam, daß Balzac in *Geschichte der dreizehn* diese Straße beschreibt, die damals noch Rue des Enfants-Rouge hieß. In der RUE DES RO- SIERS, gebaut auf einem ehemaligen Wall, erklärte Charlotte, daß hier wirklich einmal Rosen blühten und Brombeerhecken Früchte trugen: »Seit dem 12. Jahrhundert, damals war es ein Ghetto, leben hier die Pariser Juden. Prévert hat diesem Vier- tel einige Zeilen gewidmet, in denen er traurig singt, daß der gelbe Stern der Verfolgung, beschienen von der Sonne, einen schwarzen Schatten werfe auf die schönste Rose in der Rue des Rosiers. Und der junge Léon Daudet – Sohn von Alphonse Daudet, Freund Prousts und selbst Schriftsteller –, der mit sei- nen Eltern in der Rue Pavée lebte, erzählte eine schöne Ge- schichte aus seiner Kindheit, als er eines Tages auf dem Weg zu seinem Gymnasium, das den Namen Karls des Großen trug, durch diese Straße kam, durch dieses so pittoreske Judenviertel. An diesem Sommermorgen habe er hier ein braunhaariges Mädchen beobachtet. Eines von einer seltenen Schönheit, in einem blauen Seidenkleid und damit beschäftigt, grüne Bohnen zu schnippeln. Damals habe er zum ersten Mal ein Gefühl der Begierde empfunden, eine tiefe Wonne. Er habe zu niemandem davon auch nur ein Wort gesagt. Nur deshalb, so glaubte er, konnte es ihm gelingen, diese Rosiers-Emotion noch sehr oft nachzuempfinden. Er habe sich nur erinnern müssen an die feine Nase, die Augen, zwei schwarzen Diamanten gleich, und an den roten Mund. Um so verwunderlicher, daß er in Paris als ein entschlossener Antisemit galt.«

Endlich standen die beiden auf der Place des Vosges. Anton deutete vorsichtig an, er wisse bereits, wer hier alles gewohnt habe, Ariane habe ihm das Wichtigste gesagt. »Hat sie Ihnen auch gesagt, daß Nerval, wir sprachen neulich über ihn, diesen Ort liebte wie kaum einen zweiten – nicht? Dann versuche ich aus dem Gedächtnis zu zitieren: ›Nichts ist so schön‹, schreibt er in *La Main enchantée*, der *Zauberhand*, ›wie diese Häuser aus dem 17. Jahrhundert, von denen die Place Royale eine so majestätische Vereinigung präsentiert. Es ist derselbe Anblick, wie wenn man im Hof des Parlaments steht und die Männer sieht in roten Roben, mit Revers aus Hermelin.‹ Ich will nicht wiederholen, was Ariane Ihnen womöglich schon gesagt hat, aber dieser Platz gehörte den Frauen. Hier gab es ganz viele Salons, geführt von den edelsten und klügsten Damen Frankreichs. Doch jetzt zum eitlen Hugo.«

Bei Victor Hugo

»Das Haus Nummer 6 war Hugos Wohnung von 1832 bis 1848, also zwischen den beiden Revolutionen«, begann Charlotte – ihre Rolle als Fremdenführerin vergnügte sie, weil sie einen sehr aufmerksamen Zuhörer hatte. »Das Haus aus dem 17. Jahrhundert heißt eigentlich Hôtel de Lavardin, ist aber unter dem Namen Hôtel de Rohan-Guéménée weit bekannter. Sechzehn Jahre spielte sich hier Hugos familiäres Leben ab und daneben ein mondänes, ein literarisches und ein politisches. Hier starb seine Lieblingstochter Léopoldine. Hier begann er die Arbeit an der *Sage von den Jahrhunderten* und den *Betrachtungen*. Hier verkehrten seine Freunde und Kollegen Vigny, Lamartine, Béranger, Sainte-Beuve, Dumas, Balzac, Mérimée, David d'Angers.«

Sie stiegen die Treppe hinauf, gleich in den zweiten Stock, um die ehemaligen Wohnräume zu besichtigen mit ihren Möbeln, Souvenirs, Gemälden. Sie sahen das Eßzimmer, ausgeschmückt im chinesischen Stil und wie der gotische Salon von Hugo selbst entworfen. Anton betrachtete aufmerksam die vielen Photos: »Sie haben so recht, Charlotte – er ist fürchterlich eitel! Und zwar nicht als junger Mann, als junger Vater, auch nicht im Alter, sondern wohl vor allem in der Zeit im Exil.«

Das Photo, auf das Anton zeigte, war in einem Atelier auf Jersey gemacht worden. Er hielt es schlicht für abgeschmackt: Hugo, einen breitrandigen Hut auf dem Kopf, lange Haare wie

Victor Hugo
Zeichnung von Louis Boulanger, 1837

Richard Wagner, den rechten Arm in die Hüfte gestemmt, schaut stolz und arrogant in die Linse des Photographen. Als junger Mann besaß er zwar auch schon diesen anmaßenden Blick, aber er wirkt nicht unsympathisch auf dem Gemälde von Auguste de Châtillon, das ihn 1836 mit seinem Sohn Victor zeigt. Die Hugosche Selbstliebe offenbart sich auch in Charles Gallots Photographie vom 12. April 1885 und in Rodins Büste. Noch ein zweites Mal erregte sich Anton, weil sich Hugo auch hier als Narziß inszenierte: Auf einem Photo-Medaillon von 1853 hat er die linke Hand in der Napoleon-Stellung, die rechte hinter den Kopf gelegt.

Vergnügen fanden beide Besucher an den Notre-Dame-Zeichnungen von Louis Boulanger und an ALBERT BESNARDS

1903 entstandenem Gemälde: *Die Premiere von ›Hernani‹.* »Unglaublich: Den meisten Raum opfert der Maler, um die Zuschauer zu zeigen, die die Uraufführung von Hugos Versdrama 1830 enthusiastisch verfolgen; oben auf der Bühne sieht man bloß einen kleinen Wicht, der offensichtlich so deklamiert und herumfuchtelt, als wolle er allen Operntenören dieser Welt Konkurrenz machen.«

Anton hatte keine Lust, weitere Photos und Plakate anzuschauen. Doch Charlotte wollte ihm unbedingt noch zwei Exponate zeigen: das *Porträt von Léopoldine Hugo,* gemalt von AUGUSTE DE CHÂTILLON, das Anton entzückte – »So muß das jüdische Mädchen ausgesehen haben, das dem jungen Daudet den Schlaf geraubt hat! Er hat es nicht gekriegt. Vielleicht wurde er deshalb Antisemit!« Charlotte drang darauf, daß er sich im zweiten Stock zumindest eine von Hugos Zeichnungen ansah, auf die der Dichter zu Recht sehr stolz war. »Diese Zeichnungen erfreuten Hugo sehr. Baudelaire schrieb er, daß ihn ›zwischen zwei Strophen‹ diese Arbeit amüsiere.« Anton schaute sich um: Burgen, Türme, Ruinen, Zinnen, Meereswogen, Schiffe . . . da zog sie ihn erst vorbei an unbarmherzig-fiesen Karikaturen und dann vor ein wundersames Blatt: *Die segnende Hand der Äbtissin,* las er und erblickte einen hageren Unterarm und eine Hand wie eine Kralle. »Man sieht nur eine Hand und erschrickt! Finden Sie nicht, Anton?« – »Doch! Und man erkennt in diesen wenigen Strichen den Gesellschaftskritiker Hugo und den Aufrührer, den furchtlosen Ankläger. Sie wissen besser als ich, Charlotte, wie sich Hugo im Exil mit seinen politischen Satiren, die Demokratie fordern, unbeliebt machte. Dieser Geist spricht auch aus den ingeniös hingeworfenen Zeichnungen.«

Draußen setzten sie sich in die Sonne und schmiedeten Pläne für den Abend. »Ein Konzert wäre schön. Was halten Sie von einem BERLIOZ-Programm in der Opéra comique?« Anton sagte sofort zu, nicht weil er den Komponisten besonders schätzte – er kannte nur die *Trojaner*-Oper von ihm und die *Symphonie fantastique* –, sondern weil er auf diese Weise auch den Abend mit Charlotte verbringen konnte.

Hector Berlioz
Gemälde von Honoré Daumier
im Museum von Versailles

Es wurde ein aufregender. Zum einen gefiel ihm dieses Gebäude, das den Namen einer berühmten Sängerin des 19. Jahrhunderts trägt, denn die Pariser nennen diese dritte Oper der
Stadt ›La Salle Favart‹. Die Sängerin, so erfuhr Anton, hieß mit
Vornamen Justine. Weiter erklärte ihm Charlotte, daß die sogenannte OPÉRA COMIQUE, entworfen von dem Architekten Louis
Bernier, so wie sie jetzt dasteht, 1898 eröffnet wurde. Das zuvor
hier stehende Gebäude – das Théâtre des Italiens – brannte 1838
und 1887 ab. Er erfuhr, daß die heute karyatidengeschmückte

*Der Neubau des Théâtre des Italiens, der späteren Opéra comique,
1783 von Jean-François Heurtier errichtet*

Fassade genauso zur Place Boïeldieu zeigt wie schon die des
Théâtre des Italiens. Dessen Schauspieler wollten sich von den
Possenreißern des Boulevard des Italiens abgrenzen und wand-
ten deshalb die Hauptfassade vom Boulevard ab.

Im Inneren entfaltete sich Belle-Époque-Üppigkeit. Die De-
kors in den Foyers machten in ihrer Frische und Helligkeit
durchaus Eindruck auf Anton, und die Dunkelheit im Zuschauerraum störte ihn wenig. Mit Freude betrachtete er die Genien-
Skulpturen an den Rängen und das kreisrunde Deckengemälde
von BERJAMIN CONSTANT, der auch an den Dekorationen für
das Rathaus, das Hôtel de Ville, beteiligt war. Er erfuhr, daß
JACQUES OFFENBACH hier sein Debüt als Cellist gegeben hatte
und 1878, gegen Ende seines Schaffens, sogar eine Operette
schrieb, die sich mit dem Leben der Namensgeberin befaßte:
Madame Favart. Aber das Vergnügen, das er fühlte – nicht dachte
–, bereitete ihm nicht der Ort. Das Hochgefühl, das er auf dem
durchgesessenen dunkelroten Fauteuil in Reihe acht erlebte,
entstand aus einer seltsamen Mischung. Die Berlioz-Musik – die
ihm ebenso groß, ja bombastisch erschien wie anrührend zart,

weshalb er sich bereits am nächsten Tag den *Trauermarsch für Hamlet* kaufte, der danach lange Zeit sein Lieblingsstück blieb – ging eine absonderliche Liaison ein mit dem Duft von Charlotte Franck – Pfirsich, von einem Parfumeur an der Place Vendôme, wie sie beim Abendessen verriet. Diese Verbindung gebar in ihm ein ähnliches Gefühl, wie es Léon Daudet in der Rue des Rosiers einst wohl auch empfunden haben mag.

Er redete wenig nach dem Konzert, sah Charlotte nur an und hörte ihr zu, wie sie von sich und ihrer Familie erzählte. Plötzlich unterbrach sie sich selbst, rote Hitze stieg ihren Hals hinauf: »Warum erzähl' ich Ihnen das alles? Eine französische Plaudertasche, werden Sie jetzt denken. Geschwätzig und indiskret.« Sie sprach nicht weiter. Und er sagte, nachdem er ihr kurz und heftig widersprochen hatte, gleichfalls kein Wort. Bis zum Abschied vor der Tür in der Rue de l'Université.

»Morgen haben Sie Ariane wieder; ich meine Studenten – und die Welt ist wieder in Ordnung. Auf bald, Anton.« – »Auf ganz bald«, antwortete er.

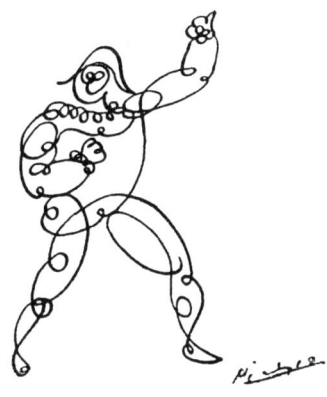

Ein Wicht wie vom Boulevard du Temple:
der Harlekin von Pablo Picasso

Rund um das Palais du Luxembourg

Anton war nur bei Glückszahlen abergläubisch, also fürchtete er nichts. Aber andererseits wollte er heute auch nichts unternehmen in der Affäre Charlotte, wie er diese Angelegenheit in seinem Tagebuch jetzt nannte. Wie verabredet traf er Ariane wieder mal im ›Angélina‹. Und er freute sich auf sie, durchaus.

»Vielen Dank, Ariane, das haben Sie wunderbar gemacht. In der Louvre-Geschichte bin ich jetzt firm. Ich war sehr überrascht, daß Sie so schnell fertig waren.« – »Ich wollte zumindest einen freien Sonntag haben, bei dem Wetter. Was haben Sie getrieben?« – »Ich war mit Madame Franck unterwegs.« Anton berichtete von Museumsbesuchen, Spaziergängen, der Opéra comique – nur das Pfirsichparfum erwähnte er nicht. Und er machte Ariane weder Vorhaltungen wegen Rilke, noch erwähnte er Abt Suger. »Und, haben Sie meine heutige Aufgabe lösen können?« – »Ja, aber Armand, der Sie grüßen läßt und sich bald bei Ihnen melden wird, hat mir geholfen. Sie wollen also zu LENIN, was mich bei Ihrem Lebenswandel zwar wundert, aber Sie sollen ihn bekommen. Armand kam drauf: ›Schmerzlindernd‹ heißt im Französischen ›lénitif‹, und so hatten wir's.« Ariane freute sich wie ein Kind.

Allerdings hatte sie nicht sehr viel zu bieten. Sie wußte zwar, daß Lenins längster Aufenthalt in Paris am 3. Dezember 1908 begann und im Juni 1912 endete; daß er anreiste mit seiner Frau und seiner Schwiegermutter; daß er eine Zeitlang in der Rue Beaunier Nummer 24 wohnte, also im 14. Arrondissement, und danach in die Rue Marie-Rose, im Nordosten des Montsouris-Parks, umzog, doch zu sehen gab es dort nicht viel. »In der Rue Beaunier hängt eine Erinnerungsplakette für die Zeit von Dezember 1908 bis Januar 1909, in der Rue Marie-Rose eine ähnliche für den Zeitraum 1909 bis 1912 – das wird nicht sehr spannend, Anton. Selbst wenn wir uns in eines der Leninschen Lieblings-cafés setzen, ins Café Maheux zum Beispiel – näher kommen Sie Lenin dort nicht. Ihr Rätsel war gut – doch die Auflösung ist eine freudlose Gasse. Nur eines finde ich amüsant: Offensicht-lich hat sich Lenin in dieser Stadt nicht schlecht amüsiert und unterhalten, und doch macht er Paris in seinen Briefen immer mies. Was so schwer nicht ist – übrigens in keiner Stadt der Welt –, wenn man arm ist und um einen herum die Reichen protzen und promenieren.« – »Verstanden – aber was machen wir mit dem angebrochenen Tag?« – »Ich habe mir eine kleine Mühe ge-macht, um eine Brücke zu bauen, von Lenin zum Panthéon. Das Panthéon ist ein Ruhmestempel, also ein Gemeinschafts-mausoleum, Lenin hat ja ein sehr eigenes, einsames vor der Kremlmauer. Oder – auch diese Brücke können Sie gehen: Die Straße, in der Lenin sein Café besuchte, trägt den Namen des Panthéon-Architekten Germain Soufflot.« – »Beeindruckend – ich traue mich auf beide.«

Sie fuhren bis zur Station Luxembourg, tranken im ›Maheux‹ einen Espresso, vergaßen ganz rasch Herrn Lenin und widme-ten sich der Geschichte des Panthéon, das einst als Sakralbau auf dem Berg Sainte-Geneviève errichtet worden ist. Ariane holte etwas weiter aus: »Wie Sie sehen, Anton, befinden wir uns mit-ten im UNIVERSITÄTSVIERTEL. Zu unserer Linken, an der Rue Cujas, liegen die Gebäude der Sorbonne mit ihren verschiede-nen Fakultäten. Nur die Juristen haben ihren Sitz direkt an der Place du Panthéon. Gleich dahinter, Ecke Rue Valette, befindet sich die berühmte Bibliothèque Sainte-Geneviève, ursprüng-lich Teil des Collège de Montaigue. Und im Osten des Platzes, also von hier aus gesehen hinter dem Panthéon, erhebt sich die Kirche Saint-Étienne-du-Mont. Und wenn wir uns umdrehen, also die Rue Soufflot hinunterschauen, dann erkennen wir auf der anderen Seite des Boulevards Saint-Michel das Palais und den Jardin du Luxembourg. Wohin wollen Sie zuerst, Anton?« – »Zuletzt ins Panthéon.« – »Das heißt, wir fangen mit der Biblio-thek an.«

»Sie ist die große literarische Bibliothek der Universität Paris – und nicht zuletzt ein JAMES-JOYCE-ORT. Während seines ersten Aufenthalts in Paris 1902 verbrachte er hier jeden Abend. Seiner Mutter, bei der er sich über sein ärmliches Leben beklagte, schrieb er am 20. März 1903: ›Ich arbeite tagsüber immer in der Bibliothèque nationale und am Abend immer in der Bibliothèque Sainte-Geneviève. Ich nehme oft am Gottesdienst in Notre-Dame oder in Saint-Germain-l'Auxerrois teil. Ins Theater gehe ich nie – kein Geld!‹ Joyce wohnte übrigens in einem kleinen Hotel in der Rue Corneille im 6. Arrondissement, also nicht sehr weit von hier, und aß gern im ›Polidor‹ in der Rue Monsieur-le-Prince, bei ihm um die Ecke. Das Lokal gibt's noch. Doch nun zur Bibliothek. Nein, noch nicht. Vorher drei Worte aus dem *Ulysses*. Auch Paris kommt darin kurz vor, als ›the wellpleased pleaser‹. Also ist Paris so etwas wie ein zauberhafter Verzauberer oder ein Ort, der sich selbst und anderen Freude bereitet. Und jetzt die Bibliothek: Sie säumt den Norden des Platzes und ist die einzige Klosterbibliothek in ganz Frankreich, die die Revolution überstanden hat. Gegründet 1664, zählt sie zu den wichtigsten Bibliotheken der Stadt. Und sie steht, wie gesagt, an der Stelle des COLLÈGE DE MONTAIGUE. Diese Schule war berühmt für ihre guten Lehrer und einen ausgezeichneten Unterricht, aber auch für schmutzige Räume und armselige Mahlzeiten. Beides scheint den Schülern nicht geschadet zu haben. Die berühmtesten Zöglinge waren Ignatius von Loyola, Rabelais, Erasmus von Rotterdam, Johannes Calvin. Von 1844 bis 1850 erbaute HENRI LABROUSTE – der ja auch beim Umbau der Bibliothèque nationale beteiligt war, Sie erinnern sich – diese Bibliothek, ebenfalls eine Eisenkonstruktion. Doch Sie werden sehen, hier wird das Eisen nicht versteckt.«

»Eine Bahnhofshalle«, staunte Anton in dem riesigen Lesesaal im ersten Stockwerk. 750 Plätze besitzt dieser Saal, das Licht kommt durch seitliche Fenster. Ariane erzählte ihm, daß Labrouste diesen Bau acht Jahre vor der Bibliothèque nationale

Antons Fund in der Bibliothek Sainte-Geneviève:
die Erstausgabe von Beaumarchais'
›Hochzeit des Figaro‹ aus dem Jahr 1785

fertigstellte; und daß beide Gebäude für den Architekten ein
Sieg waren, ein Sieg über die Traditionalisten in der Akademie
der Schönen Künste, die wohl lieber einen konventionellen Bau
gehabt hätten.

»Die Bibliothek besitzt etwa 2,7 Millionen Bände, davon 4000
Manuskripte und ungefähr 1600 Inkunabeln – also Bücher aus

dem 15. Jahrhundert – sowie wertvolle Stiche.« Wie in der Bibliothèque nationale machte Anton auch hier die Runde an den Bücherregalen entlang, wieder suchte er einen Band. Und fand ihn. Glückselig blätterte er in der Erstausgabe von Beaumarchais' *Der tolle Tag oder Die Hochzeit des Figaro*, erschienen 1785, nicht einmal ein Jahr nach der Uraufführung des Stücks in der Comédie-Française, am 27. April 1784. Gedruckt in der Druckerei eines Ph.-D. Pierres, »Imprimeur Ordinaire du Roi«. Was gäbe er darum, dieses Buch zu besitzen; die Chancen, noch ein Exemplar zu finden, schienen ihm sehr gering. Aussichtslos.

Beim Hinausgehen warf Anton noch einen Blick auf die astronomische Uhr im Erdgeschoß, eine Arbeit aus dem 16. Jahrhundert. Draußen zog Ariane ihn in Richtung Kirche, er hatte aber viel mehr Lust, gleich ins Panthéon zu gehen. »Was hat diese Kirche, was andere nicht haben?« spottete er. »Sie besitzt einen Lettner!«

Saint-Étienne-du-Mont

Ariane verschonte Anton mit der Geschichte von Saint-Étienne-du-Mont, die im 16. Jahrhundert beginnt, unterschlug alle Erläuterungen zur Fassade von 1610, obwohl deren gestalterischer Reichtum durchaus lohnen würde, dem nachzuspüren, wie sich hier auf höchst kunstvolle Weise Formen der Gotik und der Renaissance und sogar schon des Barock miteinander verbinden. Auf den RELIQUIENSCHREIN in der zweiten Chorkapelle wies sie ihn jedoch hin, denn er enthält die 1802 aufgefundenen Überreste vom Grab der HEILIGEN GENOVEVA, der Schutzpatronin von Paris. Ihr war es im Jahr 451 gelungen, die Stadt während der Belagerung durch die Hunnen mit Lebensmitteln zu versorgen. Auch zur Marienkapelle führte sie ihn – auf der Höhe des Lettners, auf der Südseite – und zeigte ihm die Grabinschriften für JEAN RACINE und BLAISE PASCAL, die beide am Eingang zu dieser Kapelle bestattet wurden.

Dann stellte sie Anton ins Schiff, den Blick gen Osten gerichtet, um den Lettner zu betrachten. »Der LETTNER entstand zur selben Zeit wie der Chor, um 1530. Er wurde wahrscheinlich

von Antoine Beaucorps geschaffen oder – auch dies wird diskutiert – von Philibert de l'Orme. Doch wer immer der Meister
war, er hat unsere Bewunderung verdient. Wie Sie sehen, wird
die neun Meter hohe Arkade getragen und gestützt von einem
sehr eleganten Rundbogen. Die beiden Treppen winden sich an
den Säulen hinauf zum Umgang des Chors. Sie sehen aus wie
Rankenwerk, wie Efeu. Mir kommt dieser Lettner – übrigens
der einzig erhaltene in Paris – vor wie ein steinerner halbgeöff-
neter Vorhang, der die Neugierde anstachelt auf das, was dahinter ist, was dahinter geschieht. Und der Lettner hatte ja wirklich
diese Funktion: davor die Gläubigen – die Zuschauer und Zuhörer –, dahinter, im Chor, die Kleriker – die Darsteller. Nur
während der Lesung des Evangeliums und während die Gebete
gesprochen wurden, bekam das andächtige Publikum oben auf
dem Lettner, vor dem Kruzifix, einige der Gottesdienst-Macher
zu sehen.« – »Unziemlich salopp ausgedrückt, oder?« – »Aber auf
den Punkt getroffen.« – »Sie bemerken es zwar selbst, trotzdem
sage ich es: Während die Innenarchitektur absolut gotisch ist, ist
dieser wunderbar gearbeitete Lettner offenbar von der italienischen Renaissance beeinflußt. Das Phantasievolle an ihm sucht
seinesgleichen und würde für Philibert de l'Orme als Künstler
sprechen, der ein so einfallsreicher Renaissance-Architekt war.«
Anton entschuldigte sich für seinen anfänglichen Widerstand
und studierte jetzt auch die hochinteressante Fassade mit ihren
übereinandergestaffelten Giebeln aufmerksam.

Das Panthéon

Ein wenig später stiegen sie langsam die wenigen Stufen des
Panthéon hinauf, verweilten im Säulenvorbau, dem Portikus.
Ariane erklärte, daß das Relief im Giebel über der Widmung –
»Den großen Männern, das dankbare Vaterland« – von David
d'Angers geschaffen wurde. »Der Grundriß des Gebäudes gleicht
einem griechischen Kreuz. Das Panthéon, das ein bißchen auch
an das römische erinnert, hat eine Länge von 110 Metern, ist
82 Meter breit und 83 Meter hoch. Seine Geschichte ist kurz:

1744, als Ludwig XV. in Metz kränkelte, gelobte er, nach seiner Genesung – an der er nicht zweifelte – anstelle der verfallenen Klosterkirche Sainte-Geneviève ein prachtvolles neues Gotteshaus bauen zu lassen. Es sollte ebenfalls der heiligen Genoveva geweiht sein. JACQUES-GERMAIN SOUFFLOT, der von 1713 bis 1780 lebte, wurde mit der Aufgabe betraut; seine ersten Pläne datieren aus dem Jahr 1757. Soufflots Vorstellung von der Kuppel über den vier Kreuzarmen wurde immer gigantischer. Schließlich, 1764, legte der König, begleitet von seinem Sohn, während einer pompösen Feier den Grundstein. Soufflot schwebte eine Mischung aus antikisierenden, also griechischen und römischen sowie gotischen Formen vor, etwas Neoklassisches. Als man 1778 mit der Errichtung der Kuppel begann, entstanden sofort Risse an Säulen und Wänden. Soufflot soll aus Gram über dieses Mißgeschick – das ja eigentlich weniger Zufall oder Schicksal war als vielmehr falsche Berechnung – zwei Jahre später gestorben sein. Sein Schüler JEAN-BAPTISTE RONDELET führte die Arbeiten zu Ende, nicht ohne die Pläne abzuändern. Dennoch blieb das Genie Soufflot erkennbar. Er hatte es wirklich geschafft, die griechische Säulenordnung, die Eleganz der Tempelbauten zu vereinen mit der Helle, der Leichtigkeit und der Transparenz der Gotik. Sogar die Bauweise, Strebebogen im Mauerwerk zu verstecken, um so den Druck der Kuppel zu verteilen, übernahm er von den gotischen Baumeistern. Sein Raum wurde gefeiert. Die Zeitgenossen priesen den Bau, der gewiß revolutionär war, als das erste Beispiel vollkommener, also harmonischer Architektur. Schauen Sie genau hin, Anton, dann entdecken Sie auch Ähnlichkeiten zu Christopher Wrens Sankt-Pauls-Kathedrale in London.

Doch weiter in der Geschichte: 1791 beauftragte die Konstituierende Versammlung den Architekten ANTOINE QUATREMÈRE DE QUINCY damit, die Kirche in einen Tempel umzugestalten. Ihre künftige Bestimmung sollte darin liegen, die großen Männer aufzunehmen, die für die Freiheit gestritten hatten und für sie gestorben waren. Der Architekt ließ die Obergeschosse der beiden Seitentürme am Chorhaupt abtragen und verwandelte

Der Boulevard Saint-Michel.
Gemälde von J.F. Raffaelli, um 1900, Puschkin-Museum, Moskau

den bislang lichtdurchfluteten Innenraum in ein düsteres Mausoleum. Die 42 Fenster wurden zugemauert und die so entstandenen Wandflächen während der Dritten Republik mit Fresken bemalt – geschmückt mag ich nicht sagen, Anton – also: sie wurden bemalt, auch von PIERRE PUVIS DE CHAVANNES. Thema aller Fresken: Das Leben der heiligen Genoveva.«

Anton lächelte ein wenig über die für das 19. Jahrhundert so typische Monumentalität der Bilder, auch über FRANÇOIS SICARDS leidenschaftlich-effektvolle Figurengruppe *La Convention*. Der Raum indes faszinierte ihn, er bestaunte gleichermaßen die Kuppelgewölbe und die Gurtbögen, die korinthischen Säulen. In die Krypta und in die Galerien stieg er nur auf Drängen seiner Begleiterin hinab. »Denen, die man bewundert, stattet man lieber auf dem Friedhof einen Besuch ab als hier, finden Sie nicht, Ariane?«

Sie gingen vorbei an Denkmälern, Monumenten, Urnen, Tafeln. Trafen auf Jean-Jacques Rousseau und Mirabeau, Émile Zola und Victor Hugo, auf das Herz des Republikaners Léon Gambetta, der ein leidenschaftlicher Gegner Napoleons III. war, auf den Philosophen und Politiker Jean Jaurès und auf Soufflot. »Übrigens, Anton, 1806 wurde das Panthéon wieder zur Kirche Sainte-Geneviève, von 1831 bis 1852 wieder zum Panthéon, dann wieder Kirche, und 1885 endgültig – so scheint's wenigstens – wieder Panthéon für unsere besten Männer, für Helden und Intellektuelle. Seit 1995 ruht hier auch eine Frau: Marie Curie. Sie gehört zu den wenigen Geschöpfen, die zu Lebzeiten klug und schön und heldenhaft waren! Zwar gab es auch davor schon eine Frau hier: Madame Berthelot. Sie kam zu dieser Ehre aber nur, weil sie wenige Stunden nach ihrem Mann, dem Chemiker Pierre Berthelot, gestorben ist.«

Als sie die Ruhestätte von Jean Moulin passierten, das Grab des französischen Widerstandskämpfers, meldete sich Ariane nochmals zu Wort: »Die vielen Umbenennungen und Auftragsänderungen – Tempel, Kirche, Tempel, Kirche – hatten natürlich auch Auszüge zur Folge, wir sind da ja nicht zimperlich, wie Sie längst gemerkt haben, denken Sie nur an die Reiterdenkmäler und die Platzhirsche. So mußten 1794/95 Mirabeau und Marat das Panthéon verlassen. Hugo wurde 1855 feierlich hierher getragen und mit einem pompösen Staatsbegräbnis geehrt. Das hätte ihm gefallen, wenn er es hätte sehen können, dieser eitle Fatzke. Da fällt mir ein, seine Wohnung an der Place des Vosges sollten wir möglichst bald besichtigen. Da können Sie ihn auf Photos posieren sehen: ein Pfau, nur nicht so bunt.« – »Entschuldigen Sie, Ariane, ich vergaß es zu sagen, da war ich schon mit Madame Franck.«

Ariane sparte sich einen Kommentar. Beim Mittagessen erzählte sie, sozusagen als Nachtrag, daß LÉON FOUCAULT im März 1851 im Panthéon öffentlich den Beweis der Erdrotation vorgeführt habe. »Er konstruierte ein Pendel, bestehend aus einem 67 Meter langen Drahtseil und einer 38 Kilogramm schweren Messingkugel. Als er das Pendel anstieß, drehte es sich keineswegs beständig um seine eigene Achse, sondern wurde infolge der Erdrotation nach rechts abgelenkt. Physikalisch formuliert heißt das … Moment, da brauche ich meine Karte … Das heißt: Die Ebene des schwingenden Pendels drehte sich relativ zur Erdoberfläche, da auf das Pendel infolge der Erdrotation eine Coriolis-Kraft quer zur Schwingungsrichtung wirkte. So ein Pendel wird auf der Nordhalbkugel der Erde nach rechts, auf der Südhalbkugel nach links abgelenkt. So steht's im Lexikon.« Anton erinnerte sich, irgendwann gelesen zu haben, daß dieser Versuch im Panthéon wiederholt wurde. »Ja, mehrfach: 1902, 1995 und 1997.«

Für den Nachmittag hatte Ariane kein Programm. Anton schlug das Palais du Luxembourg vor – und eine kleine Siesta im Park.

Im Jardin du Luxembourg

Genau das machten sie. Aus jeweils zwei Stühlen bastelten sie sich eine Sitzliege, zogen die Schuhe aus, legten die Füße hoch, schlossen die Augen. Ariane träumte nichts. Anton beobachtete im Schlaf Charlotte, und zwar zu Hause in der Rue de l'Université, in einer Wohnung, die er bisher noch nicht betreten, von der er auch noch keine Photos gesehen hatte. Er sah sie vor einer kleinen Cocteau-Zeichnung, der Schneeballschlacht aus dem Roman *Les enfants terribles*, ihm zugewandt. Sie erzählte ihm, daß Cocteau wie auch Colette im Palais-Royal gewohnt habe; daß er wie ein Wahnsinniger immer wieder in die Rue de Tournon gefahren oder gegangen sei, um den jungen Raymond Radiguet, den Autor psychologischer Romane, der schönen Bronia Perlmutter zu entreißen, was Cocteau aber nicht gelang, weshalb er der Beerdigung des Jungen, den er liebte und der im Alter von 20 Jahren starb, fernblieb. Anton hörte, wie sie ihn einlud ins ›Catalan‹, einen Cocteau-Lieblingsort im Bois de Boulogne, und schwärmte von verrückten musikalisch-literarischen Diners der ›Groupe des Six‹ in den Jahren von 1919 bis 1924, als die Snobs und die Komponisten und die Dichter im ›Bœuf sur le Toit‹ feierten – Cocteau und Radiguet, Milhaud, Rubinstein, Morand,

Cocteau gezeichnet von Cocteau

Madame Alphonse Daudet, le Comte de Beaumont, Coco Cha-nel und viele andere Verrückte. »Viel später«, sagte Charlotte, »verliebte Cocteau sich in Jean Marais, da war er schon ein alter Mann. Aber wer sagt denn, daß man jung sein muß für die Liebe? Ihm schenkte Cocteau die schönsten Gedichte und viele kleine Aperçus. Eines will ich, Monsieur Anton, fortan befolgen: ›Seien wir mutig, seien wir verrückt. Niemals irgendeine Öko-nomie, niemals sich fragen, bis zu welchem Punkt. Die Klugheit ist eine Mumie.‹« Charlotte lächelte ihn an. Anton stand auf: »Charlotte, seien wir verrückt, niemals fragen, niemals ...«

»Anton, aufwachen! Sie sind ja schweißgebadet.« – »Habe ich lange geschlafen?« – »Nein, keine zwanzig Minuten, aber Sie haben geträumt und im Traum gesprochen, aber, Glück gehabt, Sie haben sehr undeutlich gemurmelt.«

Anton beendete das Thema und bat um Erklärungen zu Gar-ten und Palast. Die ersten Sätze, die Ariane formulierte, gelangten an sein Ohr, aber nicht in sein Hirn. Der Traum hatte ihn verstört; er wiederholte immer wieder das Cocteau-Gedicht, damit es ihm nicht verlorenginge. Endlich schrieb er es sich auf, einige Schritte abseits von Ariane, die dieses Verhalten als höchst seltsam empfand. Bevor er sich ihr wieder aufmerksam widmete, hatte sie über den Garten geredet, der als eine der schönsten Pariser Anlagen gilt und der größte Park auf dem linken Seine-Ufer ist.

»In gallorömischer Zeit befand sich hier, in unmittelbarer Nähe des Forums, eines der Wohnviertel von Lutetia. Im 13. Jahrhundert siedelten sich auf dem brachliegenden Gelände Kartäusermönche an, deren Baumschulen berühmt wurden. Und diese Tradition wird auch heute noch fortgesetzt mit der Baum- und Bienenzuchtschule in diesem Park, und zwar in dem Teil, der an der Rue d'Assas liegt. Dieser SPRINGBRUNNEN in dem großen Bassin, schauen Sie doch Anton, er ist der Anziehungspunkt für die Besucher des Parks . . . Anton, Sie träumen noch immer!« »O nein, Ariane, ich bin gerade erwacht, also was hat es für eine Bewandtnis mit diesem großen Becken?« – »Winters wie sommers ist es ein Planschbecken für die Kinder, die hier Boote zu Wasser lassen, und wenn es heiß ist, baumeln Hunderte von Beinen darin.« – »Das ist so besonders nicht«, lächelte Anton, »offensichtlich ist der Brunnen das Kunstwerk, dem man sich widmen sollte, und nicht das Brackwasser. In der Mitte entdecke ich den Riesen Polyphem, stimmt's?« – »Stimmt. Der Brunnen ist nach Art der italienischen Grotten gebaut, von SALOMON DE BROSSE, der auch den Palast errichtete. Die Skulpturen des Brunnens aber schuf AUGUSTE OTTIN im Jahr 1866. Neben Polyphem hat er das überraschte Liebespaar Acis und Galatea gesetzt sowie Pan und Diana. Wir könnten jetzt im Park von einer Skulptur zur anderen wandern. Ich habe eine Liste mit 84 Büsten und Figuren, könnte Ihnen also leicht die Dichter Henri Murger und Paul Claudel präsentieren, ein Stendhal-Medaillon von Rodin zeigen und den schönen tanzenden Faun von Eugène Lequesne.« – »Mir hingegen, Ariane, wäre viel wichtiger, an dieser Stelle RILKES Luxembourg-Verse zu zitieren:

Das Karussell

Mit einem Dach und seinem Schatten dreht
sich eine kleine Weile der Bestand
von bunten Pferden, alle aus dem Land,
das lange zögert, eh es untergeht.
Zwar manche sind an Wagen angespannt,
doch alle haben Mut in ihren Mienen;
ein böser roter Löwe geht mit ihnen
und dann und wann ein weißer Elefant.

Sogar ein Hirsch ist da ganz wie im Wald,
nur daß er einen Sattel trägt und drüber
ein kleines blaues Mädchen aufgeschnallt.

Und auf dem Löwen reitet weiß ein Junge
und hält sich mit der kleinen heißen Hand,
dieweil der Löwe Zähne zeigt und Zunge.

Und dann und wann ein weißer Elefant.

Und auf den Pferden kommen sie vorüber,
auch Mädchen, helle, diesem Pferdesprunge
fast schon entwachsen; mitten in dem Schwunge
schauen sie auf, irgendwohin, herüber –

Und dann und wann ein weißer Elefant.

Und das geht hin und eilt sich, daß es endet,
und kreist und dreht sich nur und hat kein Ziel.
Ein Rot, ein Grün, ein Grau vorbeigesendet,
ein kleines kaum begonnenes Profil –
Und manchesmal ein Lächeln, hergewendet,
ein seliges, das blendet und verschwendet
an dieses atemlose blinde Spiel . . .

Und jetzt lassen Sie uns nochmals Platz nehmen und die Südfassade des Schlosses betrachten, während Sie mich über die
Geschichte dieses Palais aufklären.«

»Nach dem Tod Heinrichs IV. mochte MARIA DE' MEDICI nicht
länger im Louvre wohnen und kaufte 1612 das Stadtschloß des
Herzogs Franz von Luxemburg und dazu noch einige unbe-

baute Ländereien. Ihr Besitz reichte vom heutigen Boulevard Saint-Michel im Osten bis zur Rue Notre-Dame-des-Champs im Westen. 1615 begann de Brosse mit dem Neubau, der sowohl dem Palazzo Pitti in Florenz nachempfunden ist als auch den französischen Schlössern der Île de France. Es gibt einen Ehrenhof, um den sich der Haupttrakt und zwei Seitenflügel gruppieren. Die Fenster im Erdgeschoß haben toskanische Rundbögen, die im ersten und zweiten Stock sind rechteckig. Pilaster ziehen sich über alle Geschosse. Maria de' Medici und ihr Architekt de Brosse ließen bei den Baumaßnahmen das alte Luxemburg-Palais unangetastet. Es wird heute Petit Palais genannt und ist Residenz des Senatspräsidenten.

Doch zurück zum großen Palais: Im Jahr 1622 bestellte die Königin bei RUBENS einen 48teiligen *Medici-Zyklus* für die beiden Galerien der Palais, von dem nur jene Hälfte fertig wurde, die jetzt im Louvre hängt. München besitzt 16 Ölskizzen dazu, das wissen Sie vielleicht, Anton? 1625 zog sie in den unfertigen Palast ein, aber bereits fünf Jahre später wieder aus. Sie hatte offen die Politik Richelieus bekämpft – und mußte ins Exil nach Köln, wo sie 1642 verarmt starb. Danach wurde das Schloß zum Palais d'Orléans, weil der zweite Sohn Marias, Gaston d'Orléans, es nach dem Tod Ludwigs XIII. erbte. Spätere Besitzer waren unter anderen die Duchesse de Guise und der Comte de Provence, der spätere Ludwig XVIII., der zehn Hektar des Parks verkaufte und bis zu seiner Emigration 1791 auch das kleine Palais bewohnte. In den Revolutionsjahren wurde das Gebäude Staatseigentum, erst Waffenmanufaktur, dann Gefängnis. Danton, Joséphine de Beauharnais, Fabre d'Églantine, Camille Desmoulins und Louis David waren hier eingesperrt. Ich verkürze jetzt, Anton – denn Sie hören mir ja schon wieder nicht zu: Während des Kaiserreichs wurde das Schloß Senatssitz und innen komplett von Jean Chalgrin verändert. Von 1836 bis 1841 vergrößerte Alexandre de Gisors das Palais und gestaltete die neue Gartenfassade mit Skulpturen von Pradier. Wollen Sie hinein?« – »Ehrlich gesagt: Eher nicht!« – »Dann sage ich Ihnen, was Sie also nicht sehen werden: Die Fresken, die der damals

als Avantgardist ziemlich umstrittene EUGÈNE DELACROIX für die Bibliothek geschaffen hat, sind Meisterwerke der französischen Monumentalmalerei. Hauptthema seines Zyklus ist, neben Szenen aus der antiken Mythologie, Dantes *Göttliche Komödie*. Sie verpassen außerdem den halbrunden, von Künstlern der Zeit bemalten Sitzungssaal und die Ehrentreppe, ein Werk von Chalgrin, dekoriert mit Gobelins. Die 24 Rubens-Gemälde, die ursprünglich hier hingen, können Sie sich, wie gesagt, im Louvre anschauen.«

»Da ich kein besonderer Liebhaber monumentaler Malerei bin, werde ich verschmerzen, nicht drinnen gewesen zu sein.« – »Was machen wir mit dem restlichen Nachmittag, Anton?« – »Nichts. Sie können sich mit Armand amüsieren und sich vorbereiten auf morgen: Ich möchte einem Brief meinen Besuch abstatten, dem lustigsten in der Stadt, garantiert. Ich habe ihn einmal gesehen in einem anderen Land und freute mich darüber wie ein Kind. Ich weiß, daß er in Paris zu Hause ist.«

Ein Geschenk für Charlotte:
Valère Novarinas Musiker

Sie verabschiedeten sich. Ariane fragte absichtlich nicht nach dem Brief, sie suchte einen Grund für Antons Veränderung. Fand aber nichts, was sie womöglich falsch gemacht haben könnte. Es blieb nur eine Erklärung: Es stimmte etwas nicht mit Madame Franck. Zunächst zögerte sie, Charlotte anzurufen, dann traf sie sich doch mit ihr, keine Stunde nach dem Abschied von Anton. Als die beiden sich trennten, hatten sie einen Plan geschmiedet.

Anton ging nicht nach Hause, er flanierte durch die Straßen, ziellos. Er machte Frustkäufe: ein Hemd, eine Krawatte, Schuhe und erstand in der Galerie de France, in der Rue de la Verrerie, im 4. Arrondissement, eine kleine Zeichnung des Dichters VALÈRE NOVARINA. Auf dem DIN-A4-Blatt sah man zwei klitzekleine Musikanten, der eine spielte Akkordeon, der andere ein großes Blasinstrument. Diese Figuren, mit schwarzer Tinte und rotem Buntstift hingeworfen, hatte Novarina an den unteren Rand geschubst, in der Mitte ließ er ein Paar tanzen. Anton machte noch im Marais halt, wie so oft nun schon. Diesmal kaufte er einen COCTEAU-Band – *Histoires de ma vie* – und trank gegen jede Gewohnheit Whisky.

Zu Hause angekommen, rief Charlotte ihn an und bat ihn, sie doch ins Théâtre de Chaillot zu begleiten, ein Freund hätte sie sitzengelassen. »Der verrückte Jérôme Savary inszeniert Molière. Das wird entweder sehr komisch oder unerträglich.« Anton war selig. Er badete, trank vier Espressi, um wieder hellwach zu werden, packte das tanzende Paar in seinen kleinen Lederrucksack, zu dem Cocteau-Band und seinem Tagebuch, und fuhr dann mit der Métro zur Station Trocadéro.

Charlotte bestellte schnell zwei Karten für den *Geizigen*, den sie schon gesehen hatte und der sie, abscheulich albern, wie er gemacht war, sehr ärgerte, dann reservierte sie auf dem Eiffelturm einen Tisch und las noch mal schnell im *Guide bleu* nach, was sie Anton unbedingt über das PALAIS DE CHAILLOT würde mitteilen müssen.

Beide waren pünktlich. Sie begrüßten einander, als hätten sie sich Jahre nicht gesehen. Und sie hakte sich bei ihm ein, als sie

Paris mit den Bauten für die Weltausstellung 1867.
Zeitgenössischer Stahlstich

die Stufen zur Trocadéro-Terrasse hinaufstiegen. Der erleuchtete Eiffelturm grüßte ein Paar.

»Es ist wunderbar, daß wir uns auch heute sehen, Charlotte.« – »Das finde ich auch, hätte ich Sie sonst angerufen?« – »Ach, ich bilde mir darauf nichts ein, ich bin ja nur le Ersatz, Charlotte.« – »Aber nicht der schlechteste, sondern zweite Wahl, mindestens. Doch bevor Sie jetzt das Philosophieren beginnen und bevor das Savary-Spektakel losgeht, einige Erklärungen zum Ort, an dem wir uns gerade befinden:

1493 hatte Königin Anne ein Herrenhaus, das hier gestanden hatte, dem Paulaner-Orden überlassen; Ende des 16. Jahrhunderts ließ sich Katharina de' Medici an derselben Stelle ein Landhaus bauen. Später kaufte dieses Schloß der MARSCHALL VON BASSOMPIERRE, der nicht nur ein hervorragender Krieger gewesen sein muß, sondern auch ein fulminanter Herzensbrecher. Ehe er in die Bastille umzog, ins Gefängnis, weil er sich mit dem Kardinal Richelieu angelegt hatte, verbrannte er hier, so sagt die galante Legende, über 6000 Liebesbriefe. Die Besitzer wechselten, das Schloß blieb erhalten, bis der größenwahnsinnige Napoleon alles niederreißen ließ. Es kümmerte ihn wenig, daß in dem Palais seit 1651 das Kloster Mariä Heimsuchung untergebracht war. Er wollte auf dem Hügel von Chaillot für seinen Sohn, den König von Rom, ›den größten und außergewöhnlichsten Palast der Welt‹ errichtet haben, wie er die beiden Architekten CHARLES PERCIER und PIERRE FRANÇOIS LÉONARD FONTAINE wissen ließ. Zunächst konstruierten sie den Pont d'Iéna – und der Bau des Palastes konnte nicht begonnen werden, denn Napoleon und sein Kaiserreich wurden gestürzt. 1878 errichtete man an dieser Stelle das Palais du Trocadéro. Doch das Riesengebäude, das Sie jetzt sehen, ist ein Neubau aus dem Jahr 1937, fertiggestellt für die Weltausstellung, entworfen von den Architekten JACQUES CARLU, LOUIS-HIPPOLYTE BOILEAU und LÉON AZÉMA. Er besteht aus zwei halbrunden, weitausladenden Flügeln, jeder beinahe zweihundert Meter lang. Dazwischen die Terrasse, sie ist das Schönste an diesem Bau, denn der Blick, das müssen Sie zugeben, ist gigantisch: erst die Gärten des Trocadéro, dann der Eiffelturm, dann das Marsfeld, dann die ÉCOLE MILITAIRE. Das ist die ehemalige Königliche Kriegsakademie, eine Offiziersschule für mittellose Adelige, entworfen von Jacques-Ange Gabriel, dem Hofarchitekten Ludwigs XV., der Ihnen gewiß schon vertraut ist von der Place de la Concorde. Schön sind die zweigeschossigen korinthischen Säulen des Mittelbaus; und auch die Kuppel ist ziemlich imposant. Gabriel ist zwar schon 1751 damit beauftragt worden, begonnen wurde der Bau aber erst 1768. Vom Stil her ist alles schon ein bißchen Louis-seize, vor allem im Inneren.

Das MARSFELD zwischen der Akademie und dem Eiffelturm war das ehemalige Exerzierfeld, ein Paradeplatz. Am 14. Juli 1790 zelebrierte man dort das Fest der Föderation: ein Riesenspektakel mit einem eigens errichteten Altar des Vaterlands. Der Bischof von Autun hielt gemeinsam mit 300 Priestern eine Messe, bevor 300 000 Bürger die Verfassung feierten. Auf dem Marsfeld fanden übrigens auch die Weltausstellungen von 1867, 1878, 1889, 1900 und 1937 statt. Doch zurück zum Trocadéro, der von Anfang an als Museum geplant war. Lassen Sie uns auf den Platz gehen, dann zeige ich Ihnen, was wo untergebracht ist.« Sie schauten über die Terrasse hinweg immer noch auf den Turm.

»Im rechten Flügel können Sie das 1827 gegründete MARINE-MUSEUM besuchen und das MUSÉE DE L'HOMME, also das Völkerkundemuseum. Im linken Flügel, Anton, befindet sich das MUSÉE NATIONAL DES MONUMENTS FRANÇAIS, in dem Repliken, Abgüsse und Modelle der bedeutendsten Skulpturen und Wandmalereien der französischen Kunst ausgestellt sind. Unter der Terrasse, aber mit dem Eingang im linken Flügel, besitzt das THÉÂTRE NATIONAL DE CHAILLOT zwei Säle. Der große, in den wir gehen werden, hat 1200 Plätze. Haben Sie noch Fragen, Anton?« – »Ja, können wir in der Pause gehen, wenn es schlimm wird? Savary kann arg werden, wenn man Pech hat.« Charlotte freute sich: »Wenn die Kritiker recht haben, kann unser Abend nach 75 Minuten, nach dem ersten Teil, beginnen« – eine Charlotten-Notlüge.

Sie stiegen hinunter, und Anton staunte: Die verglaste Cafeteria bot nochmals den Blick wie von der Terrasse, nur schaute man nun noch ehrfürchtiger hinauf zum Eiffelturm. »Dieser Blick, ein Champagnerglas in der Hand, entschädigt für jede schauspielerische Fürchterlichkeit! Auf uns, Charlotte!«

Sie verließen das Theater in der Pause. Gingen durch die Gärten hinab zur Seine, über den Pont d'Iéna zum Eiffelturm und fuhren hinauf. »Mein Gott, ist das schön«, stammelte Anton schon im Aufzug. Als sie an ihrem Tisch saßen, Paris zu ihren Füßen, kramte Anton die Novarina-Zeichnung hervor. »Für Sie – hoffentlich gefällt Ihnen das kleine Blatt.« Charlotte strahlte. Sie sprachen über Novarinas ernsthafte Sprachspiele, über Dada, über Cocteau und über die Liebe.

Zu Hause konnte er lange nicht einschlafen. Charlotte rief Ariane an, und gemeinsam suchten sie die Antwort auf Antons Brief-Rätsel. Sie fanden sie.

Vom Marais zur Madeleine

Anton traute seinen Augen nicht! Charlotte kam die Treppen herauf, Métrostation Bastille, Rue Saint-Antoine. Ihn hielt nichts mehr hinter seinem Henry-James-Fenster. Er rannte hinaus, umarmte sie. Was sie einander sagten, hat uns nicht zu interessieren. Beim Hinausgehen triumphierte Charlotte: »Dein Rätsel, Anton, haben Ariane und ich in den frühen Morgenstunden gelöst. Stimmt's: Du willst ins Picasso-Museum? Und das Objekt deiner Begierde ist der Brief der Malerin Marie Laurencin an Henri-Pierre Roché, den Schriftsteller und Sammler, vom November 1915. Ich weiß sogar, wie du auf diese Frage gekommen bist: Der Brief war in München zu sehen, zusammen mit anderen Werken aus Picassos Sammlung. Ich besitze den Katalog der Ausstellung, eine Freundin hat ihn mir geschenkt.« Sie fuhren bis zur Métrostation Saint-Sébastien-Froissart, gingen erst die Rue de Turenne in südliche Richtung und fanden an der ersten Ecke rechts das Musée Picasso angekündigt: Rue de Thorigny Nummer 5.

Im Picasso-Museum

»Das Museum wurde 1985 in diesem prächtigen Hôtel eröffnet, das 1656 von Jean Boullier, auch Jean de Bourges genannt, für AUBERT DE FONTENAY erbaut wurde. Der verdiente sein Geld mit einer als gesalzen empfundenen Salzsteuer, weshalb die Pariser dieses Stadtschloß ›Hôtel Salé‹ nannten. ROLAND SIMOUNET hat das Gebäude, das völlig verwahrlost war, Anfang der achtziger Jahre als Museum umgebaut und dabei die größte Rücksicht auf die ursprüngliche Architektur genommen. Für das Mobiliar des Hauses gewann man den Bildhauer Diego Giacometti als Entwerfer. So magst du es doch, Anton, erst ein bißchen über die Geschichte des Bauwerks, und bei der Besichtigung, erzählte

Kommunikation in Zeiten vor der e-mail:
ein Brief von Marie Laurencin an Henri-Pierre Roché.
Die Gefährtin von Guillaume Apollinaire,
Mitglied der sogenannten Picasso-Bande,
war eine Künstlerin, die Picasso gern förderte

mir Ariane, gehst du gern allein durch die Räume, und zwar nicht den ausgeschilderten Weg.« – »Stimmt, gilt aber nicht für dich, wir sehen uns alles gemeinsam an. Und zuerst natürlich den Brief. Ich richte mich nach dir, willst du Raum für Raum vorgehen oder wie in der Skulpturenabteilung des Louvre, nur Lieblinge gucken?« – »Nur Lieblinge, Anton! Und Zahlen magst du ja nicht.« Anton widersprach heftig, worauf Charlotte ein ledernes Notizbuch zückte. »Die gelben Seiten sind fortan die Anton-Blätter. Also: rund 200 Gemälde, 160 Skulpturen, viele Keramiken und über 3000 Zeichnungen, Stiche, Briefe – darunter auch der an Monsieur Roché, von dem man nicht weiß, wie er in Picassos Besitz gelangte. Die ›dation‹, die Überlassung dieser vielen Werke, geschah als Ersatz für die immensen Erbschaftsteuern. Die Familie von Pablo Picasso akzeptierte nach längeren Verhandlungen diese Regelung und war so fein, dem Staat sogar die Auswahl zu überlassen. Diese Schenkung bildete den Grundstock für das Museum. Hinzu kamen die persönliche Sammlung, die Picasso schon zuvor dem Louvre vermacht hatte – darunter Bilder von Matisse, Cézanne, Derain und Rousseau –, und in jüngster Zeit auch Ankäufe.«

Als erstes suchten die beiden den Brief. Sie fanden ihn endlich im zweiten Stockwerk. »Das Blatt ist wirklich putzig«, freute sich Charlotte. Und schon machten sie sich daran, den Text zu dechiffrieren, der zwischen drei bunte Aquarell-Tusche- und Farbstift-Skizzen geklemmt ist. Das Bildchen links oben zeigt eine Frau und auf einem roten Diwan Katze und Hund, darunter eine blonde Frau auf einem roten Sofa im Freien, im Hintergrund eine malende Frau. Mit der Miniatur rechts oben hatten sie Schwierigkeiten, wohl ein Reiter mit Gitarre und Tier? Wie auch immer, den Text konnten sie lesen und amüsierten sich nicht schlecht, als sie lasen: »Alle Maler in Druet sind ein Witz. Matisse auch. Wirkliche Maler sind nur Picasso, Derain und Braque … Wenn der Krieg noch ein Jahr dauert, werde ich Frauen lieben.« – »Sie hatte Glück, soweit mußte es nicht kommen«, kommentierte Anton und strich vorsichtig über Charlottes Schulter, so als wischte er einen Fussel von ihrer Jacke.

›Fernande‹
Skizze zu einem Frauenkopf von Pablo Picasso,
1909, Musée Picasso

Jetzt begann ihr eigentlicher Rundgang. Das prachtvoll lichte Treppenhaus und die kräftigen Putti begeisterten sie. Die Schlichtheit der Räume war eine Freude, sie kontrastierte wohltuend mit dem überreichen Œuvre Picassos, das hier chronologisch präsentiert wird.

Zuerst hielten sie sich an die vorgegebene Route, begannen mit den Bildern des 14jährigen, sahen Werke der blauen und der rosa Periode der Jahre zwischen 1901 und 1906. Bemerkten den ästhetischen Umbruch, der Picasso zum Kubismus führte. Zu seinen epochemachenden *Demoiselles d'Avignon* von 1907, die heute im New Yorker MOMA hängen, werden einige Studien präsentiert. Charlotte erzählte Anton, daß Picasso bei Matisse eine afrikanische Skulptur in Händen gehalten habe, deren fremde Ästhetik ihn begeisterte. Max Jacob, der Dichter, der mit ihm die kärgliche Bleibe am Montmartre, das ›Bateau-Lavoir‹, teilte, berichtete über diesen Abend: »Er legte sie den ganzen Abend nicht mehr weg. Und als ich am nächsten Morgen in sein Atelier kam, war der Boden mit Blättern übersät. Sie zeigten immer das gleiche Motiv: den Kopf einer Negerin. Dieselbe Frau erschien dann auf Gemälden, zu zweien, zu dreien. Und plötzlich gab es die *Demoiselles d'Avignon,* ein Bild, groß wie eine Mauer.«

Mitte der zwanziger Jahre dann ein nächster starker Einfluß: der des Surrealismus, auf den Charlotte Anton vor dem *Kuß* von 1925 aufmerksam machte. Auch den Keramiken widmeten sie sich ausführlich. Und natürlich seinen Frauen: Fernande Olivier lernte er 1904 kennen, Eva Gouel 1911 – sie starb schon 1915. Mit Olga Kochlowa war er von 1918 bis 1935 verheiratet, die Trauzeugen bei dieser Hochzeit waren Jean Cocteau, Max Jacob und Guillaume Apollinaire. 1927 begegnete er der 17jährigen Marie-Thérèse Walter. Dora Maar, die Photographin, trat 1936 in sein Leben, Françoise Gilot 1943. Mit Jacqueline Roque zog er 1954 zusammen, 1961 heirateten sie. Sie war seine Ehefrau bis zu seinem Tod 1973.

Danach begannen Charlotte und Anton ihren Rundgang noch einmal und blieben nur vor ihren Lieblingen stehen. Vor der *Landschaft mit zwei Figuren* von 1908, in der sie lange nach den angekündigten Figuren suchten, bis sie sie endlich erspähten: eine liegende und eine stehende braune Gestalt, beide in den Wald integriert, der Erde ähnlich und den Ästen. Vor *Olga Picasso*, der schmallippig Schönen von 1917. Vor den stehenden *Liebenden* von 1919, die einander so nah sind, daß aus den zwei Personen eine einzige wird. Die große Hand des Mannes, auf dem Bauch der Frau ruhend, signalisiert: Ich gebe dich nie frei. Vor der *Frau mit Hut*, einem Brustbild, datiert 9. Juni 1941, das Charlotte an Texas erinnert und an Sheriffs. Vor der kunterbunten *Marie-Thérèse*, am 6. Januar 1937 gemalt. Das Bildnis zeigt eine schöne, wohl sehr eitle Frau mit grünen Haaren und gelben Fingernägeln. Vor dem wundervollen *Kuß*, entstanden 1969. Vor dem *Narren*, einer Bronzeplastik, die mit der allergrößten Einfachheit den Witzbold zum Seher, zum Weisen macht; Picasso – ein Shakespeare.

Am längsten verweilten sie vor den Selbstporträts. Zu dem frühen, 1901 in der blauen Periode entstandenen, erklärte Charlotte: »Picasso reflektiert – also kommentiert – mit diesem Bild Rodins Plastik von Balzac. Er inszeniert sich selbst als ein Monument.« – »Und an van Goghs Bilder erinnert diese Darstellung auch, in ihrer Düsternis, ihrer Strenge, im fast halluzinierenden Blick«, fügte Anton hinzu. Charlotte ergänzte, daß Picasso in dieser Zeit tatsächlich unter dem Einfluß dieses Malers stand.

Kein Wunder, daß sie, die das Picassosche Blau anzieht wie Bienen der Duft von Rosen, sich nicht lösen mochten von dem *Porträt der Carlota Valdiva* von 1903. Und sie waren sich einig, daß das Vergnügen an Picassos Entwürfen – zum Beispiel denen zu den *Demoiselles d'Avignon* – mindestens so groß ist wie das am vollendeten Werk.

Sie malte und zeichnete Picasso am liebsten: Frauen – nackt

Sie aßen in einem kleinen Bistrot nahe der Place du Châtelet, das Charlotte ausgesucht hatte: ›Le Relais Chablisien‹, weil sie wußte, wie gern Anton Burgunder mochte. Für den Nachmittag war dann ein Spaziergang geplant.

Weitere Stadtpalais im Marais

Für den Weg zum Centre Pompidou nahmen sie die Rue de la Perle und kamen so vorbei an zwei Stadtpalais aus der Zeit Ludwigs XIV.: am HÔTEL DE ROHAN-STRASBOURG in der Rue Vieille-du-Temple Nummer 87, das von den Archives Nationales genutzt wird und wie das benachbarte HÔTEL DE SOUBISE in der Rue des Francs-Bourgeois Nummer 60 von Pierre-Alexis Delamair zu Beginn des 18. Jahrhunderts erbaut wurde. Und zwar, berichtete Charlotte, mit Mitteln aus der Schatulle Ludwigs XIV., der sich bei François de Rohan, Prince de Soubise, dafür erkenntlich zeigte, daß er die Gunst von dessen Gemahlin genießen durfte. Das elegante, aber in seinem Äußeren eher schlichte

Eingangsportal und Ehrenhof des Hôtel de Soubise.
Stich von J. Rigaud

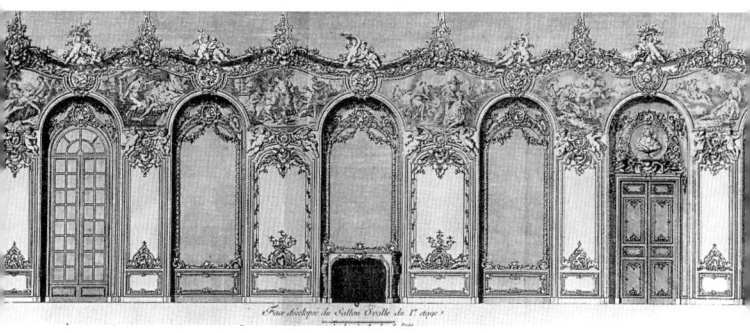

Germain Boffrands Entwurf für die Wanddekoration
des Ovalen Salons im Hôtel de Soubise.
Aus seinem ›Livre d'Architecture‹ von 1745

Hôtel de Rohan wurde für einen Kirchenmann errichtet: Maximilien de Rohan, Fürstbischof von Straßburg, war der Sohn aus der Verbindung des Königs mit der Prinzessin.

Das Hôtel de Soubise, Wohnsitz seiner Mutter, ist ein ungewöhnlich stattlicher Bau mit einem kolonnadengesäumten Ehrenhof, der Anton sehr beeindruckte. Im Palais ist auch das Musée de l'Histoire de France untergebracht, sehenswert sind aber vor allem die Wohnräume im Obergeschoß: Nach dem Tod der Prinzessin ließ sie der nunmehrige Besitzer, Hercule Mariadec de Soubise, für seine zweite, noch sehr junge Gemahlin von GERMAIN BOFFRAND neu dekorieren. François Boucher und Charles Natoire gehörten zu den hierfür engagierten Künstlern. Abschluß und Höhepunkt in der Enfilade dieser Räume ist der SALON OVALE – ein Juwel des Rokoko, mit äußerst phantasievollen Stukkaturen und acht von Natoire gemalten Szenen aus der Fabel von Amor und Psyche.

In der Rue des Francs-Bourgeois passierten sie noch die HÔTELS D'ASSY – Nummer 58 bis – und DE BRETEUIL – Nummer 58 –, die heute gleichfalls die Archives beherbergen. Ganz in der Nähe, in der Rue Elzévir, hätten sie in Nummer 8 noch ein weiteres nobles Stadtpalais besuchen können, eines aus dem 16. Jahrhundert: Hier ist seit 1990 das MUSÉE COGNACQ-JAY untergebracht, eine exquisite private Sammlung von Kunstgegenständen fast ausschließlich des 18. Jahrhunderts, die der Besitzer des Kaufhauses ›La Samaritaine‹ und seine Frau Louise Jay der Stadt Paris vermacht haben.

Um das Centre Pompidou herum

Sie aber steuerten das CENTRE GEORGES POMPIDOU an. Im Vorübergehen – denn sie wollen das Musée national d'Art moderne jetzt nicht besichtigen – berichtete Charlotte, daß dieses »Blech-und-Glas-Monstrum« zwischen 1972 und 1977 erbaut wurde, entworfen von Renzo Piano und Richard Rogers, die unter 681 eingereichten Projekten als Sieger aus dem Architekturwettbewerb hervorgegangen waren. »Pompidou hatte es vorausgesehen, daß die Pariser erst einmal entsetzt sein würden über das Erscheinungsbild ihres neuen Kulturzentrums, das auch noch gewaltige Abmessungen hat: 42 Meter hoch, 166 Meter lang, 60 Meter breit. Prompt fiel diesen auch gleich eine Menge despektierlicher Bezeichnungen dafür ein: ›Raffinerie‹ und ›Kunstfabrik‹ waren da noch die harmloseren Varianten. Das einzige, was für dieses Bauwerk spricht: Es war zur Erbauungszeit einzigartig und originell mit den nach außen gelegten Fahrstühlen, Rolltreppen, Gängen, Lüftungs- und Heizungsräumen. Stahlträger von 70 Tonnen Gewicht tragen die als

26 *Im Grand Véfour: Es ist seit 1784 das schönste und eines der*
    luxuriösesten Restaurants von Paris. An den Wänden Seidentapeten
    und Spiegel, auf den Tischen Porzellan aus Limoges und edles Silber
27 *Haussmannsche Geraden:*
    der Boulevard de la Madeleine mit der Madeleine
28 *Die Buttes-Chaumont: Ein künstliches Paradies, 1866/67 von*
    Adolphe Alphand, dem Landschaftsarchitekten Napoleons III., angelegt

Plattform aufgefaßten Stockwerke. Drinnen wird viel geboten: Die öffentliche Präsenzbibliothek muß gigantisch genannt werden, und sie hat sogar abends und sonntags geöffnet. Und die Ausstellungsfläche für das Museum ist riesig – und, keine Frage, die Sammlung moderner Kunst gilt als eine der bedeutenden der Welt. Rein mußt du auf jeden Fall. Übrigens: Georges Pompidou hat die Eröffnung nicht mehr erlebt, er starb 1974.«

Gleich neben dem Kulturzentrum stießen sie auf die FONTAINE STRAVINSKY, ein großes Wasserbecken mit lustigen Figuren, bunten von Niki de Saint Phalle, schwarzen von Jean Tinguely, die sich bewegen und fröhlich herumspritzen, so als machten sich diese kecken Kameraden lustig über die Betrachter. Hinter dem Becken blickten sie auf die Kirche SAINT-MERRI. »Sie wurde zwischen 1520 und 1612 gebaut und war die Pfarrkirche der reichen Geldverleiher, die in diesem Viertel lebten, was du auch noch an den alten, zum Teil gut renovierten Häusern erkennst, an denen wir jetzt vorbeikommen. Sie demonstrieren städtischen Reichtum. Leider ist dieses Viertel ein wenig heruntergekommen: billige Läden, Pornoshops, Eisdielen und viele Burgers, Macs und Fried Chicken. Feine Cafés gibt es hier nicht. Buchläden auch nicht.«

Den Boulevard de Sébastopol überquert, und sie waren schon am FORUM DES HALLES mit den angrenzenden kleinen Gärten, die bis zur Rotunde der Warenbörse reichen. »Jetzt muß ich meinem Ärger ein bißchen Luft machen, Anton. Hier standen, wie du weißt, bis Ende der siebziger Jahre die Hallen, die Kaiser Napoleon III. hatte errichten lassen. Gebaut von VICTOR BALTARD und 1853 eröffnet, waren sie ein Meisterwerk der Metallarchitektur. Diese Glas-und Eisen-Pavillons galten den Parisern als Kristallpaläste. Graf Rambuteau schrieb in seinen 1905 erschienenen Memoiren, Napoleon habe die Hallen zum Louvre des Volkes erklärt. ÉMILE ZOLA errichtete ihnen, dem Bauch von Paris, mit seinem Roman *Le ventre de Paris*, dem dritten Teil des Zyklus *Les Rougon-Macquart,* ein literarisches Denkmal. Du erinnerst dich gewiß an die seitenlangen Beschreibungen der Hallen und ihres Angebots, an die Fische, die

Der Bauch von Paris: Ein Holzstich aus dem Jahr 1853
zeigt die einstigen Markthallen in der Nähe von Saint-Eustache

Meeresfrüchte, die Tiere. An Zolas Lust am Objekt und an seine Freude, selbst Früchte und Gemüse zu beseelen. Zum Beispiel schreibt er, Moment mal . . . « Sie suchte die gelben Seiten. »Die Spinatbündel, die Artischockensträuße, die Bohnen- und Erbsenhaufen singen die Noten des Grüns.‹ Und er ist sogar begeistert von den Nachmittagen in den Hallen, wenn alle Stände geschlossen sind, wenn die Luft in diesen verlassenen Straßen sich schlafen legte. Was jetzt hier steht, ober- und unterirdisch, lohnt kein Wort, geschweige denn einen Besuch.«

Durch die Alleen gelangten sie zur 1887 umgebauten Bourse du Commerce, der Warenbörse, mit ihrer schon 1811 für den Vorgängerbau – die Getreidehalle – errichteten Metallkuppel. »Diese neu angelegten ALLEEN bekamen alle Dichternamen: Louis Aragon, André Breton, Blaise Cendrars zum Beispiel. Warum? Die Antwort kennen, wenn überhaupt, nur die Beam-

ten in der Stadtverwaltung. Keiner unserer Poeten hat eine
Straße, die er verdient. Am schlimmsten hat es Tristan Tzara getroffen, den Kollegen von Hugo Ball, dem Papst des Dadaismus,
du weißt ja, D. A., Dionysios-Areopagita; Tzara schenkte man
eine Straße im erbärmlichen Viertel um den Chapelle-Bahnhof.«

Sie gingen weiter in Richtung Palais-Royal. Als sie in der Rue
Jean-Jacques Rousseau angelangt waren, blieb Charlotte stehen.
»In dieser Straße lebte Rousseau von 1770 bis 1778, erst im Haus
Nummer 34, dann auf Nummer 52. Hier besuchte ihn Goldoni
1771. Und jetzt zeige ich dir eine der schönsten Pariser Passagen,
die GALERIE VÉRO-DODAT. Sie gehört zu denjenigen, die unweit
des Palais-Royal stehen und sich nach diesem Vorbild etwas vor-
nehmer Galerien nennen. Fast 30 Passagen entstanden zwischen 1786 und 1830, dieser Bautyp ist gewissermaßen in Paris
erfunden worden.« Anton gab zu, daß die Galerie Véro-Dodat
noch schöner ist als die Galerien Vivienne und Colbert, die
Ariane ihm gezeigt hatte: Marmor, Mahagoni, Glas, Trompe-
l'œil-Malereien. »Die beiden Metzger Véro und Dodat, die
durch Spekulationen ziemlich reich geworden waren, haben an
nichts gespart, wie du siehst. 1826 eröffneten sie ihre Glasstraße.
Von 1830 bis 1840 wurden im Laden des Druckers Aubert, am
Eingang der Rue du Bouloi, die Zeitungen *Charivari* und *La Cari-
cature* verkauft, für die Daumier und Henri Monnier arbeiteten,
Oppositionsblätter gegen Louis-Philippe. Zehn Jahre später ließ
sich hier die Schauspielerin ÉLISABETH RACHEL FÉLIX nieder, die
unter dem Namen Mademoiselle Rachel berühmt wurde. Der
Kritiker Jules Jamin hielt sie für talentlos und völlig überschätzt.
Alfred de Musset, den sie 1859 zu sich lud, huldigte ihr, schrieb
ihr *Un souper chez Rachel* und war kurze Zeit ihr Geliebter wie
viele andere auch, selbst Prinzen verfielen dieser kleinen, mage-
ren Frau. Sie starb mit nur 37 Jahren an Tuberkulose.« – »Ein
Opernschicksal, wunderbar«, trällerte Anton.

»Was hältst du davon, jetzt mit mir zur Madeleine zu fahren
und einzukaufen. Ich werde uns am Abend etwas kochen.«
Gesagt, getan, doch bevor sie bei ›Fauchon‹ das Perlhuhn kauf-
ten, bei ›Hédiard‹ die Bohnen und die Erdbeeren, beim ›Maître

Fromager‹ Sahne und den Käse, zeigte Charlotte Anton noch
die MADELEINE.

»Das Stadtviertel La Ville-l'Évêque hatte seit dem 17. Jahrhundert eine Kirche: die Sainte-Marie-Madeleine. Der Aufschwung
der Gegend erforderte im 18. Jahrhundert den Bau eines größeren Gotteshauses. Die Pläne nahmen 1757 Gestalt an, wobei immer klar war, daß die Kirche errichtet werden sollte am Ende der
Perspektive von der Place Louis-XV, also der heutigen Place de la
Concorde, über die Rue Royale. 1776 wurde der Grundstein gelegt und nach den Plänen des PIERRE CONSTANT D'IVRY zu
bauen begonnen, der sich an der Kirche Saint-Louis-des-Inva-
lides orientierte, also am Invalidendom. Als er 1777 starb, änderte sein Nachfolger GUILLAUME COUTURE die Pläne; sein
Vorbild war das Panthéon. Die Revolution unterbrach die Arbeiten. Und es begannen Diskussionen, was man mit diesem Gebäude anstellen könnte, wenn man es denn überhaupt fertig-
baute: Die einen schlugen vor, die Gesetzgebende Versammlung
darin unterzubringen, andere wollten die Börse, die Bibliothek,
das Handelsgericht oder die Bank von Frankreich hier einquar-
tieren. Doch alles kam anders, weil Napoleon 1. mal wieder Soldaten verherrlichen wollte. 1806 fiel die Entscheidung, einen
Tempel zum Ruhme der Großen Armee zu errichten. Napoleon vertraute die Aufgabe PIERRE ALEXANDRE VIGNON an, der
erst einmal das bereits Erbaute abreißen ließ. Nach Vignons
Tod übernahm JEAN-JACQUES HUVÉ die Bauleitung. Längst
war entschieden, daß aus dem Tempel wieder eine Pfarrkirche
werden sollte. Stell' dir vor, Anton, 1837 wurde gar diskutiert,
die Madeleine zum ersten Pariser Bahnhof umzufunktionie-
ren. 1845 wurde die Kirche geweiht.«

Während sie die 28 Stufen hinaufstiegen, betrachteten sie die
riesigen korinthischen Säulen und das Giebelbildnis. Charlotte
setzte ihren kleinen Vortrag fort: »Die Kirche umgibt eine
Kolonnade von 52 Säulen, und das *Jüngste Gericht*, das du gerade
betrachtest, hat Philippe-Henri Lemaire gestaltet.« – »Nichts dagegen zu sagen, nur findest du nicht auch, daß der Blick von hier
oben viel aufregender ist?« Sie schauten die feine Rue Royale

entlang, in der, wie Charlotte wußte, in Nummer 8 der Architekt Jacques-Ange Gabriel wohnte und in Nummer 6 Madame de Staël. Dahinter ragte der Obelisk der Place de la Concorde in die Luft, und nach dem Pont de la Concorde trafen ihre Blicke auf das Palais-Bourbon, in dem die Nationalversammlung ihren Sitz hat.

Innen drin fühlten sich beide nicht sonderlich wohl: »Düster und so bemüht feierlich«, urteilte Anton. Charlotte blieb sachlich: »Vestibül, Schiff, halbrunder Chor, die Skulpturengruppe *Vermählung Mariä* von JAMES PRADIER, *Vier Apostel* von JEAN-PIERRE ROMAN und FRANÇOIS RUDE, eine Orgel mit einem wunderbaren Klang, 1846 von DOMINIQUE und ARISTIDE CAVAILLÉ-COLL gebaut, *Himmelfahrt der heiligen Magdalena* ...« – »Danke, Charlotte, mehr muß man nicht wissen. Das ist nicht mein Lieblingsort.«

Den Abend verbrachten sie in der Rue de la Cerisaie. Anton kochte, Charlotte las und probierte ab und an die Sauce und das Gemüse und den Nachtisch. Vor dem Essen riefen sie Ariane an. Charlotte sagte nur kichernd: »Unser Plan war gut!« Anton zischelte »Kupplerin!« Und alle drei verabredeten sich für den Vormittag vor dem Rathaus.

Charlotte stellte diesmal eine Aufgabe: Sie versprach, Anton am Nachmittag alle Diderot-Orte der Stadt zu zeigen, wenn er ihr erzählen würde, was er von diesem Menschen wüßte. Anton zog eine Flunsch und klagte beinahe ernsthaft: auf Pennäler-Prüfungen ließe er sich nicht ein. Allein, Charlotte störte die etwas beleidigte Widerrede wenig. – Es wurde spät in der ersten Etage der Kirschgartenstraße.

Häusergeschichten – Stadtgeschichten:
Rathaus und Palais-Royal

Kein Wort über das Erwachen. Keines über das Frühstück. Nur
daß Jeanne anrief, um sich mit Anton zu verabreden fürs Modemuseum und er sie vertröstete, muß erzählt werden.

Anton nahm die Linie 1 der Métro bis Hôtel-de-Ville. Ariane
wartete schon vor dem Rathaus. Als Anton sie von weitem sah,
freute er sich, zwei so zauberhaften Frauen in Paris begegnet zu
sein. Sie umarmten sich herzlich. »Hab' ich gut gemacht, oder?«
trillerte Ariane. Anton widersprach nicht, sondern entschuldigte
Madame Franck; sie würden sie zum Mittagessen treffen. Wie
immer gingen sie erst einen Kaffee trinken. Dabei klärten sie,
wie es nun weitergehen sollte. Es blieb bei dem Auftrag, einen
Notre-Dame-Aufsatz zu schreiben. Von allen anderen Aufgaben
entband er sie vorerst, ohne das Honorar zu kürzen, was Ariane
besonders nobel fand.

»Und jetzt machen wir's wie immer. Ich fange an, Anton.
Und es ist mir eine Freude, denn ich kann den Haussmann wieder schelten. Erst einmal ein bißchen Geschichte. Sie bemerken, Anton, das RATHAUS ist nicht Mittelpunkt der Stadt, sondern La Cité, sowohl geographisch als politisch. Paris war immer Zentrum eines zentralistisch regierten Landes, also Kö-
nigs- oder Kaiserstadt. Es gab Herrscher, aber nie starke Bürgermeister, wie andere Hauptstädte sie besitzen. Einen Bürgermeister haben wir erst seit 1977 wieder, wie ich Ihnen schon in meinem Haussmann-Aufsatz geschrieben habe. Zuvor ernannte
die Regierung einen Präfekten, Herr Haussmann war so einer
und Monsieur Rambuteau, wie Sie inzwischen wissen.

Bis zum 13. Jahrhundert wurde die Stadt ausschließlich von
Vertretern des Königs verwaltet, die aus der mächtigen Korpora-
tion der Kaufleute stammten, die den Handel auf der Seine, der
Oise, Marne und Yonne bestimmten. Aus dieser Zeit stammt

Das Hôtel de Ville unter Ludwig XIII.

unser PARISER STADTWAPPEN: ein weißes Schiff auf rotem Grund, darüber die goldene Linie auf blauem Grund und der Spruch: Fluctuat nec mergitur – Es schwankt, aber es geht nicht unter. Die städtische Verwaltung wurde also vom König als Amt verkauft an den Meistbietenden, der dann als Vogt – als Prévôt – neben sechs weiteren Pariser Bürgern die Geschicke der Stadt lenkte. 1246 änderte Ludwig der Heilige diese Gewohnheit. Das Amt wurde vom König vergeben und der Prévôt besoldet. Ihm zur Seite stand das ›Parloir aux Bourgeois‹, also der erste Pariser Stadtrat. Der Sitz von Vogt und Rat war das Châtelet. 1357 kaufte der reiche Tuchhändler ÉTIENNE MARCEL, kaum zum Prévôt erkoren, ein Hôtel an der Place de Grève, die Maison aux Piliers. Ihm war das alte Rathaus zu klein. Die Place de Grève, wie die heutige Place de l'Hôtel-de-Ville bis 1830 hieß, gewann aber an Bedeutung. Hier fand vieles statt: Feste, Aufstände, Hinrichtungen. ›Faire la grève‹ hieß: nicht arbeiten; heute hat es die Bedeutung von streiken, wie Sie wissen.

Ich überspringe jetzt den Kampf des ehrgeizigen Étienne mit Karl v., der die gerade gewonnenen Rechte der Stände einschränken wollte, weshalb sich Marcel mit Karl von Navarra verbündete und sich sogar mit den Engländern einließ. Kurz, es erging ihm schlecht: 1358 traf ihn der Beilhieb.

Knapp 200 Jahre später ließ König FRANZ I. auf dem Platz ein neues Rathaus bauen und beauftragte mit dieser Aufgabe den italienischen Baumeister DOMENICO VON CORTONA, der wegen seines blonden Schnurrbarts Boccador, Goldmund, genannt wurde. Er entwarf eine sehr schöne Renaissance-Fassade im italienischen Stil, die an die Schlösser der Île de France erinnerte, was nicht sehr überrascht. Goldmunds Mitarbeiter war nämlich ein Franzose, PIERRE CHAMBIGES. Der nördliche Teil wurde unter der Herrschaft Heinrichs IV. und Ludwigs XIII., also zwischen 1608 und 1628, fertig. Am 10. August 1792 nahmen die Aufständischen, angeführt von Danton, Robespierre und Marat, das Rathaus ein.

Unter LOUIS-PHILIPPE wurde das Rathaus bedeutend erweitert, weshalb man die angegliederte Kirche ebenso abriß wie das Krankenhaus und die Nachbarhäuser in der Rue du Martroi und in der Rue de la Mortellerie. Man baute Paraderäume, Festsäle, einen Thronsaal, einen riesigen Sitzungssaal sowie einen Kaiserlichen Salon, in dem man die *Apotheose Napoleons* von INGRES aufhängte und die Canova-Büsten der kaiserlichen Familie ausstellte. Auch mit Delacroix-Gemälden dekorierte man die üppigen Säle. 1871 jedoch nahm die Kommune das Rathaus ein, setzte es erst unter Petroleum – und dann in Brand.

›Fluctuat nec mergitur‹
Das Stadtwappen aus dem Jahr 1608 am Treppenaufgang zum Rathaus

Von 1874 bis 1882 baute man das Gebäude, das wir jetzt vor uns sehen, eine Rekonstruktion des alten, allerdings weit größer. Es gab noch ein kleines Hickhack im Stadtrat, weil einige Abgeordnete das angekokelte Werk von Boccador retten wollten, während ihre Gegner sich der Meinung des Architekten THÉODORE BALLU anschlossen, der unter den 70 Bewerbern den Sieg davongetragen hatte und auf einem kompletten Neubau bestand. Ballu, der zuvor bekannt wurde durch seine Pseudo-Gotik-Pseudo-Renaissance-Kirchen, baute jetzt eine gigantische Renaissance-Imitation, in der die repräsentativen Räume immensen Raum einnahmen und die Amtsräume eher klein ausfielen. Es wurde also ein Präfekten-Palast, was später den selbsternannten Baron gewiß gefreut haben wird. Von den rund 150 Statuen der Fassade sind ein Drittel Allegorien von Städten und Provinzen – über der Uhr zum Beispiel die barbusige Allegorie der Stadt Paris –, die anderen zeigen berühmte Männer und Frauen, anders als im Panthéon wurden die Damen hier großzügig berücksichtigt. Das Innere des Rathauses ist jeden Montagvormittag bei einer Führung zu besichtigen, aber nur nach vorheriger Anmeldung: Man sieht dann die Treppe und die Festräume, Kronleuchter, Wandgemälde von Puvis de Chavannes, Kassettendecken.«

Fröhlich verließen sie den Platz. Obwohl Ariane ihm sagte, daß die hinter dem Rathaus gelegene Kirche SAINT-GERVAIS-SAINT-PROTAIS wirklich nichts Besonderes biete, wollte er hinein. Und gab Ariane recht; hinter der eindrucksvollen klassizistischen Fassade hatte er mehr Schönheiten vermutet. Immerhin lernte er so die älteste Orgel von Paris kennen, die 1601 gebaut wurde und auf der, so wußte der Küster, acht Organisten der Familie Couperin gespielt haben.

Charlotte trafen sie wenig später in einem kleinen Bistro, einem besonders schönen: im ›Benoît‹ in der Rue Saint-Martin. Ariane lieferte ihre letzte mündliche Erklärung, wie sie sagte, und schaute zu Madame Franck: »Bistrots, mal mit t, mal ohne geschrieben, sind keine Kneipen, wie in manchen deutschen Wörterbüchern steht. Sie sind, schauen Sie sich nur dieses an,

Anton, Schmuckkästchen, manchmal auch Puppenstuben. Es riecht nicht nach Kraut und Bier, sondern nach Wein und Würsten. Meist sind es Familienbetriebe. Es gibt luxuriöse und einfache. Dies hier ist die luxuriöse Variante – und deshalb duftet es nach Trüffeln. In manchen kochen Genies, die dann auch gleich mit Sternen oder vielen Punkten oder Hauben ausgezeichnet werden, in anderen glaubt man, die Großmutter stehe am Herd. Die schönsten Pariser Bistrots stammen aus der Belle Époque, also aus der Jacques-Offenbach-Zeit: dieses zum Beispiel oder das ›Julien‹, ›Chez Pauline‹, ›Lipp‹.« Anton bedankte sich für diesen vorerst letzten Arianen-Paris-Beitrag mit einem Toast: »Auf die Pariserinnen, die schön und geistreich und ein bißchen hinterlistig sind, auf Sie, Ariane, auf dich, Charlotte.«

Denis Diderot – Philosoph und Enzyklopädist

Den Nachmittag verbrachten Charlotte und Anton allein, auf der Suche nach Denis Diderot. Auf dem Weg zur Métro fanden sie zuvor noch bei einem Bouquinisten, nein: nicht den Beaumarchais-*Figaro*, sondern einen Bildband mit 20 Paris-Photos, herausgegeben um 1890 mit dem Titel *Souvenir de la Tour Eiffel*. Auf dem gold und rot gestalteten Umschlag prangte ein runder Stempel »Sommet de la Tour Eiffel« – Spitze des Eiffelturms. Sie blätterten in diesem Katalog, wunderten sich über den üppigen Baumbestand auf der Place de la Madeleine und freuten sich richtig, als sie darin das 1878 zur Weltausstellung errichtete und knapp sechzig Jahre später abgerissene Palais du Trocadéro entdeckten, das der Architekt Gabriel Davioud im maurischen Stil gebaut hatte. Charlotte kaufte diesen Fund und schenkte ihn Anton. Auf einer Seine-Bank sitzend, erzählte sie ihm dann etwas zu DIDEROT.

»Verewigt ist er im Panthéon, wo gleich nach Umwandlung der Kirche in den Ruhmestempel immerhin drei Philosophen Platz fanden: Neben Diderot liegen dort Voltaire und Rousseau. Dann könnten wir ins ›Procope‹, wohin man eigentlich immer gehen kann, sucht man einen Dichter, aber für Diderot ist dieses

Café-Restaurant von besonderer Bedeutung: Hier entwickelten
er und Jean Le Rond d'Alembert die Idee zur 1751 bis 1780 erschienenen 35bändigen Enzyklopädie. Oder wir könnten uns in die
Rue Saint-Honoré aufmachen. In dem Gebäude mit der Nummer 161 trafen sich von 1854 an berühmte Menschen im Café de
la Régence. Ursprünglich 1681 in der Rue Saint-Honoré, Ecke
Place du Palais-Royal gegründet, zog es in der Mitte des 19. Jahrhunderts um, und heute befindet sich das marokkanische Tou-
rismusbüro darin. Zur ›Régence‹-Blütezeit aber verkehrten hier
Voltaire, Rousseau, Musset und Diderot. Dank seiner Beschreibung wissen wir, daß das ›Régence‹ ein Treffpunkt der
Schachspieler war.« – »So, und jetzt bin ich dran. Du siehst, ich
bin vorbereitet.« Anton zückte ein kleines Bändchen und las
vor: »›Wenn es gar zu kalt und regnerisch ist, flüchte ich mich in
das Café de la Régence und sehe zu meinem Vergnügen den
Schachspielern zu. Paris ist der Ort auf der Welt, und das Café
de la Régence der Ort in Paris, wo man das Spiel am besten
spielt.‹ – Das schreibt er in *Rameaus Neffe*, einem Werk, das
postum erschienen ist. Und jetzt du wieder.«

»Noch eine Möglichkeit für ein Diderot-Rendezvous: unser
Lieblingsgarten im Palais-Royal. Dort trafen sich die Philosophen
gern, diskutierten und schauten schönen Mädchen nach. Und
schon kommst du wieder an die Reihe.« Da Anton kein Diderot-
Zitat parat hatte, rief Charlotte »Schachmatt« und lieferte das
Passende: »›Es mag schönes oder schlechtes Wetter sein, meine
Gewohnheit bleibt auf jeden Fall, um fünf Uhr abends in den
Gärten des Palais-Royal spazierenzugehen. Mich sieht man immer allein, nachdenklich auf der Bank der Allée d'Argenson.
Ich unterhalte mich mit mir selbst über die Politik, über die
Liebe, über den Geschmack und über die Philosophie und
überlasse meinen Geist seiner ganzen Leichtfertigkeit. Mag er
doch die erste Idee verfolgen, die sich zeigt, sei sie weise oder
töricht. In der Allée de Foi sieht man unsere jungen Liederlichen
einer Kurtisane auf den Fersen folgen, die mit unverschämtem
Wesen, lachendem Gesicht, lebhaften Augen, stumpfer Nase da-
hingeht; aber gleich verlassen sie diese um eine andere, necken

sie sämtlich und binden sich an keine. Meine Gedanken sind meine Dirnen.‹ Auch aus *Rameaus Neffe*. Die Allée d'Argenson gibt es übrigens nicht mehr, sie ist eins geworden mit der Rue des Bons-Enfants – und allein spazierte Diderot keineswegs immer; oft war Sophie Volland an seiner Seite. Und jetzt mein letztes Angebot: Rue de Richelieu Nummer 39. Hier lebte Diderot die zwölf Tage vor seinem Tod. Er war 71 Jahre alt und hatte schon seit geraumer Zeit nichts mehr geschrieben. Er lebte wie ein Phantom. ›Wir treiben uns herum, Madame Diderot und ich, aber wir sind gar nicht mehr‹, schrieb er in einem Brief.

Also wohin gehen wir?«

»In den Palais-Royal-Garten.«

Unter den Arkaden, im Schatten, begann Anton seinen Vortrag: »Zunächst einmal möchte ich Goethe zitieren, der Diderot hochschätzte und alle Diderot-Kritiker zurechtwies: ›Wer an ihm oder seinen Sachen mäkelt, ist ein Philister, und deren sind Legion.‹ Soweit unser deutsches Genie. Ich nehme an, du willst jetzt nicht Lebensdaten und kleine alberne Diderot-Anekdoten, sondern Texte. Ich habe etwas zusammengesucht. Die wichtigen Texte kennst du aber eh alle: *Les bijoux indiscrets*, die den blöden deutschen Titel *Die geschwätzigen Kleinode* haben, und *Der natürliche Sohn*, *Jacques der Fatalist* sowie *Das Paradox über den Schauspieler*, darum habe ich aus Briefen etwas exzerpiert.

An Friedrich Melchior Grimm schrieb er Ende August 1776 etwas über das Altern: ›Denken Sie: am 2. Oktober werde ich drei-, vier- oder fünfundsechzig, was weiß ich! Das ist ein Alter, in dem man die Jahre zählt, und sehr bald schon die Monate, und nicht lange, dann lebt man nur von einem Tag zum andern. Wir beginnen fast alle zu kränkeln. Wenn wir uns am Morgen beim Frühstück sehen, dann hat der eine schlecht geschlafen, der andere hat sich beim Aufstehen müder gefühlt als beim Zubettgehen; der eine hat's im Magen, der andre im Rücken oder auf der Brust; die Zähne wollen nicht mehr, oder die Augen. Wir ziehen an einem elenden Wagen, an dem immer etwas klappert, und dieses Klappern wird immer lauter und schöner

Porträt des Schriftstellers und Philosophen Denis Diderot.
Ein Stich von B. L. Henriquez
nach dem Gemälde von L. M. van Loo,
1767

bis zu jenem glücklichen oder unseligen Augenblick, wo Wagen
und Fahrer zum Teufel gehn ...«‹ – »O weh, Anton, den Brief
kenne ich wirklich nicht, aber hast du zur Abwechslung mal
was Heiteres?« – »O ja: den verfressenen Diderot. Am 6. Juni
1765 schreibt er an Sophie Volland, mit der er hier promenierte
und flirtete, wie du mir erzähltest: ›Ob ich leide? Mehr als je zuvor, und ich verdiene es voll und ganz. Ich habe wie eine
neunköpfige Raupe gefressen. Ich habe die verschiedensten
Weine getrunken, eine heimtückische große Melone wartete
auf mich, und meinen Sie, ich hätte einem riesigen Käse wider-
stehen können? Und dann Liköre und Kaffee und schließlich
eine abscheuliche Magenverstimmung, die mich die ganze

Nacht auf den Beinen hielt und mich zwang, den Vormittag zwischen der Teekanne und einem anderen Gefäß zu verbringen, das zu nennen nicht schicklich ist.«

»Und über die Liebe schreibt er nichts?« – »Klar, danach habe ich zuerst gesucht«, grinste Anton, »und gefunden habe ich etwas sehr Leidenschaftliches, auch an seine Sophie gerichtet: ›Alles, was die Leidenschaft eingibt, kann ich verzeihen. Mir mißfällt nur, wenn man inkonsequent ist. Im übrigen, Sie wissen es ja, bin ich von jeher ein Verteidiger der starken Leidenschaften gewesen. Sie allein erschüttern mich. Wie ich einmal zu Urania bemerkte: wenn es darum ginge, zwischen einem Racine zu wählen, der ein schlechter Gatte, schlechter Vater, falscher Freund und ein sublimer Dichter war, und einem Racine, der ein guter Vater ist, ein guter Gatte, guter Freund und sonst ein platter, braver Mann – dann halte ich mich an den ersten. Was ist von dem bösen Menschen Racine geblieben? Nichts. Vom genialen Dichter Racine jedoch ein unvergängliches Werk.‹ Und im gleichen Brief kommt er endlich zu der Einsicht, daß sich in Wahrheit ›die Natur weder um Gut noch um Böse schert, sie ist ganz auf ihre beiden einzigen Ziele aus: die Erhaltung des Individuums und die Fortpflanzung der Art.‹ Ein heller Kopf, dieser Diderot, aber auch ein bösartiger. Ein dialektischer Aufklärer und ein wunderbarer Erzähler. Und zum Schluß, Charlotte, habe ich mir noch einige Sätze aus Diderots *Paradoxe sur le comédien* herausgeschrieben. Nicht zuletzt, weil ich gern mit dir morgen ins Odéon ginge, das Burgtheater aus Wien gastiert, und du wirst eine wunderbare Schauspielerin erleben: Kirsten Dene. Kommst du mit?« – »Gern, aber jetzt rück die Diderot-Sätze raus, bitte, sonst kann ich nämlich nicht anfangen mit dem Palais-Royal.« – »Also der eine lautet: ›Ich behaupte, daß ein hohes Maß an Sensibilität nur borniere Schauspieler, daß allein ein kühler Kopf den wahrhaft hervorragenden Schauspieler macht.‹ Und der zweite ist wieder eine Boshaftigkeit: ›Man hat gesagt, die Schauspieler hätten keinen Charakter, weil sie durch das Spielen aller Charaktere den ihnen von der Natur verliehenen verloren hätten – ich glaube, daß man dabei Ursache und Wirkung verwechselt: daß sie vielmehr gerade deshalb befähigt sind, alle Charaktere zu spielen, weil sie keinen eigenen besitzen.‹«

Charlotte lachte herzlich, erzählte einen Witz von einem ins Wasser gefallenen Schauspieler, der von einem Fisch gefressen wird, der wiederum seinem Freund, dem Waller, von dem Leckerbissen erzählt und von einer Riesenleber und einem fehlenden Rückgrat schwärmt, weshalb der Genuß doppelt so groß gewesen sei. »Auch nicht schlecht«, kommentierte Anton und drängelte ein bißchen zur Eile, denn sie wollten noch einkaufen gehen; Charlotte hatte schon am Morgen versprochen, in der Rue de l'Université zu kochen, und er war sehr gespannt, ob er die Cocteau-Zeichnung aus seinem Traum zu sehen bekommen würde.

Doch jetzt fing sie erst einmal an mit dem Schnellkurs über das Palais-Royal. Anton wunderte sich, daß sie so gut vorbereitet war und nicht von ihren gelben Seiten ablesen mußte. »Anton, ich bin Pariserin, was ich dir erzähle, weiß jeder durchschnittlich intelligente Einwohner dieser Stadt. Also:

Le Palais-Royal, gestern und heute

Dieses Stadtschloß wurde für Jean du Plessis, Kardinal und Herzog von Richelieu erbaut. Zu Reichtum und Macht gelangt, beauftragte der Kardinal 1629 den Architekten JACQUES LE MERCIER damit, ihm in der Nähe des Louvre und der ehemaligen Stadtmauer Karls V. einen Wohnsitz zu errichten. Le Mercier – ich weiß nicht, ob du es von Ariane schon erfahren hast – ist derjenige Architekt, der auch den Pavillon de l'Horloge des Louvre und später die Sorbonne gebaut hat. Mit der Anlage des Gartens betraute er einen Mann namens Desgots, den Gärtner des Königs. 1642 starb der Kardinal, hatte aber schon neun Jahre zuvor den König zum Erben dieses Palais bestimmt. So wurde aus dem Palais-Cardinal das Palais-Royal. Nach dem Tod Ludwigs XIII., 1643, zog dessen Witwe Anna von Österreich hier ein, mit ihrem Sohn, dem späteren Ludwig XIV.« Anton kannte diese

Geschichte schon aus Arianes Louvre-Aufsatz, unterbrach Charlotte aber nicht, auch deshalb, weil sie die Anna-Episode rasch beendete. »Anna zog allerdings bald wieder in den Louvre, in dem sie sich sicherer fühlte, das Schloß überließ sie ihrer Schwägerin Henriette von Frankreich, die sich nach der Exekution ihres Mannes, König Karls I. von England, nach Paris flüchtete. Ludwig XIV., der sich in Versailles niedergelassen und kein Interesse mehr am Palais-Royal hatte, schenkte es 1692 seinem Bruder. Dieser begann mit Umbauten, die sein Sohn, Philipp von Orléans, dann fortführte. Damals und bis zu dessen Tod, 1723, erlebte dieses Haus seine Glanzzeit: Philipp von Orléans war ein Kunstliebhaber und sammelte Gemälde.

Der letzte Besitzer vor der Revolution war Ludwig Philipp von Orléans, der von 1780 an hier lebte. Er ließ das Palais-Royal von VICTOR LOUIS völlig neu gestalten. Und er war es auch, Anton, der unseren Garten zu dem machte, was er jetzt ist: ein geschlossener Raum. Ludwig Philipp, der spätere Philippe-Égalité, gab den Neubau der drei Gebäudekomplexe in Auftrag, die alle dieselben Fassaden haben sollten. Unten waren, wie heute, Läden untergebracht, oben Mietwohnungen. 1786 bis 1790 baute Victor Louis, der bereits das Theater in Bordeaux gestaltet hatte, noch das angrenzende THÉÂTRE FRANÇAIS, die Comédie – aber das weißt du gewiß längst. Und fertig war das Ensemble. Die Geschäfte waren so beliebt wie der Garten, nur die Anwohner, die vor dem Bau der Trakte auf den Garten schauen konnten und nun auf Mauern sahen, protestierten, was man irgendwie verstehen kann. Danach ging es tumultig zu: CAMILLE DESMOULINS rief von hier aus das Volk zum Aufstand auf – am 12. Juli 1789. Und wenig später war aus dem Palais-Royal das Palais-Égalité geworden; und der Garten bekam den Beinamen ›der Revolution‹. Zur Zeit des Kaiserreichs wurde das Palais-Royal beliebter als je zuvor. Zur Hoch-Zeit dieses Gebäudes und Gartens gab es hier ungefähr 15 Restaurants, 30 Cafés, 17 Billard-Spielsäle, 24 Juweliere, daneben Spielclubs, Uhr- und Perückenmacher, Buchhändler und die berühmten Demoiselles du Palais-Royal, deren Galanterieläden Käufer

Paris – eine Stadt der Revolutionen.
Juli 1830: Der Herzog von Orléans, der spätere König Louis-Philippe,
läßt sich vor dem Palais-Royal feiern.
Stich von Peurveyer nach einem Gemälde von Horace Vernet

aus ganz Europa anzogen.« – »Halt, Charlotte, was, bitte, sind Galanterien? Ritterlichkeit und Höflichkeit sind zwar käuflich, aber nicht in Läden zu kriegen.« – »Weiß du's wirklich nicht? Galanteriewaren sind modischer Putz, heute würde man wohl das Wort Accessoires verwenden, also Futterale, Fächer, Handschuhe, Stolen, Muffe, aber auch Parfumflacons und Spiegel.

1814, als das Palais wieder im Besitz der Herzöge von Orléans war, hatte das lockere Treiben ein Ende. Und deshalb konnte Herzog Louis-Philippe, der spätere König Louis-Philippe I – der sogenannte Bürgerkönig –, vor seinem Umzug in

den Tuilerienpalast hier zwei Jahre lang residieren. Die Säube-
rungsaktion führte natürlich dazu, daß der Ort an Beliebtheit
verlor. 1854 konfiszierte Napoleon III. das Vermögen der Orléans, und der Palast wurde schließlich Besitz von Prinz Jérôme
Napoléon Bonaparte. Während der Kommune brannte ein Teil
des Palastes, wurde aber wiederaufgebaut. Heute ist das Palais
Sitz des Kultusministeriums, und auch der Staatsrat tagt hier.
Laß uns auf die Place du Palais-Royal gehen, von dort hast du
einen schönen Blick auf das Hauptgebäude und die beiden Seitenflügel und den Schmuck, der im 18. Jahrhundert angebracht
wurde.«

Anton betrachtete die allegorischen Figuren und die Waffen-
trophäen von Augustin Pajou. Während sie die Rue Saint-Honoré entlanggingen zur Madeleine, erklärte Charlotte dem
Theaterfexen Anton noch, daß es im Palais-Royal, und zwar in
dem Seitentrakt der Rue de Montpensier, Nummer 38, noch das
1784 eröffnete THÉÂTRE DU PALAIS-ROYAL gäbe, ein Boule-
vardtheater mit großer Vergangenheit und einer Glanzzeit um
1840, als Eugène Labiches Komödien hier uraufgeführt wurden.

Den Abend verbrachten die beiden in der Rue de l'Université.
Charlotte erwies sich als nicht allzu begabte Köchin. Aber ihr
Weinkeller bot Flaschen, die Anton in einem Frauenhaushalt
nicht vermutet hätte. Als er Charlotte dieses Kompliment
machte – und auch ihre Küchenkünste lobte –, meinte sie nur,
daß er nicht lügen solle und sich nicht so chauvimäßig großtun
müsse. Es gäbe durchaus Frauen, die vom Wein mehr verstün-
den als von einer Sauce hollandaise – zumindest in Paris. Für
den nächsten Tag planten sie nichts Gemeinsames außer des
Theaterbesuchs – Kirsten Dene im Odéon –, denn Charlotte
mußte zwei Seminare geben und in eine Vorlesung. Sie empfahl
ihm einen weiteren Besuch des Louvre, diesmal in der Abteilung französische Malerei.

Es hing in Charlottes Wohnung keine Cocteau-Zeichnung.
Aber Novarinas Akkordeonspieler musizierte bereits in ihrem
Arbeitszimmer.

Mode, Musen, Malerei

Auf seinem Anrufbeantworter in der Rue de la Cerisaie hatte er eine Mitteilung von Jeanne vorgefunden, woraufhin er sie anrief und sich mit ihr für den Nachmittag vor dem Musée de la Mode et du Costume im Palais Galliera, Avenue Pierre-Ier-de-Serbie im 16. Arrondissement verabredete. Jeanne empfahl die Métrostation Alma-Marceau.

Dann fuhr er in den LOUVRE. Er informierte sich erst einmal, wo die FRANZÖSISCHE MALEREI zu finden sei, und lernte bei dieser Gelegenheit gleich einiges über die Gemäldesammlung. Ihr Bestand umfaßt über 10 000 Bilder, vor allem die französische Malerei ist an keinem Ort der Welt derart reichhaltig vertreten. Vieles davon ruht in den Depots, durch die Neuordnung des Grand Louvre in den neunziger Jahren gewann man aber Ausstellungsfläche hinzu. Die Gemäldesammlung durchläuft die Geschichte der europäischen Malerei von der Mitte des 13. bis zur Mitte des 19. Jahrhunderts und ist in drei große Gruppen eingeteilt: die französische Schule, die italienische und spanische Malerei sowie die nordeuropäischen Schulen aus Deutschland, Flandern und Holland.

Der Rundgang durch die französische Abteilung, auf die fast zwei Drittel des Gesamtbestands fallen, beginnt im 2. Stock des Richelieu-Flügels mit dem 14. Jahrhundert und geht dann im 17. Jahrhundert über in den Sully-Trakt, wo sie das gesamte 2. Geschoß belegt. Die großformatigen Gemälde dagegen – zum Beispiel THÉODORE GÉRICAULTS *Floß der Medusa* – finden sich in zwei Sälen im 1. Stock des Denon-Flügels.

Anton hielt sich an Charlottes Ratschläge und folgte der chronologischen Anordnung: Da diese sich aber vom 14. bis zum 19. Jahrhundert über 73 Säle erstreckte, war es unmöglich, sich jedes Bild anzusehen – durch einige der um die Cour Carrée angeordneten Räume flanierte er also einfach nur. Rasch, aber

höchst aufmerksam. Er machte einige schöne Entdeckungen
und erkor sich ein paar absolute Lieblinge. Antons Gang durch
die Jahrhunderte:

Zunächst machte er halt vor den Porträts von *Karl VII.* und
Guillaume Jouvenal des Ursins, beide gemalt von JEAN FOUQUET
in den späten siebziger Jahren des 15. Jahrhunderts und während
der Regierungszeit Louis-Philippes erworben, nicht etwa, weil
man sie als Kunstwerke von besonderem Rang achtete, sondern als geschichtliches Dokument verstand. Fouquet hat König
Karl VII. – in weinrotem Rock mit Pelzbesatz an Kragen und
Ärmeln – wie hinter einem Fenster stehend dargestellt, rechts
und links neben ihm hängen zur Seite gezogene weiße Vor-
hänge; er sieht traurig drein. Monsieur des Ursins neigt zur
Fettleibigkeit. Es mußte dem Kanzler von Frankreich, so schloß
Anton, verdammt gutgegangen sein.

Danach blieb er stehen vor dem *Einäugigen Flötenspieler* eines
unbekannten französischen Meisters aus der 2. Hälfte des 16. Jahrhunderts. Wie schön dieser entstellte Mann aussah, wie edel –
wie unverletzt. Vor zwei nackten Schönen in der Badewanne,
durch Reproduktionen sehr bekannt, schmunzelte er wie immer.
Perfid, wie diese *Gabrielle d'Estrées und ihre Schwester, die Herzogin
von Villars* aus der Zeit um 1599 den Betrachter ungerührt ansehen. So als könnten sie kein Wässerchen trüben. Dabei stellen
sie absonderliche Sachen an. Die Brünette zwickt der Blonden
die rechte Brustwarze, die Finger ihrer linken Hand delikat ge-
spreizt. Höchst anziehend, dachte Anton und erblickte in der
Tiefe des Bildes die Mutter der beiden, züchtig im hochgeschlos-
senen Kleid bei einer Stickarbeit, neben dem Kamin, über dem
ein Bild mit einem nackten Mann hängt, dessen Geschlecht
unter einem roten Tuch versteckt ist. Der Maler aus der auf ero-
tisch-galante Szenen versessenen ›Schule von Fontainebleau‹ –
der sogenannte Meister der Gabrielle d'Estrées – inszenierte
diese Szene wie eine Theateraufführung; der Betrachter wird
zum Voyeur, froh, daß irgend jemand den roten Vorhang zur
Seite gerafft hat, um ihn die lüstern blickenden Mädchen sehen
zu lassen. Ihr Ohrenschmuck ist das einzige Kleidungsstück.

Das 17. Jahrhundert: eine Sammlung, die Ludwig XIV. anlegte; er schätzte vor allem die Wahlrömer CLAUDE LORRAIN, VALENTIN DE BOULOGNE und NICOLAS POUSSIN. Dreizehn Poussin-Gemälde kaufte der König 1665 dem Kardinal Richelieu ab und auch einige der Lorrain-Werke; andere schenkte ihm sein Gartenarchitekt Le Nôtre. Etliche Meisterwerke dieser Zeit verdankt die Louvre-Sammlung der Revolution, sie kamen als Beschlagnahmungen von Emigranten-Besitz in das Museum.

Anton erinnerte das goldene Licht bei Poussin an die großen italienischen Maler; und er erkannte zum ersten Mal die Poussinsche Klarheit; verstand, warum dieser Maler-Philosoph-Dichter als der bedeutendste Vertreter des französischen Klassizismus gilt. Auch für Lorrain, den Lothringer, der eigentlich Claude Gellée hieß und in Rom vom Pastetenbäcker zum Landschaftsmaler wurde, war das Licht – das große Thema der Barockmalerei – eine malerische Herausforderung. Er studierte dessen Wirkung auf die Landschaft und gewann in seinem lyrisch-romantischen Stil eine Meisterschaft, die vielen anderen Malern als Vorbild galt. Valentin de Boulogne bevorzugte dunkle Szenen: sein *Konzert an einem Stein mit antikem Relief* besitzt Poesie und Geheimnis und etwas von Caravaggios Kraft, auch wenn alles etwas bemüht arrangiert scheint.

Von sechs Bildern im Saal 28 konnte sich Anton zwei Stunden nicht trennen, und zu ihnen kehrte er am Ende auch wieder zurück. Ihretwegen ließ er das Mittagessen ausfallen und Jeanne zwanzig Minuten warten: Es waren die Werke von GEORGES DE LA TOUR.

Als erstes betrachtete er den *Heiligen Thomas*, den La Tour – ein Vertreter des französischen Caravaggismus – zwischen 1625 und 1630 vollendet hatte; eine überaus raffinierte Farbkomposition, in der das blaue Schultertuch des Heiligen das dominierende Beige-Schiefergrau des Bildes meisterhaft kontrastiert – ebenso kühn wie einfach. Und der Mann auf der Leinwand, mit den markanten Stirnfalten, er ist so plastisch, so lebendig dargestellt!

Bei den Nachtstücken wußte Anton nicht, welches ihm besser gefiel: die *Heilige Magdalena mit dem Nachtlicht*; die *Heilige*

Jean-Antoine Watteau,
Studie zu ›Pilgerfahrt zur Insel Cythera‹ um 1710,
British Library, London

Irene, die den heiligen Sebastian pflegt; das ganz düstere braune Porträt des *Heiligen Josef als Zimmerer*, mit dem kleinen Mädchen an seiner Seite, das eine Kerze hält? Deren Licht ist so hell, daß es durch die kleinen Finger ihrer linken Hand dringt; man glaubt, den Schein durch die Nägel hindurchzusehen – ein Bild, in dem die Dunkelheit jede Bedrohlichkeit verloren hat; die *Anbetung der Hirten*, ein Licht-und-Schatten-Kunstwerk, wie Anton in seinem Leben noch keines gesehen hatte, mit einem Jesuskind, das die Augen geschlossen hat, ein Lächeln auf den Lippen zeigt und eine ganz glänzende Nase besitzt.

Das einzige Lichtstück, das einzige Tagbild des Meisters in der Louvre-Sammlung, ist das Gemälde *Der Falschspieler mit dem Karo-As*. Allein die Blicke der vier dargestellten Figuren erzählen die ganze Geschichte: Der Junge rechts, bunt und kostbar gekleidet und mit einem roten Federbuschbarett auf dem Kopf, hält seine Pik-Karte in beiden Händen und schaut lächelnd, die Lider ein wenig gesenkt, auf das Karo-Blatt seines Mitspielers. Dieser wendet seinen Rücken dem Betrachter halb zu und macht ihn so zum Mitwisser: Man sieht, daß er unter dem schwarzen Gürtel bereits ein Pik-As versteckt hat und gerade noch ein Karo-As dazusteckt. In der Mitte zwei Frauen. Die jüngere, stehende – offenbar die Dienerin der anderen –, wirft einen Blick auf den Schummler. Die Herrin mit dem Perlenschmuck wiederum wendet den Kopf nicht, schaut aber trotzdem zu ihrer Bediensteten: Die Augäpfel sind zur Hälfte bereits verschwunden, so extrem blickt sie nach rechts. Wie sie alle Augen machen! Ein Meisterwerk mit einem Realismus, der wahrhaftig ist und zugleich psychologisch: Der Maler schaut in die Seelen, in die Gedanken seiner Menschen. Er offenbart viel mehr als nur ein Gesicht, eine Situation. Er meditiert über seine Figuren, er erdenkt sie, er kommentiert sie – und er liebt sie, das schien Anton das Schönste. Später erfuhr er, daß gerade bei diesem Bild Zweifel aufgekommen sind, ob es von La Tours eigener Hand ist. Das gesamte Werk des Malers, das erst allmählich Anerkennung und Verständnis fand, gibt immer noch Rätsel auf, und die Unterscheidung von Original, Replik und Nachahmung erwies sich bisweilen als äußerst problematisch.

Viele berühmte Gemälde anderer Maler erfreuten ihn gleichfalls: zum Beispiel JEAN-ANTOINE WATTEAUS rätselhaft traurig blickender Pierrot, genannt *Gilles,* von 1718/20 und seine wundervoll elegische *Pilgerfahrt zur Insel Cythera,* 1717 entstanden. Anton fiel wieder ein, daß Proust in Watteaus Bildern, selbst in denen der rauschenden Feste, Melancholie wahrnahm, weil er glaubte, wie er in *Contre Sainte-Beuve* schrieb, daß der kränkelnde, schwache Watteau nie die Lust hatte leben können, die er darstellte; seine Apotheose der Liebe, so Proust, war immer die eines Mannes, der wohl nur höchst selten die Freuden der Liebe hatte genießen dürfen.

Bei FRANÇOIS BOUCHER gefiel Anton das zarte, genau erfaßte und heimelige *Frühstück* von 1739 mit den zwei besonders artigen Kindern. Aber man konnte es auch mit Diderot halten, der 1761 schimpfte, »Bouchers Eleganz, seine Geziertheit, seine Galanterie, seine Koketterie, sein Geschmack, seine Gewandtheit, seine Wahrheit, sein Glanz, seine Vielfalt, seine Ausschweifung« würden gewiß die Kleinbürger, die jungen Leute, alle Menschen, die sich weltmännisch dünkten, in Bann schlagen, also »die breite Masse, die keine Ahnung hat vom wahren Geschmack, der Wahrheit, den richtigen Ideen und der Strenge und Schlichtheit der Kunst«.

29 *Der Medici-Brunnen im Jardin du Luxembourg – ein Relikt aus der Zeit*
    der Entstehung des Gartens im 17. Jahrhundert
30 *Im Bagatelle-Park, einem besonders reizvollen Teil des Bois de Boulogne*
31 *Marcel Prousts bevorzugter Ort zum Promenieren:*
    der Parc Monceau im 8. Arrondissement

Später war Anton angetan von JEAN-BAPTISTE SIMÉON CHARDINS *Jungem Zeichner, seinen Bleistift spitzend* aus dem Jahr 1737, vor allem von dem Lichtspiel, das auch Edmond und Jules de Goncourt so liebten und schwärmten, keiner wie er vermochte durch die Farbwahl und die Klarheit Haut so wahrhaftig, so natürlich, so lebendig zu malen: »Man sieht die Poren, man sieht die Falten, und man sieht die Haut leuchten.« Eine Komposition von großem Ernst, die seine Aufmerksamkeit fesselte, weil Anton sah, daß dieser mädchenhaft hübsche Junge beim Spitzen an alles mögliche denken mochte – nur nicht an Arbeit.

Vorbei an den Stilleben und sittsamen Porträts des 18. Jahrhunderts, verweilte Anton erst wieder bei JEAN HONORÉ FRAGONARDS wunderbarer Liebesszene *Der Riegel*, vor 1784 beendet. Kaum durch die Tür ins Schlafzimmer der Geliebten eingedrungen, stürzt diese sich in seine Arme, aus dem Bett an seinen Hals. Er faßt sie energisch mit der rechten Hand, spitzt die Lippen zum Kuß, sieht ihr in die Augen und schiebt den Riegel der Tür zu. Genau dies wollte sie auch, mit der linken Hand – sie kommt zu spät. »Welch eine Leidenschaft«, murmelte Anton.

JEAN-AUGUSTE-DOMINIQUE INGRES' Rückenakt *Die Badende genannt Baigneuse de Valpinçon* von 1808 konnte man nicht anders als ausgesprochen attraktiv bezeichnen; ebenso die *Große Odaliske* von 1814, die den (neu)gierigen Betrachter abschätzig anblickt. Auch in *Das Türkische Bad* von 1862 huldigte Ingres – inzwischen 82jährig – dem weiblichen Körper, dessen Inkarnat er so wunderbar marmorn zu gestalten wußte.

Mit den großformatigen Werken des Klassizismus und der Romantik – David, Géricault, Delacroix – hatte Anton so seine Schwierigkeiten, wie immer mit Monumentalem. Ein Aspekt fiel ihm aber auf, der ihm bisher nicht so deutlich gewesen war: JACQUES-LOUIS DAVID, der bei den Festzügen der Revolution Regie geführt hat, setzte diese Begabung auch in seiner Arbeit ein – er war ein Meister gleichsam der Bühnenszenerie in der Malerei! Untrennbar gehörte hierzu das Pathos – zur Revolution wie zu Frankreich. Anton sah sich daraufhin Davids *Selbstbildnis* von 1793 noch einmal an: Es war ein Meisterwerk an Eindring-

lichkeit, und er begann zu verstehen, daß David schulbildend
gewirkt hatte. Er und seine Schüler strebten – gegen das Rokoko – wieder die Würde und den Ernst der Antike an.

Bei den Gemälden von EUGÈNE DELACROIX fiel Anton Stendhal ein, der versuchte, im *Massaker von Chios* aus dem Jahr
1824, einer Episode aus dem griechischen Freiheitskampf zwei
Jahre zuvor, Shakespearesche Poesie zu entdecken. Auch mit
einem anderen Großformat – 260 mal 325 cm – nahm der Maler leidenschaftlich Anteil am Zeitgeschehen: *Die Freiheit führt
das Volk an, 28. Juli 1830* hat die Ereignisse der Juli-Revolution
zum Inhalt, die Verteidigung der Freiheit gegen die Willkür
der Regierung Karls X. – das, was Gérard de Nerval »die Über-
lagerung des wirklichen Lebens durch den Traum« nannte.

Anton flanierte, ging vor und zurück. Folgte keinem Pfeil,
sondern nur seiner Lust. Vom ersten Stock des Denon-Trakts zu
Sully. Zu CHARLES-FRANÇOIS DAUBIGNYS harmonischen Landschaften. Und endlich zu JEAN-BAPTISTE CAMILLE COROT, von
dem Baudelaire behauptete, ihm fehle ein bißchen der Teufel im
Leib: liebe Mädchenporträts, liebliche Landschaften. Aber es
stimmte auch, was Baudelaire lobte: die Harmonie der Bild-
konstruktion, die Finesse dieser Arbeiten. Ein letzter Blick auf
Corots 1864 entstandenes Glückliches-Landleben-Bild mit dem
Titel *Erinnerung an Mortefontaine* – und schon eilte Anton zurück zu seinen sechs Favoriten in Saal 28.

Etwas zum Thema Mode

Jeanne war nicht beleidigt wegen der Verspätung. »Sie haben
Glück, Anton, dieses Museum hat keine permanente Ausstellung, sondern zeigt immer wieder zu besonderen Themen
Stücke aus seinen Beständen. Heute können wir alles über den
Schal erfahren, wenn Sie wollen.« – »Eigentlich nicht, Jeanne.
Seien Sie mir nicht böse. Aber ich bin voller Eindrücke aus
dem Louvre, wo ich mir die französische Malerei angesehen
habe. Lassen Sie uns in ein Café gehen, und Sie erzählen mir,
was Sie über diesen Stadtpalast wissen, der ja offensichtlich

den Eklektizismus des 19. Jahrhunderts besonders animiert feiert.«

Jeanne berichtete von der Duchesse Maria de Ferrari Galliera, die sich von dem Architekten Louis Gintain ein Haus im Renaissance-Stil wünschte, das dieser 1892 errichtete. »Seit 1977 ist das MUSÉE DE LA MODE ET DU COSTUME darin untergebracht. Der Grundstock der Sammlung besteht aus den Stücken, die zuvor im Musée Carnavalet zu sehen waren. Das Museum besitzt mehr als 10 000 Exponate, auch weil viele reiche und bedeutende Frauen ihm Schenkungen machten: die Baronin Guy de Rothschild und die Prinzessin Gracia Patricia von Monaco zum Beispiel. Auf diese Weise kam die Haute Couture ins Haus, Kleider und Kostüme von Lanvin, Balmain, Balenciaga. Aber auch die Belle Époque ist gut vertreten.

Neben diesem gibt es in Paris ein zweites Modemuseum, das MUSÉE DES ARTS DE LA MODE ET DU TEXTILE, im Pavillon de Marsan des Louvre in der Rue de Rivoli Nummer 109. Es wurde erst 1986 eröffnet und ist sowohl ein Museum als auch eine Werbeveranstaltung für französische Eleganz und französische Mode. Diese Sammlung entstand durch die Vereinigung zweier Kollektionen: Der eine Teil stammt aus dem Musée des Arts décoratifs – gleich nebenan, in der Rue de Rivoli Nummer 107 gelegen –, das 1500 Kostüme vom 16. bis zum 20. Jahrhundert besaß; der andere Teil, ein sehr bedeutender, wurde gestiftet von der Union française des arts du costume, einem privaten Verein für französisches Kunsthandwerk: Das waren 9000 vollständige Anzüge, Abendroben, Tageskleider und ähnliches mehr, dazu kamen 32 000 einzelne Kleidungsstücke.« Natürlich hatte auch Jeanne sich vorbereitet und die Zahlen auf einem kleinen Zettel notiert. »Das Musée des Arts décoratifs, das Kunstgewerbemuseum, besitzt übrigens wundervolle Exponate: Möbel, Tapeten, Stoffe, Spielzeug, Kunsthandwerk und Porzellan vom Mittelalter bis zur Gegenwart. Auch ganze Zimmereinrichtungen aus verschiedenen Zeiten, zum Beispiel die Entwürfe im Art-déco-Stil, die Armand Rateau für Jeanne Lanvin ausführte. Und das Besondere: Durch eine Schenkung Jean

Die Mode der Zwanziger:
›Les Bijoux‹ von George Barbier

Dubuffets kamen 1967 bedeutende Werke des Künstlers ins Museum – Gemälde, Zeichnungen, Skulpturen aus den Jahren von 1942 bis 1994. Der Besuch lohnt sich, Anton!«

Sie gingen zu Fuß zur Place de l'Étoile. Anton staunte nicht schlecht, denn er glaubte, in diesem Viertel noch schönere Pariserinnen, noch soigniertere Herren zu beobachten. Er entdeckte Kaschmirmäntel, Dior-Kostüme, Schuhe, die leicht als Prada-Ungetüme zu erkennen waren, und viel, viel Hermès – Tücher, Taschen, Turnschuhe. Er wollte wissen, wo man heute einkauft, Ausgeflipptes, Schickes, Feines, Teures. Jeanne begann mit letzterem, dies bekomme man hier, gleich um die Ecke. Verrückte Teile von Kenzo, Comme des Garçons, Yoshi Yamamoto gebe es um die Place des Victoires. »Das ganz Teure kauft man am besten in der Rue Saint-Honoré: Hermès, Lanvin, Cardin, Rena Lange, Dior, Lagerfeld, Nina Ricci, Christian Lacroix. Givenchy finden Sie in der Avenue Georges-V, unweit eines mondänen Treffs, der ›Barfly‹. Wenn Sie da hereingelassen werden, Anton, gehören Sie zu Tout-Paris. Chic und fein ist natürlich auch Chanel, für Frauen über fünfzig, in der Rue Cambon.«

Unter dem Triumphbogen verabschiedeten sie sich.

In der Rue de la Cerisaie angekommen, versuchte er, Charlotte zu erreichen. Sie war nicht zu Hause, hatte aber auf ihrem Anrufbeantworter eine Nachricht für ihn hinterlassen: Sie käme um halb neun zum THÉÂTRE DE L'ODÉON, und sie hätte keine Zeit, ein Abendessen einzukaufen. Anton bestellte telephonisch Eintrittskarten für das Burgtheater-Gastspiel und ging dann in seinem Marais-Viertel, auf der Rue Saint-Antoine, einkaufen. Schließlich fuhr er auf die andere Seine-Seite, nach Saint-Germain-des-Prés, Métrostation Odéon.

Sie hatten schöne Mittelplätze in der siebten Reihe. Und in der Pause machte Charlotte einige Bemerkungen zum Theaterbau: »Das Gebäude ist eine Rekonstruktion des Théâtre Français, das von 1779 bis 1782 von den Architekten Marie-Joseph Peyre und Charles de Wailly errichtet worden war und zwar für die Comédie-Française – deshalb der alte Name Théâtre Français. Es wurde am 9. April 1782 mit Racines *Iphigenie in Aulis* eröffnet und hieß nacheinander erst Théâtre de la Nation, das war 1789; dann, 1794, Théâtre de l'Égalité und von 1796 an Odéon. Nach zwei Bränden, 1799 und 1818, wurde es originalgetreu wiederaufgebaut. Hier wurde Beaumarchais' *Hochzeit des Figaro* uraufgeführt.

Der berühmteste Direktor war JEAN-LOUIS BARRAULT, der mit seiner Truppe das Haus von 1959 bis 1968 bespielte. In dieser Zeit, genauer: 1965, entstand übrigens das Deckengemälde von André Masson. Danach war das Odéon eine Zeitlang Spielstätte der Comédie und später, von 1983 bis 1986, wurde es zum Théâtre de l'Europe unter der Leitung von GIORGIO STREHLER. Strehler durfte sechs Monate lang wichtige fremdsprachige und französische Produktionen einladen – die anderen Monate spielte die Comédie im Odéon. Damit ist seit 1990 Schluß! Und das freut mich. Das Haus wird jetzt ganzjährig als Gastspielort genutzt; und es ist seine Aufgabe, große europäische Theaterproduktionen, moderne und klassische, zu zeigen. Deshalb nur ist dieses Gastspiel der Österreicher möglich.«

Der Schlußapplaus war kurz, was Anton ärgerte. Auf dem Weg zur Métro konnte er sich aber schon wieder freuen. Die halbrunde Place de l'Odéon gefiel ihm. »In Nummer 2 wohnte Camille Desmoulins mit seiner Lucile – hier wurde er 1794 gefangengenommen. Und in Nummer 1, wo jetzt das Centre franco-américain seinen Sitz hat, bestand über 150 Jahre lang das Café Voltaire, ein Treffpunkt der Literaten. In der Zwischenkriegszeit vor allem von Ezra Pound, Gertrude Stein, T. S. Eliot, Scott Fitzgerald, Hemingway«, erklärte Charlotte im Vorübergehen.

Zu Hause sprachen sie über die Aufführung. Charlotte machte keinen Hehl daraus, daß ihr Peter Turrinis *Alpenglühen* mißfallen hatte. Sie fand des Autors Wortwahl abgeschmackt und vulgär. Anton widersprach und wurde ein wenig heftig, weil er sich bei der Lektüre der Theaterkritiken in den französischen Zeitungen schon oft geärgert hatte, wie unentschlossen nett, wie charmant und elegant selbst die schlimmsten Vorwürfe formuliert wurden. Er hielt sich nicht für plump, bloß für ehrlich. Einig waren sie sich, daß Kirsten Dene den Abend rausreißt. Selbst Charlotte schwärmte davon, wie die Dene sich auf der Pritsche räkelte, wie sie mißmutig brummte. Und Anton freute sich noch, als er die Flasche entkorkte, über die Deneschen Grunzlaute. »Weißt du, Charlotte, das Tolle an der Dene ist, daß sie immer auch noch das Gegenteil spielt von dem Sichtbaren, dem leicht Dechiffrierbaren. Heute abend zum Beispiel war sie Gassengöre, billige Nutte und plötzlich so arrogant und schön wie das teuerste Callgirl.«

Anton hatte ein Abendessen vorbereitet, aß aber wenig, nicht weil er keinen Appetit gehabt hätte, sondern weil er voller Freude Charlotte erzählte, was er in der Salle 28 gefunden hatte.

»Laß mich raten«, unterbrach Charlotte. »Du hast dich verliebt in die meditierende heilige Magdalena.« Anton jubelte: »Madame, Sie sind wunderbar, habe ich Ihnen das schon gesagt?« – »Ja, aber wir duzen uns bereits, mein Herr.«

Kleiner Nachtrag zu Georges de La Tour

Anton schilderte Charlotte seine Freude über die Bilder, beschrieb sie ihr lebendig und genau und wünschte sich nur, daß sie noch einmal – gemeinsam – dorthin gingen. Er mußte sie nicht lange überreden, denn Georges de La Tour war auch einer ihrer Lieblingsmaler. Sie erzählte ihm ein bißchen von seinem Leben, leider weiß man sehr wenig von ihm. Sicher ist: Der Ehevertrag zwischen Jean de La Tour, seinem Vater, einem Bäcker, und seiner Mutter Sibylle wurde am 31. Dezember 1590 geschlossen. Sicher ist: Georges wurde am 14. März 1593 in Vic-sur-Seille in Lothringen getauft, am 2. Juli 1617 unterzeichnete er seinen Ehevertrag mit einer Adeligen und wurde darin schon ein junger Maler genannt. 1620 ließ er sich in Lunéville nieder und erwarb eine Werkstatt. Am 12. Juli 1623 kaufte Henri II, Duc de Nancy, ein Gemälde von ihm. Man weiß von anderen Ankäufen, von Prozessen wegen nicht bezahlter, aber von La Tour gelieferter Bilder. Als französische Truppen Lunéville 1638 niederbrannten, zog er nach Paris, wo er Hofmaler Ludwigs XIII. wurde. Am 30. Januar 1652 starb er, vermutlich als Opfer einer Pestepidemie. Daß nur so wenige Bilder von ihm erhalten sind, lag daran, daß sein Atelier bei der Plünderung von Lunéville möglicherweise zerstört worden ist. Bei der großen Retrospektive, die 1997 im Grand Palais zu sehen war, war mit 42 Bildern fast sein gesamtes Werk vereint, das ansonsten über die bedeutenden Museen der Welt verstreut ist. Auch in einer Pariser Kirche, in der Église Saint-Leu-Saint-Gilles im Hallenviertel, an der Rue Saint-Denis, findet man La Tour, allerdings als Kopie jenes Originals, das jetzt in Hampton Court zu sehen ist: einen *Heiligen Hieronymus*.

Anton träumte von La Tours *Magdalena*.

DER SIEBZEHNTE TAG

Noch mehr Museen und:
Baugeschichtliche Annäherung an Notre-Dame

Früh am Morgen rief Armand an und entschuldigte sich für sein langes Schweigen. Auf Antons Frage, wann denn nun die versprochene Führung durch das Musée Guimet stattfinden würde, mußte er eingestehen, daß er dort lange nicht gewesen war und nicht wußte, daß das Museum in der Zwischenzeit wegen längerfristiger Renovierung geschlossen hatte. Erst im nächsten Jahrtausend würde es wiedereröffnet werden. Armand schlug als Ersatz folgendes vor: »Was halten Sie davon, wenn wir uns morgen nachmittag bei mir treffen. Ich besitze eine große Sammlung der Guimet-Kataloge, und über die Entstehung des Museums weiß ich auch Bescheid. Ich koche uns einen Tee und werde Sie mit meinen Favoriten bekannt machen: japanischer Buddhismus und Angkor.« Anton war einverstanden. Er beschloß, den Vormittag allein im MUSÉUM NATIONAL D'HISTOIRE NATURELLE zuzubringen. Am Nachmittag, so war es ausgemacht, wollte Charlotte ihm das Filmmuseum im Palais de Chaillot zeigen.

Charlotte hatte ihm den Besuch des Naturkundemuseums mit der für dieses Sammlungsgebiet richtigen Bezeichnung ›muséum‹ statt ›musée‹ sehr ans Herz gelegt und ihm einen kleinen Katalog mitgegeben, in dem er sich über dieses Haus informieren konnte. Es lag am südlichen Rand des Jardin des Plantes und war von der Gare d'Austerlitz aus leicht erreichbar. Ausgestopfte Tiere, getrocknete Blätter, Muscheln und ausgehöhlte, hübsch präparierte Langusten waren Antons Sache nun eben nicht – um so größer dann die Überraschung, als er in der großen Halle stand – der Grande Galerie de Zoologie –, vorbeiging an dem Zug der Savannentiere und sich freute wie ein Kind: Hirsche und Giraffen, Zebras und Nilpferde, Wildschweine und Elefanten, Panther und Löwen standen da in langer Reihe. Das Museumskonzept beschränkt sich aber durchaus nicht auf die

Präsentation von ausgestopften Tieren – deren älteste Exponate wie das Rhinozeros schon 1770 nach Frankreich gekommen waren –, sondern es will dazu anregen, über den Umgang mit der Natur nachzudenken.

Drei Stunden verbrachte Anton in diesem Palais, beglotzte Fische, Vögel, Schmetterlinge, guckte Unterwasservideos und spielte an Computern. Crevetten, Krabben und Hummer interessierten ihn ja auch sonst sehr, und er fragte sich, ob der riesige Brigus latro, die ›crabe des cocotiers‹, wohl schmackhaft wäre. Lange verweilte er vor der Vitrine mit den Antennaten, den Gliederfüßern mit nur einem Fühler-Antennen-Paar. Im ersten Stock hatte es ihm ein riesiger Eisbär angetan; und im zweiten fand er sein liebstes Tier, einen Kaplöwen aus Südafrika, dessen Rasse 1865 schon ausgestorben war.

Anton freute sich, wieviel er lernte. Zum Beispiel erfuhr er, daß es giftige Schmetterlinge gibt, die von den klugen und vorsichtigen Vögeln erkannt und deshalb nicht gefressen werden, was für die Schmetterlinge gleichfalls von Vorteil ist. Anton nahm sich vor, das nächste Mal sein Patenkind Alexander nach Paris einzuladen, ihm all dies und auch die vielen ausgestellten Pflanzen zu zeigen sowie die Skelette von den Dinosauriern. Er würde ihn im ersten Geschoß durch die Galerie der ausgestorbenen Tierrassen führen, ihm seinen Kaplöwen mit der schwarzen Mähne zeigen, die Schildkröten von den Seychellen, den Schomburgk-Hirsch und den tasmanischen Wolf.

In Charlottes Katalog las er schließlich die Geschichte dieses Museums, das zu den größten naturkundlichen Sammlungen der Welt gehört:

Der JARDIN DES PLANTES hatte schon seit 1626 bestanden, als Ludwig XIII. ihn als ›Königlichen Garten für Heilpflanzen‹ anlegen ließ. Schon vierzehn Jahre später war er für die Öffentlichkeit zugänglich gemacht worden. GEORGES LOUIS LECLERC, GRAF VON BUFFON, Verfasser eines berühmtem 44bändigen Werkes zur Naturgeschichte, leitete die Anlage im 18. Jahrhundert fast fünfzig Jahre lang, von 1739 bis 1788, und machte daraus ein bedeutendes Zentrum der Naturforschung. Nach einem

Dekret der Convention erhielt der Garten am 10. Juni 1793 den
Namen ›Muséum d'Histoire naturelle‹. Im selben Jahr, so las
Anton, wurden die Tiere aus den privaten Menagerien der Prinzen und aus Tierschauen in dem neu errichteten Park versam-
melt. Zum ersten Mal sahen die Pariser lebende Elefanten und
Bären. Ende des 19. Jahrhunderts wuchs die Sammlung der
präparierten Tiere, weil Forschungsreisende und Kolonialbe-
amte dem Museum ihre Funde vermachten. Doch die 1889 – im
selben Jahr wie der Eiffelturm – errichtete Galerie mit den vielen wertvollen Tierpräparaten verfiel sehr rasch und geriet
schließlich in Vergessenheit.

1965 wurde das Gebäude aus Sicherheitsgründen für die Öffentlichkeit geschlossen. Erst 1990 begann die Sanierung, die
vier Jahre in Anspruch nahm. Die Architekten BORJA HUIDOBRO
und PAUL CHEMETOV – die auch das Finanzministerium am
Quai de Bercy entworfen hatten – arbeiteten von Anfang an mit
dem Bühnenbildner René Allio zusammen, denn alle drei wollten eine Inszenierung von Tieren und Pflanzen, wollten Media-
thek und Museum vereinen. Sie haben bei den Restaurierungs-
arbeiten die ursprüngliche Gußkonstruktion von Jules-Louis
André, einem Schüler von Henri Labrouste, respektiert.

Anton gab den Autoren recht: Die Einbauten – die Aufzüge
aus Glas, die Vitrinen mit den Holzrahmen, die Metallrampen –
paßten wunderbar zu diesem Gebäude. Auch die Entscheidung
für künstliches Licht war richtig, denn so werden die Tiere geschützt. Zugleich kann, im Verlauf von einer Stunde und vierzig
Minuten, durch die Abstufungen des Lichtes ein Tagesablauf
simuliert werden. Beim Aufsatz über die Evolutionstheorie kam
er über die Namen von Georges Buffon und Charles Darwin
nicht mehr hinaus, er mußte sich auf den Weg zum Trocadéro
machen, was eine Fahrt quer durch die Stadt bedeutete .

Zum Glück rief er vorher noch mal bei Charlotte an. Sie
hatte sich in der Zwischenzeit vorsichtshalber nach den Öff-
nungszeiten des FILMMUSEUMS erkundigen wollen und so erfahren, daß es wegen Renovierung geschlossen war. Und auch
nicht im Palais de Chaillot wiedereröffnet würde, sondern im

neuen Jahrtausend umzöge ins bisherige American Center an der Rue de Bercy, das dann ›Palais de l'image‹ heißen wird. Der Umzug, so hatte sie ihm erklärt, hätte ein Gutes: Das Gebäude von Frank O. Gehry, 1991 bis 1994 entstanden, sei um vieles spannender als der Dreißiger-Jahre-Bau am Trocadéro. Trotzdem war sie ziemlich enttäuscht, weil sie Anton diese Fundgrube für Cineasten zeigen wollte, wo man alte Apparate aus den Anfängen des Kinos sieht, zum Beispiel die der Brüder Lumière, mit denen sie das erste Zeugnis der Filmgeschichte – *Die Einfahrt des Zugs im Bahnhof von La Ciotat* – drehten. Daneben Requisiten aus Stummfilmen, wie die berühmten Zahnräder, mit denen Charlie Chaplin in *Moderne Zeiten* kämpfte, Photos, Plakate, Dekorentwürfe, Kostüme, Drehbücher. Henri Langlois hatte all dies zusammengetragen, und 1948 war daraus ein Museum geworden. Dazu gehörte auch die CINÉMATHÈQUE FRANÇAISE, für die Restaurierung und Archivierung alter Filme zuständig und mit einem Vorführraum ausgestattet, in dem bislang täglich drei bis vier Filme gezeigt wurden.

Sie beratschlagten, wie ihr Nachmittagsprogramm nach diesem Flop aussehen könnte, und kamen auf eine ganz naheliegende Lösung: Anton sollte bleiben, wo er gerade war, vielleicht noch durch den Jardin des Plantes spazieren und sie dann in einer halben Stunde an der Métrostation Jussieu im Nordwesten des Gartens erwarten. Sie könnten dann das Institut du Monde Arabe besuchen, das 1987 eröffnete ›Centre Pompidou der arabischen Kultur‹. Anton war es recht so. Er blieb gerne noch ein wenig in diesem üppig grünen Garten, bestaunte den Bestand an riesigen, alten Bäumen – die ältesten aus dem 18. Jahrhundert – und erinnerte sich beim Anblick der kleinen Menagerie daran, daß diese Rainer Maria Rilke zu seinem Gedicht *Der Panther* angeregt hatte.

Vor dem INSTITUT DU MONDE ARABE wies Charlotte auf eine Besonderheit der Südfassade hin, auf die man vom Eingang aus blickte: »Jean Nouvel, der Architekt, hat hier sehr raffiniert ein traditionelles arabisches Bauelement variiert: Die silbern glänzenden Platten dieser Fassade bestehen aus Tausenden von

Photozellen. Sie steuern automatisch die Lichtverhältnisse im Inneren des Gebäudes und erfüllen so die gleiche Funktion wie die gedrechselten Holzgitter der traditionellen arabischen Häuser, die das Sonnenlicht filtern.«

Sie fuhren in das 9. Stockwerk und genossen von dort den Blick auf Paris, sahen links auf die Île de la Cité und den Chor von Notre-Dame. Freuten sich über die verwunschen leere Île Saint-Louis und fanden auch die Rue de la Cerisaie wieder – der Engel auf der Bastille-Säule wies ihnen den Weg. Dann schauten sie sich noch das in diesem Gebäude untergebrachte MUSEUM DER ARABISCHEN KUNST an. Man beginnt im 7. Stock mit den Anfängen der islamischen Kunst und Kultur und landet im 1. Stock bei der Gegenwart. Kalligraphie, Buchkunst, Textilien, Teppiche, astronomische Instrumente – all dies Zeugnisse einer Welt, die in ihrer Hoch-Zeit von Spanien bis Indien reichte.

Währenddessen hatte Ariane den Notre-Dame-Aufsatz geschrieben und dafür auch richtig recherchiert. Mit diesem Text wollte sie sich bei Anton für dessen Großzügigkeit bedanken und ihm endlich sagen, wie sehr ihr die Zeit mit ihm gefallen hatte. Anton las diesen Aufsatz am Abend, während Charlotte herumtelephonierte, um die Gottesdienstzeiten dieser Kirche herauszubekommen.

Notre-Dame de Paris –
Baugeschichte eines 800jährigen Monuments

Lieber Anton,
dies ist der letzte der von Ihnen bestellten Texte. Bevor Sie alles erfahren über das wichtigste Gotteshaus in Paris, lassen Sie mich Ihnen danken für die gemeinsam verbrachten Stunden und für die wunderbaren Gespräche. Ich übertreibe nicht: Sie waren der erste meiner Kunden, der oft mehr wußte über Paris und seine Dichter als ich – und das war schön. Manchmal waren Sie aber auch recht gräßlich, bei den Rätseln vor allem.

Nun aber zu Notre-Dame, der Kathedrale der Hauptstadt Frankreichs. Ich betone dies, da Paris unter den Kapetingern

Die Westfassade von Notre-Dame,
gezeichnet von Viollet-le Duc

wieder zum Mittelpunkt des Reiches wurde, nachdem die Karolinger Laon in der nordöstlichen Île de France zum Zentrum erkoren hatten. Da den Königen vor allem an der wirtschaftlichen Blüte der Stadt gelegen war, betrieben sie auch eine sehr gezielte Kirchenpolitik. Den Herrschern lag überhaupt nichts an der kommunalen Eigenständigkeit der Stadt, deshalb gab es ja auch keinen Bürgermeister. Statt dessen machten sie den Klerus stark, bauten ihn aus zu einem hauptstädtischen. Natürlich profitierten die Kirchen und Klöster von den vielen königlichen Schenkungen. Und sie engagierten sich – sozusagen als Dank – besonders im Schulwesen. So entstand eine Domschule und eine Schule von Sainte-Geneviève. Aus ihnen entwickelte sich die erste große europäische Universität, die wiederum, vor allem aus wirtschaftlichen Erwägungen, von den Königen privilegiert wurde. Kurz: Notre-Dame war keine Bischofskirche nur, sie war die Hauskathedrale der Könige. In einer Schutzvorschrift von König Philipp II. August aus dem Jahr 1190 heißt es: »Unter allen Kirchen unseres Reiches wollen wir einige mit dem besonderen Vorrecht unserer Liebe begünstigen und schützen«; und zu den ausgezeichneten zählte dann »vor allen anderen die Pariser Domkirche als zu unserem Haus gehörig«.

Obwohl Paris im Mittelalter nicht Sitz eines Erzbischofs war, sondern der Kirchenprovinz Sens unterstand, war der Pariser Bischof der mächtigste im Reich: Er war faktisch Rektor der Universität, wenngleich er diesen Titel nicht trug; und er bestellte aus dem Kapitel den Kanzler. Dies hatte zur Folge, daß ausgezeichnete Theologen an den Universitäten lehrten und ausgebildet wurden. In Notre-Dame wurde auch Ludwig VII. erzogen, der sich dort offensichtlich wohl fühlte, denn im Rückblick schrieb er – im Pluralis majestatis, versteht sich –, daß »wir« in den Räumen der Schule »gleichsam wie am mütterlichen Busen die ersten Jahre unseres Lebens und unserer Knabenzeit verbracht« hätten. Wie sehr die Könige diese Kirche schätzten, beweist letztlich die Größe des Bauwerks und die Anlage eines großen Vorplatzes, des sogenannten Parvis. Diese wichtige städtebauliche Maßnahme, die ja nur durch Abrisse

möglich wurde, wäre ohne die Zustimmung des Königs nicht
zu verwirklichen gewesen. Finanziert wurde der Neubau nicht
vom König, sondern vom Bischof und dem Kapitel, von Bru-
derschaften, von Pfarreien in Paris und der gesamten Diözese
und vom Volk, das spendete.

Doch nun zur BAUGESCHICHTE. Zunächst stand auf diesem
Platz ein gallorömischer Tempel, dem erst eine frühchristliche
Basilika, dann eine romanische Kirche folgten. Sicher ist, daß
eine Maria geweihte Kirche bei der Invasion der Normannen im
9. Jahrhundert zerstört und geplündert wurde. Um 1160 entschloß sich Bischof MAURICE DE SULLY zu einem Neubau, der
die beiden Kirchen Notre-Dame und Saint-Étienne ersetzen
sollte. Durch ihren Abriß wurde nicht nur der Vorplatz möglich, sondern man schuf zugleich eine neue Straße, die zu ihm
führte, die Rue Neuve-Notre-Dame. Der Platz, Sie wissen es
schon, wurde später von Haussmann noch vergrößert.

Doch zurück ins 12. Jahrhundert: 1163 wurde der Grundstein
für den Neubau gelegt, und zwar von Papst Alexander III. Dieser
Entschluß war mutig, denn er bedeutete eine Kampfansage an
Bernhard von Clairvaux, der auch sofort reagierte und Maurice
de Sully wegen seiner Prachtliebe beschimpfte. 1177, so steht's
in der Chronik von Robert de Torigny, ist das »caput« fertig,
das heißt: Chor und Sanktuarium. 1182 wird der Chor geweiht.
1196, im Jahr von Sullys Tod, war der größte Teil des Schiffes
vollendet, der gesamte Innenraum wohl gegen 1218 errichtet.
Als erster Baumeister von Notre-Dame gilt – aller Wahr-
scheinlichkeit nach – ein gewisser RUICARDUS CEMENTARIUS.
Über das ursprüngliche Aussehen dieser Kirche weiß man wenig, weil EUGÈNE VIOLLET-LE-DUC, Mitte des 19. Jahrhunderts
mit der Restaurierung betraut, vieles veränderte. Diesem ersten Architekten folgte ein zweiter Meister, dessen Namen wir
nicht kennen. Sicher ist, daß dieser bereits während der Chor-
bauarbeiten die Verantwortung übernommen hatte und sich an
das Konzept seines Vorgängers hielt, also keinen eigenen gestal-
terischen Ehrgeiz entwickelte. Er blieb bei dem Kontrast zwischen den Stützen und der Hochschiffwand; auch er betonte die

dünnwandige Mauer, ›le mur mince‹. Andererseits war diesem
Baumeister größere Lichtfülle und eine feine Lichtwirkung
wichtiger als dem ersten; und ihm gelangen im Emporenge-
schoß dünnere Pfeiler. Beide Architekten waren technisch auf
der Höhe ihrer Zeit.

Obwohl sie die größte, höchste, schönste Kirche der Stadt
war und obwohl in dieser Pfarrei Geschichte gemacht wurde –
1430 wurde hier der neunjährige Heinrich VI., König von England, zum König von Frankreich gekrönt, 1455 der Revisionspro-
zeß der Jeanne d'Arc eröffnet, 1559 Maria Stuart gekrönt, 1804
Napoleon von Papst Pius VII. zum Kaiser erhoben –, verfiel die
Kirche allmählich. Nach der Revolution wurde Notre-Dame
zum Verkauf und zum Abbruch angeboten. Doch Robespierre
rettete sie als »Tempel der Vernunft« – so wie übrigens auch
Saint-Germain-l'Auxerrois, eine Kirche, die Sie sich mit
Charlotte unbedingt noch ansehen sollten.

Erst nach der Publikation von VICTOR HUGOS Notre-Dame de
Paris im Jahr 1831 – übrigens sicher der größte historische Roman der Romantik; Lamartine lobte Hugo nach dem Erschei-
nen des Buches als den »Shakespeare des Romans« –, erst nach
1831 also wandte sich eine größere Öffentlichkeit dem Problem
Notre-Dame zu. 1844 erließ Louis-Philippe ein Dekret zur Restauration, mit der Jean-Baptiste Lassus und Eugène-Emmanuel Viollet-le-Duc betraut wurden. Viollet-le-Duc (1814-1879)
war nicht nur Architekt, sondern auch Archäologe, Restaurator,
Maler und Verfasser theoretischer Schriften zur Kunst; durch
ihn gelangte die Architektur des Mittelalters zu neuer Vereh-
rung. Er restaurierte außer Notre-Dame auch die Kathedralen
von Vézelay, Sens und Clermont-Ferrand.

Jetzt kommen die Zahlen, Anton, aufgepaßt! In ihren Dimensionen ist Notre-Dame allen zuvor gebauten romanischen
und gotischen Kirchen überlegen: 130 Meter lang, 48 Meter breit,
35 Meter Gewölbehöhe, 69 Meter hohe Türme. Nach Viollet-le-
Ducs Berechnung bietet sie 9000 Menschen Raum, davon 1500
auf den Tribünen. Die Höhenwirkung wird noch gesteigert,
weil die Mauern zwischen den Schiffen extrem dünn sind und

Wann und wo auch immer in Paris Gotik restauriert werden mußte,
Eugène-Emmanuel Viollet-le-Duc war der rechte Mann dafür

man erstmals nur Spitzbögen verwendete. Mit Notre-Dame
entstand das, was man ›Pariser Stil‹ nennt, dennoch, darauf haben die Kunsthistoriker hingewiesen, zitiert der Baumeister in
diesem neuartigen Gebäude Vorbilder. Der doppelte Chorumgang verweist auf Saint-Denis, der Grundriß des Chores sowie
die sechsteiligen Gewölbe erinnern an die Kathedrale von Sens.
Und die vielen Rosetten zwischen Empore und Obergadenfen-
stern kennt man auch von anglonormannischen Kirchenbauten.
Diese Zitate sind nicht zufällig und bedeuten keineswegs, daß es
den Baumeistern an eigenen Ideen mangelte. Vielmehr wird dadurch dokumentiert, daß Notre-Dame in Paris die architektonische Symbiose aller französischen Kathedralen darstellt. Alles,
was es in diesem Königreich gibt, wird präsentiert in dem einen
Prachtbau.

Jetzt können Sie hingehen, lieber Anton. Lassen Sie sich von
Charlotte alles Weitere zur Fassade und zum Inneren erklären,
sie weiß darüber viel besser Bescheid als ich. Ich wünsche eine
gute Nacht. Ihre Ariane

Stilwechsel:
Gotisches – Fernöstliches – Klassizistisches

Die Sonne schien, die Glocken von Notre-Dame läuteten. Anton dachte an Fausts Osterspaziergang. Sie blieben auf dem Parvis stehen, die Kirche vor sich, und ergaben sich dem überwältigenden Eindruck der Westfassade – einem Anblick, wie er im Mittelalter durch die damals nahestehenden Häuser nicht möglich war. Harmonisch und scheinbar vollkommen einheitlich der Aufbau: drei Etagen, durch die Widerlager auch in der Senkrechten noch einmal gegliedert in drei etwa gleich breite Abschnitte. Drei Portale: das GERICHTSPORTAL in der Mitte, das MARIEN-PORTAL zur Linken, das ANNENPORTAL zur Rechten, darüber – unter einer Balustrade – die durchlaufende KÖNIGSGALERIE. Das zweite Geschoß wird dominiert von der großen FENSTERROSE, links und rechts davon spitzbogige Fensteröffnungen, darüber eine überaus filigrane ARKADENGALERIE, die dem mächtigen Bauwerk Grazie und Leichtigkeit gibt. Zuletzt das TURMOBER-GESCHOSS. Bei aller Einheitlichkeit unterscheiden sich doch die Maße der einzelnen Teile – die Portale sind ebenso unterschiedlich in Form und Größe wie die Türme: Der südliche ist weniger breit als der nördliche. Und trotzdem vermittelt sich dem Betrachter eine unvergleichliche Harmonie!

Von den drei Portalen ist das linke das älteste, es stammt aus der Zeit zwischen 1210 und 1220 und wurde thematisch dem Lobpreis der Jungfrau Maria gewidmet. Zu bewundern sind hier eine Grablegung Mariens von stiller Schönheit, mit Christus und den Aposteln im Hintergrund, darüber eine Marienkrönung; beide Darstellungen galten den Bildhauern des späteren Mittelalters als Vorbild.

Das mittlere, besonders breite Portal thematisiert das Jüngste Gericht, wie man es so oft an gotischen Kirchen findet. Das

Bogenfeld war ursprünglich breiter, Soufflot ließ es 1771 verkleinern, damit bei Prozessionen der Tragaltar passieren konnte. Dadurch sind Teile des Figurenprogramms verlorengegangen, anderes ist ungenau restauriert worden, und während der Revolution wurden fast alle Statuen zerstört. So ist vom originalen Skulpturenschmuck fast nichts mehr vorhanden: Nur die Figur des Weltenrichters in der Spitze des Tympanon blieb erhalten; er zeigt seine durchbohrten Hände und stützt sich mit den Füßen auf das Himmlische Jerusalem. An den Seitenpforten sind die Klugen und die Törichten Jungfrauen zu sehen.

Das Annenportal ist das jüngste der drei Portale, es wurde um 1220 errichtet. Doch ist es von byzantinischer Ehrwürdigkeit geprägt, denn die beiden oberen Teile des Bogenfeldes, in dem die Madonna mit dem Jesuskind thront, stammen von einem anderen, um 1160 entstandenen kleineren Tor und wurden hier wiederverwendet. Die ganze Szene des Tympanon, mit dem stehenden Bischof Germanus links, dem knienden König Childebert rechts, den beiden Weihrauch schwenkenden Engeln und dem Schreiber in der linken Ecke wirkt eher romanisch als gotisch, was Anton besonders gefiel.

Sie traten nochmals zurück auf den Domplatz, um einen besseren Blick zu haben auf die horizontale Verbindung aller drei Portale: die Königsgalerie mit den 28 Statuen der Könige von Juda und Israel, Nachbildungen von Viollet-le-Duc, wie Anton seit seinem Besuch des Musée du Moyen Âge wußte. Die Revolutionäre Ende des 18. Jahrhunderts waren der Meinung gewesen, es handle sich um die Könige von Frankreich, deshalb hatten sie die Figuren zerstört.

Als sie hineingegangen waren, staunte Anton über den lichten Raum, der ihm riesig vorkam. »Ich weiß, du magst keine Zahlen, aber vielleicht beeindruckt es dich doch, daß 6500 Menschen hereinpassen – und so viele sind hier auch am Ostermorgen und am ersten Weihnachtstag.« Sie nahmen Platz im Hauptschiff, vor der Vierung. Während der Chor sang, während der Organist eine Bachsche Fuge intonierte, während der Lesungen sah sich Anton satt an der Schönheit: an den Fenstern,

Der Chorumgang von Notre-Dame im 12. Jahrhundert.
Rekonstruktionszeichnung von André Iampolski

an den zarten Fensterrosen, an dem Chorgestühl und an der
Madonna am rechten Vierungspfeiler des Choreingangs, die,
wie er später erfuhr, *Notre Dame de Paris* genannt wird und um
1330 entstanden ist. Er hörte auch nicht zu, was gesungen, was
gesagt wurde – es war, als hätte er von seinen Sinnen nur einen
noch: das Sehen.

Erst als er die Stimme des Kardinals Lustiger vernahm und
Charlotte flüsterte – »Jetzt mußt du zuhören, der ist klug und
rhetorisch brillant« –, erinnerte sich Anton seiner Ohren. Und
bereute nicht, aufmerksam dem Prediger zuzuhören, der in

einem intellektuellen Diskurs die Hoffnungen der Gläubigen
(und der Ungläubigen) auf ein Paradies lenkte, das – nicht vergleichbar der Welt – ein Reich der Ideen wäre.

Charlotte und Anton sprachen lange kein Wort, sondern gingen nach dem Gottesdienst stumm einmal um die Kathedrale,
Strebepfeiler betrachtend und Wasserspeier, Türmchen, Rosct-
ten und Gewölbe. Sie aßen in der Rue de la Cerisaie, diskutierten
über Kardinal Lustigers Predigt, und Charlotte ergänzte noch
ein paar Informationen zum Fensterschmuck der Kirche, der
Anton so beeindruckt hatte. Der größte Teil des gotischen Fen-
sterschmucks ist ja leider verlorengegangen, doch die Fensterrosen des Querhauses, vor allem die ältere, nördliche, haben
sich noch fast original erhalten aus der Zeit um 1255. Sie besitzen einen Durchmesser von 13 Metern und sind damit schon einiges größer als die Fensterrose der Westfassade, die etwa fünfzig Jahre früher entstanden ist und mit ihrem Durchmesser von
9,60 Metern für die Zeit respektabel groß war.

Die Sammlung Guimet

Am Nachmittag fuhren sie gemeinsam zu Armand. Der war
recht überrascht, als er die Tür öffnete und Anton, den er allein
erwartet hatte, in Begleitung von Charlotte sah. Sie entschuldigte sich sofort – er begrüßte sie herzlich. Minuten danach
schon saßen sie am Eßtisch, tranken grünen japanischen Tee
und schoben sich gegenseitig Bücher und Kataloge zu. »Bevor
Sie hier blättern dürfen – meinetwegen auch in Büchern, die ich
für den heutigen Nachmittag nicht vorgesehen habe, zum Beispiel in diesem hier, in dem die Guimet-Kollektion von pakista-
nischer Kunst dokumentiert wird, oder dem anderen, das der
Kunst in Zentralchina gewidmet ist –, muß ich einige Worte
über das Museum sagen.

Das MUSÉE GUIMET wurde 1879 von dem Lyoner Industriellen
und Gelehrten ÉMILE GUIMET gegründet. 1885 kam seine
Sammlung nach Paris – unter anderem Kunstgegenstände und
Dokumente, die er von einer Reise mitgebrachte hatte, auf der

er sich dem Studium der Weltreligionen widmete. Sie bildeten die Grundlage für das neugeschaffene Museum der Geschichte von Kunst, Religion und Gesellschaft des Orients. Für die Exponate baute man das große Gebäude an der Place d'Iéna, 1889 wurde es eingeweiht. Und der Sammlung eine Bibliothek hinzugefügt, ganz im Sinne des Begründers: Schon Guimet besaß 13 000 Bände zum Thema.

Das Museum ist heute zugleich Sitz mehrerer Gesellschaften und Vereinigungen von Freunden und Spezialisten der Orientalistik. Darunter gibt es auch eine Vereinigung der Freunde von Angkor, der ich angehöre. Wie Sie sehen, publiziert das ›Musée national des Arts asiatiques − Guimet‹, wie es offiziell heißt, regelmäßig Schriften und Ausstellungskataloge. Da nach der Wiedereröffnung wahrscheinlich alles anders geordnet sein wird als bisher, gebe ich Ihnen nur einen Überblick, damit Sie Lust bekommen, wiederzukommen.«

Er zeigte ihnen Abbildungen von Schmuck aus Algerien, einen wundervollen Anhänger, besetzt mit den kostbarsten Steinen aus dem 17. Jahrhundert, eine tunesische Holztür aus dem 18. Jahrhundert, geschnitzt und mit Intarsien versehen. Sie staunten über eine Buddha-Figur aus dem 3. Jahrhundert, *Le Bouddha du Grand Miracle* aus Cravasti, dessen große Ohren Charlotte gefielen, während Anton den steinernen Faltenwurf bewunderte. Und sich später festzoomte an zwei barbusigen schönen Frauen auf einem indischen Elfenbeinrelief des 1. Jahrhunderts.

Armand hatte noch Bilder parat von chinesischem Porzellan, dessen Blau strahlte wie der Sommerhimmel über dem Atlantik; Bilder der in Japan aus Holz geschnitzten Buddha-Figuren, des Kosmischen Tanzes Schiwas aus dem hinduistischen Südostindien, der Statuen und Friese der Khmer. Deren Kunst war im 7. Jahrhundert mit den Tempeln von Sambor Prei Kuk entstanden; es waren Turmheiligtümer mit Kultbildern. Der Turm bedeutet den Gipfel des Weltenberges Meru, symbolisiert also den Sitz der Götter. Schiwa gilt als der Herr des Berges und ist die Hauptgottheit. Armand erklärte die Tempelanlagen und zeigte Charlotte und Anton andere Gottheiten, legte ihnen die

Saint-Sulpice
Entwurf für die Fassade von Jean-Nicolas Servandoni
aus dem Jahr 1732

Photos eines geschnitzten Mannes vor, entstanden im 6. Jahrhundert schon, und den nur 30 Zentimeter großen, aus Kalkstein gehauenen Kopf der Prajnapaeamita aus Angkor, zwischen dem 12. und 13. Jahrhundert gefertigt, sowie eine über einen Meter hohe Sandsteinfigur einer weiblichen Gottheit aus derselben Zeit. Sie strahlte eine überirdische Ruhe aus – Armands Augen glänzten: »Und all das gehört dem Musée Guimet!«

Zum Dank lud Anton Armand zu einem späten Abendessen um zehn Uhr ein. Denn zuvor wollten Charlotte und er noch ein Konzert in Saint-Sulpice anhören. Auch wegen des Programms – Bachs Cello-Sonaten –, vor allem aber, weil Anton, drei Tage vor seiner Abreise, diese oft als ›Kathedrale der Klassik‹ bezeichnete Kirche noch nicht besucht hatte.

Saint-Sulpice

Sie fuhren bis zur Métrostation Odéon und liefen dann die Rue Saint-Sulpice hinauf. Auf dem 1754 angelegten halbrunden Platz blieben sie stehen und schauten auf die Türme, auf den rechten, kurzen, nur spärlich geschmückten, und auf den linken, höheren, reich verzierten. Charlotte wußte, daß die Abtei von Saint-Germain-des-Prés diese Kirche bauen ließ für die Bauern, die in diesem Gebiet wohnten.

»Die erste Kirche wurde im 12. Jahrhundert errichtet und mehrfach umgebaut«, erklärte sie, ab und an auf ihren Spickzettel schauend. »Aber sie war bald zu klein, weshalb man sich schließlich zu einem Neubau entschied, zu dem man 1646 den Grundstein legte. Die Arbeiten zogen sich mächtig hin, 1678 wurden sie gar unterbrochen, obwohl erst der Chor fertig war. Daraufhin passierte vierzig Jahre gar nichts, dann erst, weil ein Pater sich sehr dafür einsetzte – Jean-Baptiste Languet de Gergy –, begannen die Arbeiten erneut. Sie wurden dem Baumeister GILLES-MARIE OPPENORDT anvertraut; er vollendete im klassischen Stil seiner Vorgänger 1722 das Querschiff und 1736 das Langhaus. Für die Fassade gab es einen Architekturwettbewerb. Auch Oppenordt beteiligte sich daran, doch gewonnen

32 Der weiße Quader der Grande Arche in La Défense: 110 Meter hoch,
    106 Meter breit und mit zwölf Pfeilern tief im Boden verankert

33 Die Géode in La Villette birgt in ihrem Inneren ein Kino
    mit einer Leinwand von beeindruckenden tausend Quadratmetern

34 Eine von Niki de Saint Phalles bunten Figuren, die sie für den
    Strawinsky-Brunnen vor dem Centre Pompidou geschaffen hat

35 Die Place de la Bastille: hier begann die Französische Revolution.
    200 Jahre später, am 14. Juli 1989, weihte man an diesem Ort
    die neue Oper des kanadischen Architekten Carlos Ott ein

hat ihn der Florentiner JEAN-NICOLAS SERVANDONI, der für seine prächtigen Theaterdekorationen berühmt war: Er schlug eine zweistöckige Säulen-Fassade vor, deren Entwurf auch teilweise ausgeführt wurde – einen schon errichteten Giebel trug man allerdings nach einem Blitzschlag bald wieder ab. Der Nordturm, der fertige, wurde von 1778 bis 1780 gebaut, der südliche, du siehst es ja, nie beendet. Doch nun laß uns hineingehen.«

Dem kleinen Kirchenführer, den er sich kaufte, entnahm Anton die beachtlichen Maße der Kirche: 113 Meter lang, 58 Meter breit, 34 Meter hoch und damit nur einen Meter niedriger als Notre-Dame. Von der ursprünglichen Ausstattung war nicht mehr viel vorhanden; Charlotte wies Anton nur auf zwei Besonderheiten hin: Sie lenkte ihn zum Gnomon im Querschiff, einem obeliskenförmigen astronomischen Meßgerät von 1744, das die Mittagsstunde anzeigt. Dann brachte sie ihn zu den Wandmalereien von EUGÈNE DELACROIX, der die Sankt-Agnes-Kapelle ausgemalt hat. »Links siehst du den Kampf Jakobs mit dem Engel, rechts wird Heliodor, der die Tempelgefäße raubte, von Engeln aus dem Tempel vertrieben. Und die Kuppel schmückt ein Bild des heiligen Michael, der sich mit dem Teufel schlägt. Übrigens«, fügte sie hinzu, »hat Delacroix zeit seines Lebens sehr viele öffentliche Gebäude geschmückt. Den ersten Auftrag erhielt er schon 1826, im Alter von 28 Jahren. Er stattete unter anderem die Bibliothek des Senats aus und nahm all diese Großprojekte sehr ernst. So zog er, um näher an seinem Arbeitsplatz von Saint-Sulpice zu sein, 1857 auf den nahegelegenen Fürstenberg-Platz. Hier – Place Furstemberg Nummer 6 – starb er sechs Jahre später; die Arbeit an der Kapelle hatte er kurz zuvor beendet. Seine ehemalige Wohnung kann man übrigens besichtigen, die Räume sind nahezu unverändert erhalten.«

Noch vor dem Konzert betrachtete Anton den außergewöhnlich gelungenen säulengetragenen ORGELPROSPEKT, den Jean-François Chalgrin 1776 entworfen hatte. Charlotte versicherte Anton aus eigener Hörerfahrung, daß diese Orgel zu den besten Frankreichs zählt. »Und wir lauschen einem Cellospieler – schon ein bißchen schade.« Sie bereuten ihren Entschluß nicht.

DER NEUNZEHNTE TAG

Von der Angst, etwas zu verpassen

Schon beim Frühstück fing Anton zu quengeln an. Niemals schafften sie heute, an seinem vorvorletzten Tag, ihr Programm: Centre Pompidou, Hôtel des Invalides, Saint-Germain-l'Auxerrois, das Musée des Arts d'Afrique et d'Océanie. »Kannst du vergessen, Charlotte.«

Sie bemerkte, daß er sich benähme wie ein kleiner verzogener Junge. Und schlug vor, auf das MUSEUM FÜR AFRIKANISCHE UND OZEANISCHE KUNST zu verzichten. »Das Gebäude, 1931 für die Weltausstellung errichtet, ist ein häßlicher Bau mit Friesen draußen und Fresken drinnen. Es wird dich an die Naziarchitektur erinnern. Überdies zieht das Museum eh um, es wird 2001 am Quai Branly neu eröffnet. Dein Vergnügen an Piranhas, Stören, Rochen, Meeresschildkröten, Krokodilen und Schlangen wird bestimmt nur gering sein. Und ob du in afrikanische Masken vernarrt bist, bezweifle ich etwas, obwohl sie hinreißend sein können. Aber das wundersamste Stück in diesem Museum ist ein Musikinstrument.« Sie kramte in der vierten Schublade ihres Sekretärs, aus der sie schon mehrmals Postkarten hervorgeholt hatte: zuletzt ein Bild von James Joyce und Gertrude Stein beim Tee. Diesmal zeigte sie ihm eine Harfe. Sie hatte die Form eines Menschen – ob Mann oder Frau, egal. Am Ende des Saitenhalses saß ein Kopf, der Resonanzkörper war der Leib, und drunter sah Anton zwei Beine, die gewiß weder fürs Spiel noch für den Klang von Bedeutung waren. Das Ganze so klein, daß man das Instrument bequem in den Schoß nehmen konnte.

Im Centre Pompidou

Wenig später waren sie auf dem Weg zum Centre Pompidou, um das MUSÉE NATIONAL D'ART MODERNE zu besuchen. Über die Architektur und Nutzung des Gebäudes hatte ihm Charlotte

ja schon am vierzehnten Tag seines Pariser Lebens etwas erzählt. Anton schaute die fünf Stockwerke hinauf, vor denen sich
der gläserne Rolltreppenwurm hinaufwand. »Nicht mal ein
Vierteljahrhundert alt und schon so verrottet.« – »Ob einem das
Gebäude gefällt oder nicht – eines muß man den beiden Architekten lassen, seine Zwecke hat es mehr als erfüllt. Und gegen
den Gammel wird etwas unternommen. Das Centre wird restauriert, renoviert, entrostet und am 31. 12. 1999 wiedereröffnet, im alten Glanz und mit all seinen Kostbarkeiten.«

Zuerst schauten sie in die öffentliche Präsenzbibliothek, die
bis spät am Abend und sogar sonntags geöffnet ist, dann fuhren
sie in die fünfte Etage. Allein die Fahrt der Fassade entlang gen
Himmel ist eine Freude, deren sich niemand berauben sollte.
Sie genossen von der Terrasse den Blick über die Dächer von
Paris, entdeckten die Hügel von Montmartre, den Eiffelturm,
Notre-Dame und Saint-Eustache.

Schließlich besuchten sie das Museum im dritten und vierten
Stock. »Dies ist eine bedeutende Sammlung moderner Kunst.
Sie bietet einen umfassenden Überblick vom Fauvismus bis
heute. Nicht nur Gemälde und Plastiken, sondern auch Objekte
aus den Bereichen Architektur, Design, Photographie, Film und
Video. Von den rund 35 000 Objekten werden höchstens 800 im
Wechsel gezeigt. Der Grundstock dieses Staatsmuseums für
moderne Kunst kommt aus dem 1961 im Palais de Tokyo er-
öffneten Musée d'Art moderne de la Ville de Paris, einem
Haus mit Schwerpunkt auf der klassischen Moderne, das seit
der Eröffnung des Centre Pompidou etwas in dessen Schatten
steht und nur noch für spezielle Ausstellungen genutzt wird.
Außerdem haben die Familien Matisse, Chagall, Picasso,
Delaunay, Brancusi, Rouault und andere Werke zur Verfügung
gestellt; Georgette Magritte und Nina Kandinsky spendeten
Bilder, es gab Schenkungen und Ankäufe.

Man begegnet in den Räumen des Centre Pompidou Derain,
Matisse, Dufy, van Dongen – alle der Gruppe der Fauves zu-
gehörig; den Kubisten Picasso, Braque, Gris, Léger; russischen
Avantgardisten wie Malewitsch; Vätern der Abstraktion wie

Mondrian; De Stijl, Bauhaus, Dada, Surrealismus – alle wichti-
gen Strömungen aus der ersten Hälfte des 20. Jahrhunderts
sind vertreten, doch ebenso die der Nachkriegszeit: die Gruppe
Cobra, die fünfziger und sechziger Jahre in Amerika, die Pop
Art, die siebziger Jahre mit Balthus und Francis Bacon, die acht-
ziger Jahre mit Concept Art, Minimal Art, Arte Povera und der
Gruppe Supports-Surfaces. Jackson Pollock, Yves Klein, Andy
Warhol und Joseph Beuys.«

Eine Fahrt nach Passy

Eigentlich wäre jetzt der Invalidendom Pflicht gewesen, doch
Charlotte hatte andere Pläne. Sie wollte Anton noch ein Museum zeigen an diesem Vormittag, ein kleines, das sie besonders schätzte. Sie stiegen an der Station Hôtel-de-Ville in die
Métro, fuhren – mit einem Umsteiger – bis zur Station La
Muette am Rande des Bois de Boulogne, gingen durch eine
kleine Grünanlage und standen bald vor einer großen Villa.
»Das, Anton, ist das MUSÉE MARMOTTAN – ein großzügiges Geschenk des Kunsthistorikers Paul Marmottan an die Akademie
der Bildenden Künste. Er trennte sich von seinem Haus und von
seinen Kunstsammlungen: Wandteppiche und Skulpturen aus
der Renaissance sowie Gemälde, Gouachen und Möbel aus der
Zeit des Konsulats und des Ersten Kaiserreichs. Durch das Legat
Wildenstein kamen später 228 wertvolle Miniaturen in das Museum, entstanden vom 13. bis zum 16. Jahrhundert. 1950 schließlich übergab Donop de Monchy dem Haus einige Werke von
CLAUDE MONET. Doch erst 21 Jahre später wurde dieses Museum
wirklich reich: Michel Monet vermachte ihm 65 Bilder seines
Vaters. Und hier ist es auch, wo man Monets *Impression, Soleil
levant* von 1872 bewundern kann, das dem Impressionismus den
Namen gab. « Als Anton Monets Palette betrachtete, sehr klein
und sehr bunt, auf der die Farben hell leuchteten, nahm er sich
vor, bei seinem nächsten Paris-Aufenthalt einen ganzen Tag mit
Monet zu verbringen. Erst in der Orangerie, dann im Musée
d'Orsay und schließlich im Marmottan.

Wie so oft zuvor, suchte Anton auch hier nach seinem Lieblingsbild. Eine Obsession! Er fand es mit Monets *La Barque* von 1887. Es war die Aufsicht in ein hellgestrichenes Ruderboot, das in schwarzem Wasser lag, unter einem Baum, dessen Äste den hinteren Teil des Nachens verdecken. »Wir haben lange nicht mehr gerätselt, Anton, bitte such' mein Lieblingsbild.« Er mußte nicht lange nachdenken, er hatte es schon beim Flanieren bemerkt: Monets *Monsieur Poly*, ein Porträt aus dem Jahr 1886, hatte es Charlotte gewiß angetan. Verschmitzt schaut er, nicht dumm und ganz sicher lebensfroh, ein Freund des Weines und der Schönheit. Kein Beau, aber ein Charakter.

Es war Zeit für ein kleines Mittagessen geworden. Charlotte hatte noch einiges zu diesem Viertel anzufügen, dem vornehmen 16. Arrondissement, wo man schon seit dem 19. Jahrhundert die elegantesten – und auch teuersten – Häuser der Stadt findet. Auf zwei Bewohner wies sie Anton hin – ihre Wohnungen waren nicht allzu weit entfernt zu finden, und sie legte ihm einen Besuch für das nächste Mal sehr ans Herz. Zum einen war dies das CASTEL BÉRANGER in der Rue La-Fontaine Nummer 14, wohl das berühmteste Haus des Art nouveau in Paris. Allerdings darf man es nur von außen anschauen, weil es auch heute noch ein normales Mietshaus ist – immerhin eines unter Denkmalschutz. HECTOR GUIMARD hat hier 1897 ein Gesamtkunstwerk geschaffen und nicht nur die sechsstöckige Fassade entworfen, die gegen jede Regel der architektonischen Symmetrie verstößt, sondern auch im Innern jedes Detail. Für Guimard, der in diesem Haus auch gewohnt hat, war es sein erster bedeutender Bauauftrag. In der Folge bekam er, gerade hier, in Auteuil und Passy, viele weitere Aufträge für Wohnhäuser. Das Tor dieses ersten Meisterwerks gestaltete er ganz höhlenartig, mit pflanzlichen Säulen, wie sie auch bei seinen Métroeingängen zu finden sind – etwa bei der Station Abbesses am Montmartre.

Ein Vierteljahrhundert später entstand das zweite Haus, von dem Charlotte Anton erzählte. Nicht nur ein zeitlicher Sprung – ein Stilwechsel: Die VILLA LA ROCHE am Square du Docteur-Blanche wurde 1925 von LE CORBUSIER, der zu dieser Zeit noch

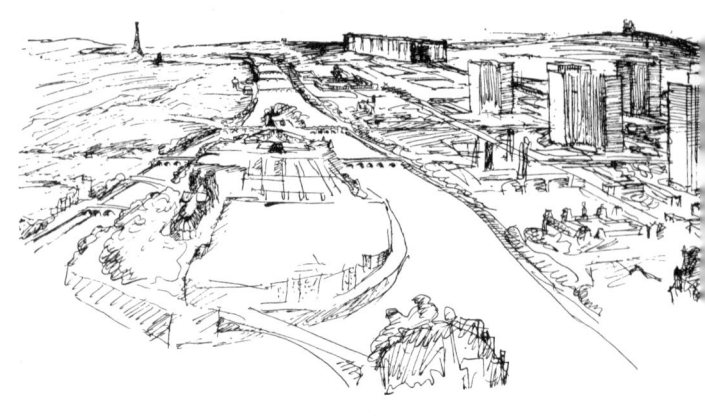

Le Corbusier:
Projekt für das Zentrum von Paris, 1925

Entwurf für die Eingangshalle der Villa La Roche,
in der heute die Gemäldesammlung der
Fondation Le Corbusier präsentiert wird

Charles-Édouard Jeanneret hieß, für den wohlhabenden Raoul La Roche entworfen. Dieser war nicht nur Bankier, sondern auch Kunstsammler und wünschte sich für seine kubistischen Gemälde von Picasso, Braque, Léger und Gris ein passendes Domizil. Das schön geschwungene, weiße Haus und die angrenzende, streng rechtwinklige VILLA JEANNERET – von Le Corbusier für seinen Bruder Albert entworfen – beherbergen heute die FONDATION LE CORBUSIER mit Gemäldegalerie, Archiv und Bibliothek. Le Corbusiers eigenes Wohnhaus ist ebenfalls im 16. Arrondissement zu finden: in der Rue Nungesser-et-Coli Nummer 24. Seine großen städtebaulichen Projekte für Paris wurden nicht realisiert, doch existieren noch die Pavillons der Schweiz und Brasiliens in der Cité Universitaire und die Cité de Refuge – das Haus der Heilsarmee – in der Rue Cantagrel Nummer 12.

Der Invalidendom

»Und jetzt zu unserer Kirchentour.« – »Tortur?« fürchtete Anton. Er wußte, daß der Invalidendom, die Église du Dôme, als Meisterwerk des französischen Barock gilt, doch Mächtigkeit war nicht seine Sache. Charlotte nutzte die Fahrt nach Arianen-

Manier für die Baugeschichte: »Erst einmal: Les Invalides ist eine Kaserne für 4000 Mann, von Ludwig XIV. 1670 gegründet, um hier die Verwundeten seiner zahlreichen Schlachten, die zuvor allein von der Gnade der Klöster abhängig waren, bis zu ihrem Lebensende zu versorgen und zu pflegen. Die riesige Anlage wurde von 1671 bis 1676 von LIBÉRAL BRUANT gebaut. Sie umfaßte ein Krankenhaus, mehrere Wohntrakte, Wirtschaftsgebäude und die Kirche Saint-Louis-les-Invalides. 1677 begann JULES HARDOUIN-MANSART mit dem Bau dieses königlichen Sakralbaus, der auf Wunsch Ludwigs XIV. zwar einen gemeinsamen Altarbereich mit der Garnisonskirche besaß, dem König aber einen eigenen Raum zur Andacht schuf. 1842, nach der Rückkehr der sterblichen Überreste Napoleons – er wurde im Dezember 1840 hierher überführt –, veränderte der Architekt LOUIS VISCONTI die beiden Kirchen völlig. Er entfernte den Hauptaltar, trennte die Kirchenräume voneinander und errichtete eigens für Napoleons Sarg die Krypta. Das Hôtel des Invalides – wir sind ja schon oft daran vorbeigegangen – ist eine höchst eindrucksvolle, beinahe gigantische Anlage; und die Kuppel des Invalidendoms, weithin sichtbar, gilt als ein Meisterwerk von Hardouin-Mansart. Übrigens ist im Hôtel auch ein Armeemuseum untergebracht, dem der Michelin Drei-Sterne-Wichtigkeit zumißt. Es ist eines der größten weltweit.« – »Du weißt ja, Charlotte, ich halte nicht viel von den Sterneauszeichnungen!«

Als sie draußen, auf der Place Vauban, den Dom betrachteten, gab Anton zu, daß er ihn beeindruckte. Drinnen war er zunächst eher enttäuscht gewesen, als sie unter den Gewölben die Grabmale der Marschalle und Generäle besucht hatten. Viele Reliefs, viele Marmoreinlegearbeiten, Fresken, Medaillons. Nur des Kaisers Porphyrsarg war in seiner Monumentalität beeindruckend. Man blickte auf ihn von einer Marmorbalustrade aus; und die grandiose Art der Inszenierung bewies, daß die Franzosen keine Angst vor Pathos haben, wenn es um ihre Grande Nation geht, und die Irrtümer in der Geschichte ihres Staates nicht verheimlichen. Anton erzählte, daß er den Franzo-

Der Invalidendom.
Stahlstich von J. Bury nach einer Zeichnung von J. Jourdan,
um 1840

sen diesen Nationalstolz durchaus neide; daß er ihre Feiern zum 14. Juli – die Paraden und die Straßenbälle – bewundere; daß auch dieser Ort ganz ungebrochen von einer Vergangenheit künde, deren man sich würdig erweisen will. »Wir Deutsche haben wenig, stolz zu sein. Und Schuld und Scham lassen sich nicht präsentieren, nicht ausstellen.«

Saint-Germain-l'Auxerrois

Auf ihr nächstes Ziel, die Kirche von Saint-Germain-l'Auxerrois, freute sich Anton richtig. Denn natürlich hatte ein so neugieriger Mensch wie er bei seinem einsamen Louvre-Besuch schon einmal hineingesehen, steht sie doch direkt gegenüber dem Haupteingang des Museums, auf der Place du Louvre. Und aus einem kleinen Führer wußte er bereits das Wichtigste, zum Beispiel kannte er die Namen der berühmtesten Toten, die in dieser Kirche ruhen: die Maler FRANÇOIS BOUCHER und JEAN-BAPTISTE CHARDIN zum Beispiel, die Architekten LOUIS LE VAU und GERMAIN SOUFFLOT.

»Ich weiß nicht so richtig viel über diese Kirche, Anton. Tut mir leid, nicht recht vorbereitet. Eines kann ich dir immerhin sagen: Hier gibt es einen seltsamen Brauch. Weil in Saint-Germain-l'Auxerrois mehrere namhafte Maler, Bildhauer und Architekten ruhen, treffen sich seit 1926 hier jeweils am ersten Fastensonntag viele Künstler. Sie beten aber nicht etwa für die verstorbenen Kollegen, sondern für diejenigen, die im folgenden Jahr sterben werden.«

»Seltsam. Daß du sonst nichts weißt, trifft sich gut. Ich weiß nämlich eine ganze Menge.« Anton erklärte kurz, wann er schon einmal hier war, und informierte Charlotte anschließend ziemlich ausführlich über die Geschichte dieser Pfarrei: »Schon im 8. Jahrhundert stand an dieser Stelle ein Gotteshaus, geweiht dem heiligen Germanus, im 5. Jahrhundert Bischof von Auxerre – deshalb der seltsame Name. Die Normannen zerstörten diesen Bau, woraufhin Robert der Fromme eine neue Kirche errichten ließ. Architektonisch ist sie eine stilistische Mischung aus fünf Jahrhunderten: Der Glockenturm ist romanisch, 12. Jahrhundert; Chor, Vorhalle und Schiff sind gotisch. Das Portal stammt aus der Renaissance. Im 16. Jahrhundert wurde der Lettner nach den Plänen von Pierre Lescot und Jean Goujon errichtet, den man 1754 jedoch wieder abriß.« – »Warum?« fragte Charlotte. »Er wurde – wie die Mittelpfeiler zuvor schon – entfernt, um einen breiten Durchgang zu schaffen für die Prozessionen. Noch ein bißchen Geschichte gefällig, Charlotte?« Sie nickte. »Als die Valois im Louvre residierten, also im 14. Jahrhundert, da war Saint-Germain-l'Auxerrois die Pfarrkirche der Könige Frankreichs, und die Königsfamilie kam häufig zu den Messen hierher. Traurige Bedeutung erhielt das Gotteshaus in der Nacht des 24. August 1572. Die Glocke dieser Kirche gab das Signal zum Überfall auf die Protestanten, du weißt, das Gemetzel der Bartholomäusnacht.

Vom 17. Jahrhundert bis zur Revolution war dieser Ort nicht nur Grabstätte für bildende Künstler, sondern auch Dichter, unter anderem François de Malherbe, ein Protegé von König Heinrich IV. Nach der Revolution war die Kirche 1793 Futtermittelhandlung, später eine Druckerei. Von 1838 bis 1855 wurde sie von den Architekten Jean-Baptiste Lassus und Victor Baltard restauriert. Mein kleines Blättchen erwähnt die Vorhalle als Besonderheit. Entstanden ist sie, erinnere ich mich recht, Ende der dreißiger Jahre des 15. Jahrhunderts im Flamboyantstil.«

Sie mochten dem Blättchen nicht widersprechen: Das Netzgewölbe der Vorhalle war wirklich eindrucksvoll – die Statuen an den Pfeilern, wenn auch moderne Kopien, waren es auch. Und sie amüsierten sich über die Figur im Mittelportal: Die heilige Genoveva versucht, sich eines Teufels zu erwehren, der ihre Kerze auszublasen versucht. Selbst wenn es ihm gelänge, Hilfe ist schon da – ein Engel hält sich bereit, die Kerze wieder anzuzünden. Die spätgotische *Maria Magdalena Aegyptiaca* mit drei Broten in der Hand, die ihr über 47 Jahre in der Wüste hinweggeholfen haben, fanden sie in der Marienkapelle im rechten Seitenschiff noch einmal. Dort steht das Original der Büßerin, in der Vorhalle war es nur die Kopie der Skulptur.

Vor dem Einkauf für heute abend blieb ihnen noch etwas Zeit für eine weitere Unternehmung. Doch was? Charlotte mochte nicht mehr laufen, Anton hatte noch keine Lust auf einen Aperitif. Da fiel ihm etwas ein. »Charlotte – das Wichtigste habe ich vergessen. Ich wollte heute mal Zugführer sein, das muß ich noch schaffen.« Sie verstand nichts.

Anton stieg mit ihr die Treppen zur Métrostation hinab, die direkt vor der Kirche liegt. Sie fuhren bis zur Place de la Concorde, liefen die Rue Royale hinauf, zur Madeleine, rechte Seite, ›Fauchon‹. Endlich begriff Charlotte: »Ah, M 14 – das ist eine tolle Idee!« Anton hatte es am Morgen in der *Libération* gelesen. Eine neue Linie war eröffnet worden. Schon bei der Lektüre hatte er es nicht fassen mögen, daß unterirdisch immer noch Platz ist in Paris – Platz für Gänge und Rolltreppen, Fahrstühle und Schienen.

Sie fuhren tief in die Erde hinein. Wie groß war die Überraschung, als sie auf dem Bahnsteig angekommen waren: Eine Glaswand trennte sie von den Schienen. »Menschenfreundlich«, bemerkte Charlotte, »niemand kann sich mehr vor den Zug werfen, und durch Selbstmord bedingte Verspätungen gibt es auch nicht mehr.« Schon raste der Zug heran, ein langer einziger Wagen. Hielt an, seine Türen mit den Bahnsteigtüren auf Millimeterdeckung. Anton stürmte ganz nach vorn zu den Kindern, dorthin, wo sonst der Zugführer Tempo macht und bremst. Die Kleinen juchzten bei der rasanten Fahrt durch den schummrig erleuchteten Tunnel. An der Endstation Bibliothèque de France stiegen sie aus und fuhren wieder zurück bis Châtelet. Beide waren begeistert, nur eines sorgte sie – ein möglicher Stromausfall. Würde man den nächsten Bahnhof zu Fuß erreichen?

Den Abend verbrachten die beiden in der Rue de la Cerisaie. Sie waren müde, sie waren glücklich, und sie fürchteten den übernächsten Tag. Doch keiner von beiden sprach darüber.

DER ZWANZIGSTE TAG

*Zu den grünen Lungen der Stadt
mit Zwischenstop im Marais*

Sie machten sich sehr früh auf, denn das Programm für den vorletzten Tag war riesig. Erst planten sie den Besuch des Schlosses von Vincennes, dann freuten sie sich, wenigstens einmal, in ein vielgerühmtes, besterntes, behütetes, belöffeltes Restaurant gehen zu können, in eines, das nur Millionäre zu ihrer Kantine wählen. Am Nachmittag wollten sie durch den Bois de Boulogne schlendern und am Abend sich mit Ariane und Armand zum Abschied in der Rue de la Cerisaie treffen. Da sicher keine Zeit für Einkäufe und schwierige Kochereien war, hatte Anton das komplette Abendessen bestellt, es sollte um neunzehn Uhr geliefert werden.

Ihre Besichtigungstour begann an der Station Bastille. Die Linie 1, die quer durch die Stadt verläuft – nach Osten bis zum Château de Vincennes und im Westen bis zur Grande Arche de La Défense würde sie heute den ganzen Tag begleiten.

Vincennes

Charlotte kam nicht eben häufig nach Vincennes. An Sonntagen ging es im Park zu wie auf den Champs-Élysées zur Weihnachtszeit – Massen von Menschen, dazu noch Fahrräder, Roller, Fußbälle, Handbälle, Federbälle. Im Schloß war sie seit Schulzeiten nicht mehr gewesen. Und das seit Mitte der sechziger Jahre immer wieder Aufsehen erregende Theater von ARIANE MNOUCHKINE, das hier, in einer ehemaligen Waffenfabrik, der Cartoucherie, seit 1970 seinen Sitz hat, schätzte sie nicht sonderlich. Ihr Mißvergnügen an den Veranstaltungen – die viele deutsche Kritiker geradezu kultisch feierten – hatte mehrere Gründe. Zum einen ärgerte sie die Verlogenheit der

Theaterleiterin, die behauptete, in einem kommunistischen System zu arbeiten und zu leben – dabei pflegte sie einen weit luxuriöseren Lebensstil als ihre Schauspieler. Zum anderen mißfiel ihr der manierierte Stil der Mnouchkinschen Inszenierungen. Ob Shakespeare, Molière, Aischylos: Immer wurde getanzt und musiziert, immer wallten Seidentücher. Die Exerzitien waren, wie Charlotte meinte, für Deutsche nur schwer zu verstehen, weil man die französische Sprache schon sehr gut sprechen können müßte, um zu bemerken, wie sehr die Mnouchkine mit Gesten verdopple, mit Musik Worte verkitsche. Und deshalb gefielen sie denen, die nur hörten, zusahen – und nichts verstanden –, so außerordentlich. »Französische Kritiker und Zuschauer haben sich längst abgewandt.«

Endstation: Château de Vincennes. Kaum waren sie die wenigen Treppen hinaufgestiegen, standen sie vor der Anlage. »Vincennes, Anton, das ist ein Wald, ist eine Festung, ist ein Palais, ist eine Stadt. Der Wald deckt eine Fläche von 995 Hektar ab und wurde 1930 von Paris eingemeindet, gehört also heute zum 12. Arrondissement. Die Festung ist die einzige noch einigermaßen erhaltene Königsresidenz des Mittelalters; schon deswegen eine Sehenswürdigkeit.«

Sie gingen erst einmal außen um die Mauer. Die Geschichte dieses Waldes und der Anlage begann früh. Schon im 5. Jahrhundert und für lange Zeit war hier königliches Jagdgebiet. »Die wenigen Texte, die bis zum 11. Jahrhundert den Wald erwähnen, vermerken, daß er dem Bischof von Paris gehörte und der Abtei Saint-Maur-des-Fossés. Bedeutung erlangte der Ort aber erst viel später: Als Ludwig VII. Mitte des 12. Jahrhunderts regelmäßig in Paris residierte, mußten für ihn ein Jagdgrund und ein Jagdpavillon in der Nähe der Residenz gefunden werden. 1183 – das ist ein wichtiges Datum – ließ Philipp II. August den Wald mit einer zwölf Kilometer langen Mauer einfassen, woraufhin König Heinrich II. von England ihm Hirsche und anderes Wild schenkte. Diese Umfriedung, die ja eine Schließung des Waldes für die Bevölkerung bedeutete, überraschte die Zeitgenossen. Und wurde sofort nachgeahmt: Die Wälder der

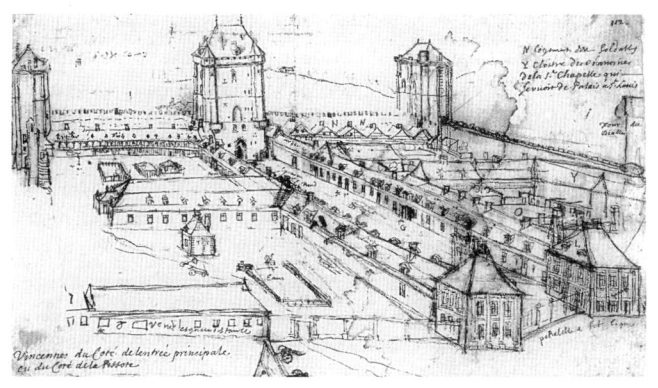

*Die Befestigungsanlage von Vincennes
in der Zeit um 1670*

großen königlichen Residenzen der Île-de-France bekamen gleichfalls Mauern. Philipp II. August war es auch, der hier den ersten Herrensitz erbauen ließ. Ludwig IX., der Heilige, fügte die Sainte Chapelle an, ganz im Stil der Pariser Sainte-Chapelle. Allerdings ist diese frühe Version nicht mehr erhalten: Karl V., wie du später sehen wirst, errichtete sie neu.

Doch zurück zu Ludwig dem Heiligen: Er mochte diesen Ort besonders und war sehr häufig hier. Glauben wir den Chronisten, so sprach er hier unter einer Eiche Recht. Von Vincennes aus brach Ludwig auch zum Kreuzzug auf. Er starb übrigens während der Reise – in Tunis. Der Herrensitz, wir nennen ihn ›manoir‹, wurde später Schauplatz wichtiger Feste. Hier heiratete 1274 Philipp III. der Kühne und zehn Jahre später Philipp IV. der Schöne. Hier starben viele Kapetinger.«

Inzwischen waren sie an der Westmauer angelangt, vor dem mächtigen DONJON, dem Wohnturm der Anlage. »Der war zu dieser Zeit also noch nicht gebaut?« fragte Anton. »Nein, die Burg wurde von den Valois-Herrschern Philipp VI. und Karl V. errichtet: Der Mauergürtel mit den neun Türmen war 1364, der

Donjon 1370 fertiggestellt, und 1396 stand die gesamte Befestigung mit allen Wohngebäuden. Innerhalb der Mauern war eine
kleine Stadt entstanden, die dem König, seiner Familie und seinen Getreuen in Notfällen als Wohnung und Residenz dienen
sollte. Geschützt durch tiefe Gräben und Wälle, die ursprünglich viel höher waren, später aber abgetragen wurden. Die Um-
mauerung hat immer noch beachtliche Ausmaße: 334 Meter
Länge, die Vierecktürme sind 54 Meter hoch, die Gräben 35 Meter breit. Vincennes galt als architektonisches Musterbeispiel
einer Befestigungsanlage.

Karl V., unter dessen Regierungszeit der Donjon fertiggestellt
wurde, ist übrigens 1337 in Vincennes geboren worden; er hat
hier später einige seiner Schätze untergebracht sowie einen Teil
seiner Bibliothek. Auch sein Bruder, der Herzog Jean von Berry,
wurde hier geboren, am 30. November 1340. Er hat das Schloß in
seinem berühmten Stundenbuch, den *Très Riches Heures*, von
den Brüdern Limburg darstellen lassen: Auf dem Kalenderblatt
des Monats Dezember sieht man den mächtigen Wachtturm
sowie die neun Türme des Mauergürtels; davor den Wald von
Vincennes und das Halali einer Eberjagd.

Der Wohnturm war früher mit Zinnen und Pechnasen ausgestattet, ein richtiges Wehrgebäude, das einzunehmen den
Feinden sehr schwergemacht werden sollte, immerhin 52 Meter
hoch. Leider können wir ihn nicht besuchen, er wird gerade restauriert, wie du siehst, und erst nach dem Jahr 2000 wieder zugänglich sein.« – »Dann sag mir, bitte, was ich nicht sehe – mit
einiger Phantasie werde ich mir die Räume vorstellen.« – »Gut.
Im Erdgeschoß gibt es einen Brunnen und eine Küche. Im ersten Stock, der früher allein dem König vorbehalten war, stell'
dir bitte eine große hohe Halle vor, in der das Parlament tagte
unter Vorsitz des Herrschers. Später dienten die Räume dieses
Stockwerks, aber auch das Erdgeschoß und die zweite Etage als
Luxusgefängnis für Menschen von Rang und Stand. Zur Revo-
lutionszeit waren hier Ludwig XVI. und seine Familie untergebracht, der Bischof von Troyes, Mirabeau – der während seines
dreijährigen Aufenthalts seine *Lettres de Cachet* schrieb und darin

gegen die Rechtsbeugungen des Königs demonstrierte. Der
Marquis de Sade lebte hier, der Prinz de Conti und auch Denis
Diderot.

In den zweiten Stock des Donjon führt eine schöne, breite
Wendeltreppe in die königlichen Gemächer. Hier empfing
Karl v. den Kaiser des Heiligen Römischen Reichs Deutscher
Nation, seinen Onkel mütterlicherseits, Karl IV. Er überließ
dem Besucher sogar sein Bett. In diesem Raum starb 1422
Heinrich v. von England. Und 1574 raffte es hier den wahnsin-
nigen, erst 24 Jahre jungen Karl IX. von Frankreich hinweg. Die
dritte, vierte und fünfte Etage konnte man nie besichtigen. In
der dritten waren die königlichen Kinderzimmer. Vom Dach
des Donjon – und deshalb vor allem ist es schade, daß wir nicht
hineinkönnen – hat man einen wunderschönen Blick auf Paris
und den Wald von Vincennes.«

Sie gingen weiter, bogen bei der TOUR DU ROI nach links ab,
folgten der Esplanade du Château bis zur gegenüberliegenden
TOUR DE LA REINE, kamen vorbei an den anderen Türmen, bis
sie schließlich an der 42 Meter mächtigen TOUR DU VILLAGE an-
langten, einem Turm, in dem im Mittelalter der Gouverneur
von Vincennes lebte, um von hier aus den Eingang zur Festung
überwachen zu können.

Durch die Pforte gingen sie ins Innere; und Anton wunderte
sich nicht schlecht über die gewaltigen Ausmaße der Anlage.
Sie spazierten die mittlere Kopfsteinpflaster-Allee entlang,
rechts gab es die Eintrittskarten. Den rechter Hand liegenden
Donjon ließen sie unbeachtet, denn er war von den Bauarbei-
tern so sorgfältig verpackt worden, als wäre Christo am Werk
gewesen.

Dann betrachteten sie die KÖNIGLICHE KAPELLE, die ganz frei
steht. Obwohl erst 1520 unter der Bauleitung von PHILIBERT DE
L'ORME beendet, zu einer Zeit also, da die Renaissance längst
triumphierte, behielt man den ›flamboyanten‹ gotischen Stil
bei, in dem sie Ende des 14. Jahrhunderts begonnen worden war.
Allein die Fenster verraten ein wenig von dem Neuen, dem Italienischen. Anton bewunderte die spätgotischen Fensterrosen,

Keine Mesalliance: Karl VI. heiratete Isabelle von Bayern.
Das Wappen über dem Südportal der Sainte-Chapelle in Vincennes
dokumentiert die Verbindung

die grazilen Strebepfeiler, die ziselierten steinernen Ornamente über den hohen Fenstern.

Im Innern faszinierende Schlichtheit: Sie ist einschiffig und, im Gegensatz zur Sainte-Chapelle auf der Île de la Cité, auch nur einstöckig. In der Nordkapelle fanden die beiden das Grab des HERZOGS VON ENGHIEN, dem Anton und Charlotte schon auf dem Rundgang um die Anlage begegnet waren: Ganz in der Nähe des Südostturms, der Tour de la Reine, hatten sie eine Stele entdeckt, dem Herzog zu Ehren errichtet; er war an dieser Stelle, zu Unrecht der Verschwörung bezichtigt, am 20. März 1804 auf Befehl Napoleons erschossen worden. Ludwig XVIII. ließ die sterblichen Überreste des Herzog exhumieren und in der Kapelle beisetzen.

Lange verweilte Anton vor den beiden Tympana im Osten des Raumes: Das eine zeigt das Wappen der Jeanne de Bourbon, der Gemahlin Karls V., die 1387 starb; das andere ist ein Allianzwappen, zur Hälfte bayerisch-wittelsbachisch, zur anderen französisch-bourbonisch: Rauten und Lilien, Zeugnis für eine französisch-bayerische Liebe. Es wurde 1385 angebracht, nach der Heirat Karls VI., des Sohns von Karl V. und Jeanne de Bourbon, mit Isabelle von Bayern, die als Isabeau de Bavière in die Genealogie der französischen Könige eingegangen ist. Getragen werden die steinernen Wappen jeweils von zwei Engeln. Und über ihnen schwebt ein dritter Himmelsbote, er lächelt und segnet – offensichtlich gutgelaunt.

Auf dem Weg zu den beiden gegenüberliegenden PAVILLONS, dem der Königin und des Königs, erklärte Charlotte noch ein wenig Baugeschichte. »Im 16. Jahrhundert vernachlässigten die Könige Vincennes und hielten sich lieber in Fontainebleau auf. Im 17. wurde der Donjon endgültig als Wohnung aufgegeben und zum Gefängnis gemacht. 1610, als ihr erst neunjähriger Sohn König wurde, legte Maria de' Medici den Grundstein zum Pavillon du Roi; hier lebte Ludwig XIII. während der Herrschaft seiner Mutter, also bis 1617. 1658 begann LOUIS LE VAU mit dem Bau des Pavillon de la Reine gegenüber, beauftragt von Kardinal Mazarin, der zum Gouverneur von Vincennes ernannt worden war und hier am 9. März 1661 starb. 1660 bezogen der junge Ludwig XIV. und seine Gemahlin Maria-Theresia von Spanien den Pavillon der Königin. Danach war das Schloß von Vincennes keine königliche Behausung mehr, sondern wurde sehr unterschiedlich genutzt. Von 1738 bis 1756 beherbergte es eine neugegründete PORZELLANMANUFAKTUR, in der Gilles und Robert Dubois daran arbeiteten, Gold in der Porzellanherstellung zu verwenden. Sie fanden die Formel, und die neue Technik brachte ihnen Ruhm und Geld. 1753 wurde die Manufaktur zur königlichen ernannt und beschäftigte bedeutende Künstler, zum Beispiel Jean Boucher, der kleine Figurengruppen modellierte, die sogenannten Boucher-Kinder. 1756 zog die Manufaktur nach Sèvres und produziert seitdem dort die schönsten Teller, Tassen, Figuren.

1743 wurde auf dem Gelände auch eine Kadettenschule gegründet. Und mit Napoleon begann dann die martialische Periode von Vincennes. Sie wurde eröffnet mit der Exekution des Herzogs von Enghien. Danach ließ Napoleon die Türme – außer dem Mittelturm, der Tour du Village – bis auf Mauerhöhe abtragen und dort Kanonen aufstellen. Den Donjon machte er wieder zum Staatsgefängnis.«

Charlotte erwähnte, daß die Anlage unter Louis-Philippe wieder Bestandteil der Verteidigungseinrichtungen von Paris wurde. Und sie berichtete vom Massaker der Deutschen, die das Schloß während des Zweiten Weltkriegs okkupierten und im Augenblick ihres Abzugs, am 20. August 1944, über dreißig Geiseln erschossen sowie vier Tage später einige Gebäude sprengten.

Und ihre Lieblingsgeschichte wollte sie auch noch loswerden: die vom General Daumesnil, der von 1809 bis 1814 und von 1830 bis 1832 Gouverneur von Vincennes war und in der Schlacht bei Wagram ein Bein verloren hatte. 1814, als die Alliierten nach Paris zogen, habe er ihnen, als sie darauf drängten, ihnen das Fort zu übergeben, geantwortet: »Die Österreicher haben mir ein Bein weggenommen, entweder geben sie es mir zurück oder sie müssen kommen, mir das andere auch zu nehmen.« 1815, darauf war Charlotte richtig stolz, hatte Daumesnil sogar Blücher standgehalten, gab nicht nach, zeigte sich standhaft gegenüber Geschenken und Drohungen.

Vieles hätte es noch zu sehen gegeben im Wald von Vincennes, den der Baron Haussmann mit seinem Gartenarchitekten Adolphe Alphand unter Napoleon III. zu einem Park ganz im französischen Geschmack der Zeit neu gestaltete, mit exotischen Bäumen, künstlichen Wasserfällen, Teichen, Reiter- und Kutschenwegen, Promenaden und zwei künstlichen Seen: dem LAC DAUMESNIL, auf dem man rudern kann, und dem LAC DES MINIMES mit seinen drei Inseln. Überdies waren ein großer botanischer Garten da – der PARC FLORAL –, die PFERDERENNBAHN und das INSTITUT INTERNATIONAL BOUDDHIQUE. »Das nächste Mal, Charlotte: Déjeuner sur l'herbe – aber unbedingt unter der Woche, da ist niemand auf den Wiesen von Vincennes!«

Zwischenstop im Marais

Mit der Métro ging es zurück ins Marais. Sie fuhren bis zur Station Hôtel-de-Ville. Von dort war es nicht weit bis zur Rue du Bourg-Tibourg 30, wohin Anton noch vor dem Essen wollte, um sich bei ›Mariage Frères‹, seinem Lieblingsteegeschäft, »für

zu Hause« einzudecken, womit er nicht die Kirschgartenstraße
meinte, was seine traurigen Augen verrieten.

Sie konnten sich nicht versagen, wenn auch nur kurz, in das
1998 eröffnete MUSEUM FÜR JÜDISCHE KUNST UND GESCHICHTE
hineinzuschauen, untergebracht im Hôtel de Saint-Aignan in
der Rue du Temple Nummer 71, mitten im Marais. Anton ver-
schaffte sich einen Überblick über die Bestände, die aus zwei
Sammlungen stammen, dem ehemaligen kleinen Museum für
jüdische Kunst, das zuvor im Montmartre-Viertel residierte,
und der Sammlung Strauss-Rothschild. Diese gehörte nach
einer Schenkung der Rothschilds bereits seit Ende des letzten
Jahrhunderts der Stadt Paris, verstaubte aber in den Kellern des
Musée Cluny. Prächtige Thora-Rollen sind nun im neuen Domizil zu sehen, Schreine, Urkunden und Chanukka-Leuchter
und so manches schriftliche Zeugnis wie die ausführlich doku-
mentierte Affäre um den jüdischen Offizier ALFRED DREYFUS
aus dem Jahr 1894, der wegen angeblichen Verrats militärischer
Geheimnisse an Deutschland verurteilt wurde – ein Justiz-
skandal, der bis zu Dreyfus' Rehabilitierung 1906 viele Gemüter
erhitzte und Zola 1898 zu seinem offenen Brief mit dem Titel
J'accuse...! an den Präsidenten der Republik veranlaßt hatte.

Zola brachte Charlotte auf die BRÜDER GONCOURT. Auf dem
kurzen Weg ins Restaurant ›Ambroisie‹ an der Place des Vosges
beschrieb sie, wie die beiden Literaten den jungen Dichter, den
sie als ihren Schüler bezeichneten, sahen: als einen »lendenlah-
men« Jungen, »der gleichzeitig vierschrötig und kümmerlich«
sei; »in seiner ganzen Person ein bißchen zugeschnitten wie
seine Figuren, die er aus zwei entgegengesetzten Typen bildet,
Gestalten, in denen er Männliches und Weibliches vermischt«.

Mit den Goncourts, die im übrigen in der Dreyfus-Affäre als
eine der wenigen auf der Seite des Offiziers standen, hatten sie
ein richtig ernsthaftes Thema gefunden, eines, das sie vom be-
vorstehenden Abschied ablenkte: Edmond de Goncourt und
sein um acht Jahre jüngerer Bruder Jules waren Charlottes Lieblinge, weil sie Kunstverstand und schriftstellerische Brillanz
verbanden mit einem indiskreten, aber genauen Blick auf ihre

Stadt, auf die Menschen und ihre Kollegen insbesondere. Da
Anton wenig von den beiden wußte – er kannte nur einige
Zitate zu Malern, und natürlich war ihm die von ihnen gegründete Goncourt-Stiftung ein Begriff, die jährlich ein Prosawerk
mit dem Prix Goncourt auszeichnet –, hörte er Charlotte
höchst interessiert zu.

»Sie waren beide Schriftsteller, Anton. Der eine, Edmond,
wurde 1822 geboren und starb 1896, der andere kam 1830 zur
Welt und starb bereits 1879. Beide waren passionierte Kunstsammler, die viele Werke gemeinsam verfaßten, darunter *L'Art
du XVIIIe siècle*, zwischen 1859 und 1870 entstanden, und die Ta-
gebücher, die einen Zeitraum von 1851 bis 1896 beschreiben.
Darin waren sie keineswegs pingelig, eher berichteten sie in
ihren ›allabendlichen Beichten‹ forsch, wer sich wo wie aufge-
führt hatte, ein gesellschaftlicher Klatsch, der vor allem Bege-
benheiten aus dem Salon der Prinzessin Mathilde, einer Cou-
sine Napoleons III., betraf. Die 13 Bände, die Edmond nach dem
Tod des Bruders noch geschrieben hatte, wurden erst Ende der
fünfziger Jahre des 20. Jahrhunderts publiziert, weil man damals
noch lebende Personen nicht beleidigen wollte. Ich mag diese
Bücher, nicht wegen der Indiskretionen, sondern weil sie eines
der aufschlußreichsten Dokumente sind, die das literarische
Leben Frankreichs im Zweiten Kaiserreich und in der Dritten
Republik reflektieren. Die Goncourts, engagiert für naturalisti-
sche Wirklichkeitstreue in der Literatur, hatten es sich zum Ziel
gesetzt, ›bei der Nachwelt das beseelte Erscheinungsbild unserer Zeitgenossen wieder aufleben zu lassen‹. Es gibt zauber-
hafte Bösartigkeiten; ich kenne sie nur nicht auswendig, doch
ich bringe einige mit heute abend, wenn du magst.«

Bois de Boulogne

Es war drei Uhr nachmittags, als sie wieder auf der Straße standen. Von der Station Saint-Paul fuhren sie mit der Linie 1 weiter nach Westen, bis zur Porte Maillot am Rande des Bois de
Boulogne, und nahmen von dort ein Taxi bis zum Château de

Longchamp. »Ich fange ganz früh an, Anton, und werde im Sauseschritt etliche Jahrhunderte Wald-Geschichte durchmessen. Also: Zur Zeit der Merowingerkönige wurden im Bois de Boulogne Bären, Wölfe, Hirsche und Wildschweine gejagt. Philippe IV. der Schöne ließ Anfang des 14. Jahrhunderts hier eine Kirche erbauen, die sich eine Gruppe von Holzfällern wünschte, nachdem sie beglückt von einer Pilgerfahrt nach Boulogne-sur-Mer zurückgekehrt war. Diese Kirche erhielt den Namen Notre-Dame-de-Boulogne-le-Petit. Sie ist längst verschwunden, aber der Name ›Boulogne‹ blieb.

1460 beauftragte Ludwig XI. den Architekten OLIVIER LE DAIM damit, den Wald nach den Verwüstungen des Hundertjährigen Krieges in Ordnung zu bringen und neu zu strukturieren. Le Daim ließ zwei Straßen anlegen: von Passy nach Boulogne und von Passy nach Neuilly. 1531 zog Franz I. in das für ihn erbaute Madrilenen-Schloß im Wald, das ›Château de Madrid‹. Sein Sohn Heinrich II. gab 1556 den Auftrag, den Wald mit einer achttorigen Mauer zu umgeben, der Ort war unsicher geworden. Die geraden Straßen ließ Ludwig XIV. anlegen. So entstanden Sternplätze, die man mit Wegkreuzen versah, was noch heute sichtbar ist. Es gibt sie noch, zum Beispiel das Croix Catelan.

Ludwig XV. machte später den Wald zu einem öffentlichen Park, der an Bedeutung gewann, als sich zu Beginn des 18. Jahrhunderts die Reichen und Noblen in seiner Nähe Herrensitze bauten. Es entstanden die Lustschlösser La Muette, Neuilly, Bagatelle, La Folie St-James, Ranelagh, die bis auf das Bagatelle-Schlößchen alle während der Revolution zerstört wurden. Richtig wiederentdeckt wurde der Bois de Boulogne erst während des Zweiten Kaiserreichs: 1852 übergab Napoleon III. den Wald der Stadt Paris – und Haussmann nahm sich der Gestaltung an.«

»Jetzt müßte eigentlich Ariane weitererzählen, Haussmann ist ihr ein rotes Tuch, sie kann ihn – begreiflicherweise – überhaupt nicht ausstehen. Was hat der eitle Baron denn im Bois angestellt?« – »Gar nichts, im Gegenteil: nur Gutes! Die Parkanlagen, die unter ihm entstanden, sind heute allesamt sehr beliebt. Im Bois de Boulogne ließ er für die Umgestaltung die Mauern schleifen; er ersehnte sich eine Anlage nach Londoner Vorbild – einen Pariser Hyde-Park. Und er hatte großes Geschick in der Auswahl seiner Mitarbeiter. Vor allem einer war geradezu genial: JEAN CHARLES ADOLPHE ALPHAND, 1817 geboren, 1891 gestorben. Er war also noch sehr jung, als er die Aufgabe übernahm. 1854 wurde er zum Leiter der Sektion Parks ernannt, und später übernahm er das Amt für öffentliche Bauarbeiten.

Der Bois ist also wieder ein gemeinsames Werk von Napoleon III., Haussmann und Alphand, wie in den sechziger Jahren des 19. Jahrhunderts auch der Bois de Vincennes sowie der Parc Monceau im Nordwesten und die Buttes-Chaumont im Nordosten der Stadt. Doch zunächst war der Bois de Boulogne daran, umgestaltet zu werden. 1852 also gehörte er der Stadt, die sich verpflichtete, das Gelände binnen vier Jahren zu verschönern: Zwei Millionen Francs wurden hierfür bewilligt. Schon 1854 war man mächtig am Baggern, Pflanzen, Niederreißen und Wiederaufbauen. Der Maréchal de Castellane, aufmerksamer Zeitgenosse und eifriger Tagebuchschreiber, notierte 1854 in seinem Heftchen, daß 1200 Arbeiter den Park umkrempelten, und zwar ›von Grund auf‹. Haussmann ließ Teiche anlegen und Wege. Vor allem Alphand war es zu verdanken, daß die Arbeiten so zügig und erfolgreich vorangingen. Was Haussmann nicht hinderte, sich später für all das selbst zu loben. Der Prahlhans schrieb in seiner Autobiographie: ›Dieses Unternehmen konnte ich dank der fleißigen, klugen, hingebungsvollen Mitarbeit meines tüchtigen Gehilfen in nur fünf Jahren vollenden.‹«

Charlotte und Anton hatten auf einer Bank Platz genommen, den Blick auf das Longchamp-Schloß gerichtet. »Zur zweiten Phase des 1855 verabschiedeten Großprojekts gehörte die Rennbahn im Süden von Longchamp, ein Trockengraben um den ganzen Park. Darüber hinaus sollten neue Gehege angelegt, neue Gebäude errichtet werden. Der Park hatte 17 Eingänge bekommen, und alle seine ursprünglich geraden Wege wurden mit Windungen versehen, sie sollten mäandern. Manche wurden gepflastert – für die Kutschen, andere mit Sand bedeckt – für die Reiter. Man hob Kanäle aus und legte riesige

Wiesen an. Bäume wurden gesetzt und Grotten konstruiert. Ein schöner, ein pittoresker Park entstand. Ein Ort der Erholung und ein Ort der Repräsentation. Es wurde Mode, hier zu promenieren. Und es wurde schick, am Bois zu wohnen. Die Grundstückspreise im Umkreis des Parks verfünfzehnfachten sich innerhalb von fünf Jahren. Dich wird nicht erstaunen, daß Haussmann in seiner unübertrefflichen Manier den Haupteingang mit Hilfe der Avenue de L'Impératrice, der heutigen Avenue Foch, mit dem Arc de Triomphe verband, also wieder eine Achse schuf. Aber erstaunen muß dich die Arbeit des Kaisers: Er kümmerte sich sehr um diesen Park und legte einige der Fußwege persönlich an – die im übrigen insgesamt über 25 Kilometer lang sind. Haussmann bezeichnete den Bois de Boulogne und sein Gegenstück, den Bois de Vincennes – der eine im extremen Westen der Stadt, der andere im Osten –, als die grünen Lungen der Metropole, sie seien nicht primär der Schönheit wegen geschaffen worden, sondern sollten, so schrieb er, ›der Gesundheit dienen‹. Haussmann, du weißt es sicher, war ein Sauberkeitsfanatiker. Doch die geselligen Reize waren größer als die hygienischen Vorzüge: der Bois als Tummelplatz der Reichen und der Mondänen.

Damit du dir vorstellen kannst, was hier los war, und damit du merkst, daß ich mich vorbereitet habe, zitiere ich dir eine Passage aus ZOLAS Roman *Nana*: ›Inzwischen bevölkerte sich der Rasen immer mehr. Unablässig kamen Wagen in dichter, endloser Reihe durch das Kaskadentor herein. Da waren große Omnibusse, darunter die 'Pauline' vom Boulevard des Italiens, beladen mit ihren fünfzig Fahrgästen, und fuhren rechts von den Tribünen auf; dann kamen Dogcarts und Viktorias, hochelegante Landauer mischten sich zwischen von alten Schindern hin und her gerüttelte jämmerliche Droschken; dann wieder Vierspänner und Mailcoaches, deren Herrenfahrer auf Bänken hoch in der Luft saßen, während im Innern die Dienerschaft die Champagnerkörbe hütete; ferner Spinnen, deren riesige Räder von Stahl funkelten: leichte Tandems, fein wie Uhrmacherarbeit, fuhren mit klingendem Schellengeläut dahin.‹«

»Und wir zu Fuß! Und in Eile! So ein Gefährt könnten wir jetzt auch gut brauchen.« – »Die kleinen Seen, die schönen Wege, Anton, die Blumenpracht im PARC DE BAGATELLE und in der ORANGERIE – all das wirst du beim nächsten Mal bewundern, der Park ist einfach zu groß für einen einzigen Besuch. Vielleicht schaust du dann auch ins VOLKSKUNDEMUSEUM. Oder du besuchst einen der beiden PFERDERENNPLÄTZE von Auteuil und Longchamp, wo sich anläßlich eines Grand Prix die elegante Pariser Gesellschaft trifft. Apropos Sport: Im Süden des Parks liegt auch das STADION ROLAND-GARROS. Du weißt, Bum-Bum-Boris-Stich-Steffi.

Zu dem LONGCHAMP-SCHLÖSSCHEN gibt es übrigens wenig zu erzählen. Es gehörte Baron Haussmann, der es von Napoleon III. geschenkt bekam. Bis zum 18. Jahrhundert standen an

Der Pavillon von Bagatelle.
Die Lithographie von Lemaitre dokumentiert den Zustand der Eingangsfassade in den dreißiger Jahren des 19. Jahrhunderts

dieser Stelle die Gebäude eines Klosters, gegründet von der Schwester Ludwigs des Heiligen. Aber jetzt müssen wir gehen.«

Anton wollte nicht, er überredete Charlotte, ihm noch die GRANDE CASCADE am CARREFOUR DE LONGCHAMP zu zeigen, für die man Felsen aus dem Wald von Fontainebleau herbeigeschafft hat. Und zum Lac Inférieur kamen sie auch noch – und zwar mit einem Taxi. Anton war beeindruckt von der Größe des Sees und von der Schönheit dieser Anlage. Mit einem Motorboot kann man sich zur Insel übersetzen lassen, was Anton zu gern gemacht hätte. Auf der Insel steht das ›Chalet des Îles‹, einst Refugium für Napoleon III. und Kaiserin Eugénie, das heute ein Restaurant beherbergt.

Abendliche Gespräche über die Brüder Goncourt und Heinrich Heine

Der Mann mit den Salaten, dem Hummer und der Schokoladenmousse wartete schon vor dem großen Kirschgarten-Tor. Anton entschuldigte sich für die Verspätung, führte ihn in die Wohnung und zeigte ihm, wo alles abzustellen sei. Charlotte war nach Hause gefahren, sie wollte sich für den Abend umziehen.

Sie kam um kurz vor acht. Pünktlich läuteten auch Ariane und Armand. Charlotte überreichte Anton einen Brief – »Erst aufmachen, wenn du im Zug sitzt!« Ariane und Armand drückten dem Gastgeber ein Paket in die Hand, so groß wie ein Schuhkarton: »Das Pariser Überlebensset – fürs nächste Mal«, erklärte Ariane. »Im übrigen möchte ich noch ein Geständnis ablegen. Am sechsten Tag habe ich Sie gehaßt, Anton. Sie wissen noch, was Sie für ein Rätsel stellten?« Natürlich erinnerte sich Anton an nichts. Es war das Totenrätsel mit der Auflösung im Musée du Moyen Âge, das Ariane aufgeregt hatte: »Ich fühlte mich wie ein Clown, irgendwie mißbraucht. Ein deutscher Arzt mit einer Bildung, die jeden verblüffen muß, stellt Fragen – und ich hatte zu kuschen. Ich habe den Dienst nur aus einem Grund nicht quittiert. Nein, nicht wegen des Geldes, sondern weil ich ahnte, daß ich viel von Ihnen lernen würde. Und tatsächlich, am selben Tag entdeckten Sie mir Gérard de Nerval.«

Anton packte das Geschenk aus: Ein Restaurant-Führer, den er noch nicht besaß. Ein kleines Bändchen: *Paris – la nuit*. Eine Schachtel Aspirin. Eine Tube Zahnputzcreme mit Champagner-geschmack. Dreißig grüne Métrofahrkarten. Eine Postkarte mit einem Haussmann-Porträt. Ein Gutschein von Armand: Eintritt und Führung durch das neue Guimet. Ein Gutschein von Ariane: Ein Paar Comme-des-Garçons-Socken der Winterkollektion, einzulösen nur in Paris, nur mit ihr.

Sie feierten fröhlich. Erst lieferte Charlotte einigen Goncourt-schen Gesellschaftstratsch, dann sprachen sie ausführlich über jemanden, den sie völlig vergessen hatten: Heinrich Heine.

»In den Goncourt-Tagebüchern finden sich wunderbare Ge-schichten von und über Flaubert, der bei Tisch erzählt haben soll, daß er ein ganz simples Mittel gefunden habe, ohne die Frauen auszukommen: ›Ich schlafe auf der Herzseite, und in der Nacht … es ist unfehlbar.‹ Die Goncourts waren böse Lästerer, vulgär und obszön, vor allem die Frauen kriegten es ab: Die Schauspielerin Suzanne Lagier beschreiben sie zunächst als monströs und fügen dann hinzu: ›Sie sieht aus, als wolle sie unter ihrem Kleid drei Kürbisse durch den Zoll schmuggeln: ihre beiden Titten und ihren Bauch.‹ Die Fürstin Metternich hat bei ihnen ›eine Trompetennase, Lippen wie ein Nachttopfrand‹. Mademoiselle Haussmann, die Tochter von Arianes Freund, ist ›ein ziemlich hübsches, starkes Mädchen mit Rindsaugen …‹« – »Haben die beiden auch was über den Papa geschrieben?« fragte Ariane. »Nicht viel: Er habe das Aussehen ›eines Studieninspek-tors aus Versailles‹ – kein Lob, oder?«

Anton machte dieses Literaturgespräch, der Blick auf die Menschen hinter den Genies, besonderes Vergnügen. Wegen der Dichter hatte er sich ja in Paris verliebt. Vor der Reise kannte er allein ihre Werke – jetzt war er ihr Vertrauter, wußte sogar Bettgeschichten zu erzählen. Eines wollte er von Charlotte noch wissen: »Warum haben die Goncourts denn so über die Frauen gelästert? Waren sie schwul?« – »Nein, bloß frauenfeindlich. Sie besuchten zwar Bordelle, aber, wenn die Selbstaussage stimmt, nur einer von ihnen und der nur an drei Tagen während seines ganzen Lebens. Einmal allerdings teilten sie sich eine Geliebte, die junge Hebamme Maria. Am 23. Juni 1858 finden wir im *Journal* die Eintragung: ›Dîner mit Maria; sie macht es wie das Publikum: sie akzeptiert unsere Kollaboration.‹ Sechs Jahre später eine ähnliche Eintragung: ›Eine Geliebte zu zweit, die in unserem Bett mehr Platz einnimmt als in unserem Leben.‹« – »Arme Wichte«, befand Armand und wollte wissen, ob sie

Der Spötter radiert den Spötter:
Edmond Huot de Goncourt, gesehen von seinem Bruder Jules,
an einem Abend des Jahres 1860

etwas zu HEINRICH HEINE äußern, der ihn nun doch mehr interessierte als die ausgeflippten Brüder. »Wenig, aber dank ihrer Aufzeichnung kennen wir Heines Worte auf dem Totenbett. Als er seine Frau beten hörte, der Herr möge ihm verzeihen, tröstete er sie: ›Hab' nur keine Angst, meine Liebe, er wird mir verzeihen, es ist ja sein Metier.‹« Alle lachten, und Anton schaffte den Übergang von den Lästerern Goncourt zum boshaften Spötter Heine.

Armand wußte, daß Heine eine Zeitlang in der Rue du Faubourg-Montmartre wohnte, im Haus Nummer 3, gleich neben Chopin, der in Nummer 4 zu Hause war. Ariane kannte ein Heine-Kompliment auswendig, eine Schmeichelei der Französinnen: »Ich kenne nichts Treffenderes als die Legende, daß die Pariserinnen mit allen möglichen Fehlern zur Welt kommen, daß aber eine holde Fee sich ihrer erbarmt und jedem ihrer Fehler einen Zauber verleiht, wodurch er sogar als ein neuer Liebreiz wirkt. Diese holde Fee ist die Grazie.‹« Charlotte war begeistert und steuerte ihrerseits ein Heine-Aperçu bei: »Wenn der liebe Gott sich im Himmel langweilt, dann öffnet er das Fenster und betrachtet die Boulevards von Paris.‹« – »Und zu Haussmann sagt er nichts, der Herr Heine?« fragte Ariane. Anton erinnerte sich an keinen Haussmann in Heines Werk, dafür an viele Paris-Bemerkungen. Seine drei französischen Freunde wurden neugierig, und so erzählte er ihnen etwas von Heines Zauber und von seiner Größe. Er schätzte diesen Dichter wie wenige andere, nicht zuletzt, weil es Heine geschafft habe, daß niemand sich auf ihn berufen kann: nicht der Jude, nicht der Antisemit, nicht der Revolutionär, nicht der Reaktionär, nicht einmal der Träumer.

Anton berichtete, daß Heine die Nachricht von der Juli-Revolution bewegt habe wie keine andere, daß er daraufhin am 1. Mai 1831 die französische Grenze überschritt und damit der zweite Lebensabschnitt des 1797 geborenen Düsseldorfers begonnen habe. »Das freiwillige Exil wurde für Heine recht bald ein richtiges, denn die deutsche Polizei erklärte ihn zum Mitglied der literarischen Gruppe ›Junges Deutschland‹, zu der er nie gehört, die er im Gegenteil verspottet hatte. Seine Schriften wurden verboten, und Heine fühlte sich innerlich noch fester an das freie Frankreich geschmiedet, was immer wieder in seinen Bemerkungen zum Ausdruck kommt.« Anton holte aus seinen nach Paris mitgebrachten Notizen die Heine-Zitate, die er vor langer Zeit schon exzerpiert hatte. »Paris nannte Heine ›die Stadt der Freiheit, der Begeisterung und des Märtyrertums, die Heilandstadt, die für die weltliche Erlösung der Menschheit schon gelitten hat‹. Und Ähnliches schrieb er auch über Frankreich: ›Wie ich die Freiheit liebe, liebe ich Frankreich, den heiligen Herd der Freiheit, und liebe ich dessen Flammenwächter, die Franzosen. Selbst die Klötze unter den letzteren sind mir lieb, im Notfall dienen sie doch als Barrikaden gegen den eindringenden Despotismus.‹

1834 lernte Heine, der von der Pension seines reichen Onkels Salomon lebte, Crescentia Eugenie Mirat kennen, keine Intellektuelle, eher ein Kind aus dem Volk. 1841 ließ er sich mit ihr kirchlich trauen – und nannte sie fortan Mathilde, der deutsche Name soll sie erheitert haben. Heine arbeitete als Korrespondent der *Augsburger Allgemeinen Zeitung*. Er bekam für seine kulturelle Vermittlungsarbeit sogar eine Pension aus dem Geheimfonds der französischen Regierung. Manche glauben, daß er deshalb die Franzosen lobte und die französischen Interessen vertrat. Ich halte das für einen Unsinn. Einen Mann wie Heine kann man nicht korrumpieren. Was auch die Geschichte mit Giacomo Meyerbeer belegt. Heine war mit dem Komponisten befreundet, zumindest sah dieser es so. Er ließ Heine eine Zeitlang eine Rente zukommen, um von dem berühmten Dichter gelobt zu werden. Der lobte nicht, sondern trieb mit dem eitlen Musiker Schabernack.

Heines Ruhm wuchs in Deutschland und Frankreich gleichermaßen. Gérard de Nerval, der den Franzosen schon Goethes *Faust* übersetzt hatte, übertrug auch Heines Werke, faszinierend gut übrigens. Der französische Leser lernte Heines Musikalität schätzen, seine Ironie, seine mystische Sinnlichkeit und seinen Assoziationsreichtum. Zwei französische Ausgaben erschienen zu des Dichters Lebzeiten: 1834/35 eine sechsbändige, 1852 eine noch umfangreichere. Heine starb am 17. Februar 1856; und er liegt – wie ihr wißt – auf dem Friedhof von Montmartre begraben. Irgendwo habe ich gelesen, daß in den fünfziger und sechziger Jahren des 20. Jahrhunderts auf seinem Grab eine leere Vase stand, in die deutsche Besucher ihre Visitenkarten mit Zeilen der Hochachtung und Bewunderung warfen. Von den Franzosen schätzte Baudelaire den Deutschen am meisten. Aber auch Verlaine sah sich als ein Heine-Jünger, man muß nur Verlaines Beschreibung eines kunstfeindlichen Philisters in *Monsieur Prudhomme* lesen, um zu begreifen, was er dem Deutschen verdankt. – Laßt uns anstoßen auf Heine, auf uns, auf Frankreich, mit einem Heine-Toast: ›Paris ist das neue Jerusalem, und der Rhein ist der Jordan, der das geweihte Land der Freiheit trennt von dem Lande der Philister.‹« – Charlotte lächelte sphinxisch. Offensichtlich bedeuteten ihr diese Zeilen anderes, Tieferes als den anderen.

36 *Das Tor zum ›Castel Béranger‹, einem der berühmtesten Pariser Art-nouveau-Häuser, 1894-98 von Hector Guimard erbaut*
37 *Blick in die große Galerie des Naturkundemuseums mit dem Zug der Savannentiere*
38 *Ein Projekt der Ära Mitterrand: die neue Bibliothèque de France. Selbst die Gänge darin sind monumental*
39 *Der Eiffelturm, feuerwerksverzaubert zur Weltausstellung von 1937*

Am letzten Tag wollte Anton nichts Großes mehr unternehmen. Er hatte auch keine Lust mehr auf Besichtigungen, wollte lieber noch einmal Flaneur sein, ein Typ – so hatte er bei Walter Benjamin gelernt –, den Paris geschaffen hat. »Denn Paris haben nicht die Fremden, sondern sie selber, die Pariser, zum gelobten Land des Flaneurs gemacht. Oder genauer: ihm tritt die Stadt in ihre dialektischen Pole auseinander. Sie eröffnet sich ihm als Landschaft, sie umschließt ihn als Stube.«

Sie spazierten zu den Plätzen, die Anton so begeistert hatten: erst zur Place des Vosges, dann zur Place des Victoires, schließlich zum Palais-Royal. Gingen nochmals in den Louvre, nochmals zu La Tour, wie Anton sich das gewünscht hatte. Verweilten im Saal 28 stumm vor dem Lichtstück, dem *Falschspieler*. Noch einmal wollte er den ägyptischen Schreiber sehen: »Damit fing alles an, Charlotte. Er war der Schlüssel zu meinem Paris.«

Sie flanierten durch die Tuilerien, schauten noch einmal Soutines *Chorknaben* in der Orangerie an. Promenierten durch die kleinen Gärten der Champs-Élysées, nahmen dieselben Sandwege, die der junge Marcel Proust gegangen war, um Marie de Benardaki zu besuchen, die später in *À la Recherche du temps perdu* die Gilberte werden wird. Vielleicht war Proust damals auch so hoffnungsvoll, so aufgeregt wie ich heute, sprach Anton zu sich selbst und drückte Charlottes Hand fester.

Dann überquerten sie den prächtigen Pont Alexandre-III und spazierten an der Seine zum Eiffelturm, von wo aus sie noch einmal auf Paris schauen wollten, auf die Stadt, die nun auch die seine geworden war.

Im ›Jules Verne‹ hatte Anton einen Tisch am Fenster bestellt und, da er an diesem Tag nichts dem Zufall überlassen wollte, auch schon das Menü: La vie en rose. Ein Hummersalat zuerst, eine Tomatensuppe, ein Lachsfilet und ein Nachtisch

aus Himbeeren, Walderdbeeren und einem Schaum aus weißer
Schokolade. Dazu nichts anderes als Champagne rosé. Charlotte sprach davon, was Anton das nächste Mal sehen müßte, er
wiederum nur davon, was er schon alles entdeckt hatte. Kurz:
Sie redeten aneinander vorbei. Anton fürchtete das Gespräch
über das Wiedersehen – wann, wo, wie. Irgendwann fanden sie
zu anderen Themen, die sie ein wenig von der sentimentalen
Stimmung dieses letzten Tages ablenkten: Sie sprachen davon,
wieviele Aperçus und sonstige kluge, begeisterte, verärgerte,
enttäuschte, verliebte Aussagen es doch über Paris gab. Etliche
davon hatten sie in den letzten Wochen aus dem Gedächtnis
oder aus ihren Aufzeichnungen zitiert, und wieviel mehr gab es
noch. Wieviel Lebensglück und -schmerz war mit diesen Worten verbunden! War Paris wirklich so, wie BAUDELAIRE es beschrieb: »Spital, Bordell, Fegefeuer, Hölle, Zuchthaus«? Nein,
antworteten sie beide. Paris war so, wie BALZAC es beschrieb,
schon deshalb, weil sich in seinen Aufzeichnungen vom 10. März

Paris ist eine Zauberstadt für Dichter und Maler:
Honoré de Balzac, skizziert von Pablo Picasso

1831 sowohl Charlotte als auch Anton finden konnten. »Paris ist
der Gegenstand der Sehnsucht für jene, die es nie gesehen haben;
ein Glück oder Unglück (je nach Vermögen) für jene, die dort
wohnen, aber immer Gegenstand des Bedauerns für diejenigen,
die gezwungen sind, es zu verlassen.« – »Nur nicht melancholisch
werden. Ein Toast muß her, Charlotte. Ein HEINE-Toast: ›Laßt
uns die Franzosen preisen! Sie sorgten für die zwei größten Be-
dürfnisse der menschlichen Gesellschaft, für gutes Essen und
bürgerliche Gleichheit.‹ Und: ›Paris, die schöne Zauberstadt, die
dem Jüngling so holdselig lächelt, den Mann so gewaltig begeistert, und den Greis so sanft tröstet.‹« Charlotte bedankte sich
mit einem JULIEN-GREEN-Zitat: »›Von Paris sollte man im Plural
sprechen, wie die Griechen es mit Athen tun.‹«

Für die Heimfahrt hatte sie eine Idee. Sie gingen zum Trocadéro, stiegen in die Métrolinie 6 in Richtung Nation. »Heute
fährst du zum ersten Mal mit der Untergrundbahn über Grund«,
freute sie sich, denn das hatte bisher gefehlt im Programm. Diese
Fahrt, immer knapp vorbei an den Häuserwänden und Fenstern
und unter dem Pont de Bir-Hakeim durch, einer 237 Meter hohen Konstruktion aus dem Anfang des 20. Jahrhunderts, machte
Anton viel Spaß. Er schaute im Vorüberfahren fremden Menschen auf den Tisch oder in den Schuhschrank, einmal sogar in
ein Schlafzimmer. Er dachte an die Goncourts. Erlaubter Voy-
eurismus, der ihn erheiterte. Und ihm nochmals deutlich
machte, daß in dieser Riesenstadt die Reichen und die Armen
und die dazwischen sehr nah beieinander wohnen; daß es hier
nur wenige Ghettos gibt, wenngleich die Juden im Marais, die
Japaner im 1. Arrondissement, die Thailänder und Chinesen im
13. und die Russen im 8. und 19. ihre eigenen Viertel haben. Sie
kamen auf der Strecke bis Montparnasse, wo die Métro kurz
vorher wieder im Untergrund verschwindet, durch eine Gegend,
in der Franzosen der Mittelklasse leben, wo es viele chinesische
und indische Restaurants gibt, wo man sich manchmal fühlte
wie in New York. Paris: die Hauptstadt der Welt.

Anton war sich durchaus darüber im klaren, daß er auch
nach drei Wochen nur einen Bruchteil von Paris kannte. Unter

den 65 Museen und Monumenten zum Beispiel, die es hier zu besichtigen gibt, waren noch einige, die ihn interessierten. »Das Musée de l'Avocat würde ich gerne besuchen, weil ich mir gar nicht viel darunter vorstellen kann – gibt's da lauter Akten zu sehen? Schriftsätze? Roben? Oder Urteile?« Wichtiger war ihm noch das Musée Émile-Antoine Bourdelle im 15. Arrondissement. Er kannte zu wenig von diesem Bildhauer, der doch als einer der wichtigsten in der Nachfolge Rodins gilt. Auch ins Museum der Geschichte Frankreichs mußte er das nächste Mal, schon um den Brief der Jeanne d'Arc zu lesen, den sie am 6. August 1429 an die Einwohner von Reims richtete, weil er endlich wissen wollte, was drinnen steht.

»Gare de l'Est, s'il vous plaît!« Es war soweit. Während der Fahrt mit dem Taxi schauten sie beide nicht nach draußen, sondern blätterten in einem kleinen Buch, das Anton Charlotte zum Abschied geschenkt hatte: die Erstausgabe von Beaumarchais' *Hochzeit des Figaro*, ein Exemplar wie jenes, das er in der Bibliothèque Sainte-Geneviève bewundert hatte. Diesen Fund machte er bei einem Antiquar im Palais-Royal.

   Der Zug stand schon da. Noch eine halbe Stunde Zeit. Anton schleppte die Koffer in sein Abteil. Dann warteten sie nebeneinander. Anton räusperte sich: »Irgendwann muß es ja sein, also jetzt. Charlotte, ich möchte dich wiedersehen. Bald, hier oder woanders.« – »Woanders. Mach doch bitte den Brief auf, jetzt schon.« Anton zog ihn aus der Tasche und las: »Lieber Anton, ich denke, wir sollten uns wiedersehen. Nicht in Paris, nicht in München. Wir sollten Schiff fahren, Du hast mir doch erzählt, daß Du das so gerne magst. Den Rhein hinab, von Basel bis zur Mündung. Ich erkläre die französische Seite, auf der es durchaus Philister gibt – Heine ist da zu parteiisch. Und Du die deutsche, in der, wir wissen es beide, der Freiheit mehr als eine Gasse gebahnt wurde in den letzten fünfzig Jahren.«

   Anton war einverstanden. Zuvor aber wollte er zurückkommen nach Paris, und zuvor sollte sie ihn besuchen in München. »Paris«, so rief er, Tränen in den Augen und auf den Wangen,

»Sur le Pont Alexandre-III« –
Lichter der Großstadt, die Seine und die Gewißheit:
eine Stadt, von der man im Plural reden müßte

»ist wunderschön. Wegen der Architektur, der Museen, der Boulevards, der Bistrots, der Parks. Aber vor allem, weil du hier lebst! Weil du hier bist!«

Er konnte lange nicht einschlafen im Zug. Er überlegte, eine Wohnung in Paris zu kaufen. Er dachte die verrücktesten Sachen. Er hörte erst Jacques Brels *Ne me quitte pas*, dann Édith Piafs *Je ne regrette rien*. Und schlief ein, nachdem er laut Heine rezitiert hatte:

> Sei mir gegrüßt, du große,
> Geheimnisvolle Stadt,
> Die einst in ihrem Schoße
> Mein Liebchen umschlossen hat.
> Sagt an, ihr Türme und Tore,
> Wo ist die Liebste mein?

ANHANG

PARISER ERKUNDUNGEN —
NACH STADTVIERTELN GEORDNET

TAUSEND JAHRE
FRANZÖSISCHE KÖNIGE UND KAISER:
EINE KURZÜBERSICHT

(Kg.=König, Ks.=Kaiser)

Karolinger
Pippin III. (714-768), Kg. 751
Karl I. der Große (742-814), Kg. 768
Ludwig I. der Fromme (778-840), Kg. 814
Karl II. der Kahle (823–877), Kg. 840, Ks. 875
Ludwig II. der Stammler (846–879), Kg. 877
Ludwig III. (863–882), Kg. 879
Karlmann (866–884), Kg. 879
Karl (III.) der Dicke (839–888), Kg. 885

Kapetinger
Odo von Paris (um 860–898), Kg. 888

Karolinger
Karl III. der Einfältige (879–929), Kg. 898

Kapetinger
Robert I. (um 865–923), Kg. 922

Burgunder
Rudolf (?–936), Kg. 923

Karolinger
Ludwig IV. (921–954), Kg. 936
Lothar (941–986), Kg. 954
Ludwig V. (967–987), Kg. 979

Kapetinger
Hugo Capet (um 940–996), Kg. 987
Robert II. (um 970–1031), Kg. 996
Heinrich I. (1008–1060), Kg. 1031
Philipp I. (1053–1108), Kg. 1060
Ludwig VI. der Dicke (1081–1137), Kg. 1108
Ludwig VII. (1120–1180), Kg. 1137
Philipp II. August (1165–1223), Kg. 1180
Ludwig VIII. (1187–1226), Kg. 1223
Ludwig IX. der Heilige (1215–1270), Kg. 1226
Ludwig III. der Kühne (1245–1285), Kg. 1270
Philipp IV. der Schöne (1268–1314), Kg. 1285
Ludwig X. (1289–1316), Kg. 1314
Philipp V. (1291–1322), Kg. 1317
Karl IV. der Schöne (1295–1328), Kg. 1322

Valois
Philipp VI. (1293–1350), Kg. 1328
Johann der Gute (1319–1364), Kg. 1350
Karl V. die Weise (1338–1380), Kg. 1364
Karl VI. der Wahnsinnige (1368–1422), Kg. 1380
Karl VII. der Siegreiche (1403–1461), Kg. 1422
Ludwig XI. (1423–1483), Kg. 1461
Karl VIII. (1470–1498), Kg. 1483
Ludwig XII. (1462–1515), Kg. 1498
Franz I. (1494–1547), Kg. 1515
Heinrich II. (1519–1559), Kg. 1547
Franz II. (1544–1560), Kg. 1559
Karl IX. (1550–1574), Kg. 1560
Heinrich III. (1551–1589), Kg. 1574

Bourbonen
Heinrich IV. (1553–1610), Kg. 1589
Ludwig XIII. (1601–1643), Kg. 1610
Ludwig XIV. (1638–1715), Kg. 1643
Ludwig XV. (1710–1774), Kg. 1715
Ludwig XVI. (1754–1793), Kg. 1774

Herrschaft des Konvents 1792–1795
Herrschaft des Direktoriums 1795–1799
Herrschaft der Konsuln 1799–1804

Napoleon I. (Bonaparte) (1769–1822), Ks. 1804

Bourbonen
Ludwig XVIII. (1755–1824), Kg. 1814
Karl X. (1757–1836), Kg. 1824
Ludwig Philipp, der Bürgerkönig, (1773–1850), Kg. 1830

II. Republik 1848–1852

Napoleon III. (1808–1873), Ks. 1852

KÜNSTLERVITEN:
VON APOLLINAIRE BIS ZOLA

APOLLINAIRE, Guillaume (1880-1918), Dichter und Kunstkritiker. Freund von Picasso und Braque, Vorkämpfer des Kubismus, Futurismus und des Surrealismus, dem er mit dem Untertitel seines Dramas ›Les mamelles de Tirésias – drame surréaliste‹, den Namen gab.

ARAGON, Louis (1897-1982), Journalist und Schriftsteller, Dadaist, Surrealist und Kommunist. Kämpfte im Spanischen Bürgerkrieg und engagierte sich in der Résistance gegen den Faschismus. Er verfaßte politische Lyrik und revolutionäre Romane.

AUFRÈRE, Gaston-Henri (geb. 1914), Journalist, Übersetzer, Schriftsteller. Mitbegründer der Zeitschrift *Marches de France* (1946-54) und Mitarbeiter bei zahlreichen Zeitschriften.

BALZAC, Honoré de (1799-1850), Schriftsteller. Sein Hauptwerk: die *Comédie humaine*, ein 91bändiger Romanzyklus. Balzac ist der Begründer des soziologischen Realismus im modernen Roman. Er gilt als wichtiger Chronist der französischen Gesellschaft.

BAUDELAIRE, Charles (1821-1867), Dichter, Kunstkritiker, Essayist. Sein 1857 publizierter Gedichtband *Les fleurs du mal* führte zu einem Prozeß wegen Verletzung der öffentlichen Moral. Er gilt als einflußreicher Wegbereiter der französischen Neuromantik.

BERNHARDT, Sarah (1844-1923), Schauspielerin und Intendantin. Vielleicht die größte Tragödin ihrer Zeit. Seit 1880 gastierte sie in Amerika und europäischen Ländern. Ein Star erst, ein ›monstre sacré‹ später – ein heiliges Monster.

BOVE, Emmanuel (1898-1945), Schriftsteller. Verfaßte zunächst anonym Groschenromane. Später wurde er von der Colette gefördert, die seine Geschichten von Einzelgängern, Heimatlosen und Scheiternden sehr schätzte.

CALVINO, Italo (1923-1985), italienischer Schriftsteller. Er schrieb zunächst politisch engagierte neorealistische, später eher märchenhafte Romane und Erzählungen.

COCTEAU, Jean (1889-1963), Schriftsteller, Maler, Filmregisseur, Choreograph. Kostümbildner. Und Dandy. Werke neben anderen: der Roman *Les enfants terribles*, 1929, und das Drama *L'Orphée*, 1926.

COLETTE, Sidonie-Gabrielle (1873-1954), Schriftstellerin, Kabarettistin, Chansonette, Tänzerin, Theaterkritikerin. Ihre Romane, darunter *Chérie* (1920) und *Gigi* (1945), handeln von der Liebe.

COURTELINE, Georges (1860-1929), erst Romancier (erfolglos), dann Bühnenautor (erfolgreich). Sein Thema: einfache Menschen in verzwickter Lage. Klar, das ist komisch.

DAUDET, Alphonse (1841-1897), Schriftsteller. In seinen vom Naturalismus beeinflußten Romanen erzählt er vor allem vom Leben und Leiden in der Provence.

DEBUREAU, Jean-Baptiste, eigentlich Jean-Gaspard (1796-1846), Schauspieler und wohl der berühmteste Pierrot. Ihm widmete man Stücke und Filme.

DIDEROT, Denis (1713-1784), Schriftsteller, Philosoph, Enzyklopädist, Literatur- und Kunsttheoretiker.

GENET, Jean (1910-1986), Schriftsteller und Filmemacher, dessen Romane, Gedichte und Dramen mit den Außenseitern, den Ausgegrenzten der Gesellschaft konfrontieren. Seine poetische Sprache steht im Kontrast zu seinen Sujets.

GONCOURT, Edmond Huot de (1822-1896) und Jules Alfred Huot de (1830-1870). Brüder. Lebten, liebten, arbeiteten gemeinsam. Historiker, Kunst- und Kulturkritiker, Romanciers und sehr fleißige Tagebuchschreiber. Ihre Aufzeichnungen sind ein wichtiges Zeugnis der Kunst, Gesellschaft und Sitten des 19. Jahrhunderts in Frankreich.

HEINE, Heinrich (1797-1856), Dichter. Erste Erfolge als Schriftsteller mit dem Werk *Reisebilder* (1826), dem bis 1831 weitere Bände folgten. Berühmt wurde Heine mit seiner Lyrik (*Buch der Lieder*, 1827). 1831 Übersiedlung nach Paris. *Deutschland. Ein Wintermärchen* von 1844 machte ihn auch in breiten Kreisen bekannt: ein Werk, das die politischen und gesellschaftlichen Verhältnisse in Deutschland geißelt.

HUGO, Victor (1802-1885), Schriftsteller, Zeichner und Illustrator. Romantiker. Er schrieb Lyrik, Dramen (*Hernani*, 1830) und Romane (*Notre Dame de Paris*, 1831; *Les Misérables*, 1862). Seit 1841 Mitglied der Académie Française, 1851 von Napoleon III. des Landes verwiesen, 1870 Rückkehr nach Paris.

JACOB, Max (1876-1944), Schriftsteller. War mit Picasso und Apollinaire befreundet. Sein Werk umfaßt Gedichte, Verserzählungen, Essays, Komödien, philosophisch-religiöse Texte. 1915 konvertierte er vom Judentum zum Katholizismus, 1921 zog er sich in ein Kloster zurück. Jacob kam 1944 im Konzentrationslager Drancy ums Leben.

JAMES, Henry (1843-1916), amerikanischer Schriftsteller, Kritiker und Essayist. In seiner Wahlheimat London verfaßte er zahlreiche gesellschaftskritische Romane – *Washington Square*, 1881, *The Portrait of a Lady*, 1881, *The Europeans*, 1878. Liebte einen symbolreichen Stil mit Anspielungen.

JOYCE, James (1882-1941), irischer Schriftsteller. Lebte von 1902 an in Paris, Triest und Zürich. Seine Hauptwerke sind das Tagbuch *Ulysses* (1922) und das Nachtbuch *Finnegans Wake* (1939). Außerdem sind von Wichtigkeit: das Schauspiel

Verbannte sowie die Autobiographie *Giacomo Joyce* (1914).

LABICHE, Eugène (1815-1888), Schriftsteller. In seinen – meist in einem Autorenkollektiv entstandenen – rund 170 Lustspielen machte er sich, witzig und kritisch zugleich, über die französischen (Klein-)Bürger und ihre Konventionen lustig.

MOLIÈRE, Jean-Baptiste (1622-1673), Dramatiker, Schauspieler, Regisseur, Theaterleiter. 1643 gründete er mit anderen Schauspielern die Truppe des Illustre Théâtre. Von 1661 an spielte er im Palais-Royal. Seine Meisterwerke: *Tartuffe*, *Der Menschenfeind*, *Der Geizige* und *Der eingebildete Kranke*.

NERVAL, Gérard de (1808-1855), Dichter. Nervals Werk wurde wegweisend für Proust und die Surrealisten, er verband Realismus und Traum zu seinem schwebenden Stil. Übersetzte Goethe (*Faust I* und II, 1828 und 1840), Klopstock, Bürger, Schiller.

NOVARINA, Valère (geb. 1945), Schweizer Schriftsteller, Regisseur, Maler. Erste Veröffentlichung *La drame de la vie* 1984, das er 1986 in Avignon aufführte. Erste Ausstellung 1980 in Montpellier. Ein Sprach-Erfinder.

OFFENBACH, Jacques (1819-1880), Komponist, Dirigent, Theaterleiter. Gründete 1855 sein eigenes Theater, die Buffes Parisiens. Er schrieb zahlreiche Operetten, darunter *Pariser Leben*, sowie die Oper *Hoffmanns Erzählungen*.

PIAF, Édith (1915-1963), Chansonette und Muse. Für sie schrieben die bedeutendsten Dichter und Komponisten. Sie verfaßte zwei autobiographische Werke: *Au bal de la chance*, 1954, *Ma vie*, 1964. Und sie ist noch heute Kult.

PRÉVERT, Jacques (1900-1977), Schriftsteller und der populärste zeitgenössische Lyriker. Schrieb Liedertexte, Sketche, Drehbücher (für Renoir und Carné, auch zu dem Film *Kinder des Olymp*). Er war ein Spötter, der – dennoch sehr liebevoll – die kleinen Leute karikierte.

PROUST, Marcel (1871-1922), Schriftsteller. Sein Hauptwerk: der Roman *À la recherche du temps perdu (Auf der Suche nach der verlorenen Zeit)*, erschienen von 1913 bis 1927 in sieben Teilen. Dieser Zyklus – etwa gleichzeitig mit James Joyce *Ulysses* entstanden – markiert den Beginn des modernen französischen Romans.

RILKE, Rainer Maria (1875-1926), Schriftsteller. Zu seinen Hauptwerken zählen die *Duineser Elegien* (1923), die *Sonette an Orpheus* (1923), *Das Stundenbuch* (1905) und *Die Aufzeichnungen des Malte Laurids Brigge* (1910).

RIMBAUD, Arthur (1854-1891), Dichter. Faszinierender Autor der Moderne: Rasant, ja extrem verlief sein Leben – von 1871 bis 1873 lebte er mit Verlaine zusammen –, rasant und extrem ist auch sein Werk. Provokant dazu. Seine Sprache ist düstere Schönheit. Sein Leben könnte den Titel eines seiner Hauptwerke tragen: *Une saison en enfer (Eine Zeit in der Hölle)*.

ROUSSEAU, Jean-Jacques (1712-1778), Philosoph, Staatstheoretiker (*Du contract social*), Schriftsteller (*Julie ou La Nouvelle Héloïse*), Komponist (Verfasser mehrerer Opern). Gehörte zu den Enzyklopädisten um Diderot. Zu Lebzeiten umstritten, wurde er nach seinem Tod vor allem von Revolutionären und Romantikern verehrt.

SAND, George (1804-1876), eigentlich Aurore Dupin, Journalistin und Schriftstellerin. Arbeitete zunächst für den *Figaro*. Sie gilt als Begründerin des problematisierenden Frauenromans. In ihren Liebesromanen, darunter *Indiana* (1832), *Lélia* (1834) und *Consuélo* (1843), postulierte sie das Recht der Frau auf Selbstverwirklichung und schrieb ernüchtert über die Ehe.

SÉVIGNÉ, Marie de Rabutin-Chantal, Marquise de (1626-1696). Schriftstellerin. Der Salon der schönen und geistreichen Marquise zählte zu den bedeutendsten in Paris. Die postum veröffentlichten *Lettres*, eine Sammlung von rund 1500 Briefen an ihre Tochter, sind wichtigstes kulturhistorisches Dokument der Epoche.

SUE, Eugène, eigentlich Marie-Joseph (1804-1857), Schiffsarzt, Schriftsteller. Verfaßte die ersten französischen Seefahrerromane. Bekannt wurde er durch spannende, ein wenig sozialkritische Zeitungsromane wie *Die Geheimnisse von Paris* (10 Bände, 1842/43).

TURGENJEW, Iwan (1818-1883), Schriftsteller. Studierte in Moskau und Sankt Petersburg, lebte später in Deutschland, England und Frankreich. Sein Werk umfaßt Gedichte, Dramen, Kurzgeschichten, Essays und Romane, darunter sein Meisterwerk *Väter und Söhne* (1862).

VERLAINE, Paul (1844-1896), Lyriker. Führendes Mitglied des frühen Symbolismus. Dekadenz war Verlaines Lebens- und Literaturform. Ein Vagabund, ein Freigeist, der zwei Jahre lang mit Rimbaud zusammenlebte. Ein Pistolenschuß aus Eifersucht wurde mit einer zweijährigen Gefängnisstrafe geahndet. Wieder in Freiheit, verzweifelte er.

WILDE, Oscar (1854-1900), irischer Schriftsteller. Exzentrischer Dandy. Seine homosexuelle Beziehung zu einem englischen Adligen wurde mit einer Zuchthausstrafe geahndet. Wichtigste Werke: Komödien wie *Lady Windermeres Fächer, Ein idealer Gatte* und die Tragödie *Salome*. Ein Ästhet, ein Freund der ›l'art pour l'art‹-Bewegung.

ZOLA, Émile (1840-1902), Journalist, Schriftsteller. Sein Frühwerk entsteht als Ausklang der Romantik. Zola gilt als der eigentliche Vertreter, als Programmatiker des europäischen Naturalismus. Mehrere Romanzyklen (Hauptwerk: *Les Rougon-Macquart*). Bekannt vor allem die Werke *Nana, Lourdes, Die vier Evangelien*.

REGISTER

Halbfette Ziffern verweisen auf Haupteinträge,
kursive auf Abbildungen.

BILDNACHWEIS